ANDREAS FISCHER
In der Wolle

Hg. von / Ed. by Jasmina Merz
Museum Ludwig, Köln

VERLAG *für* MODERNE KUNST

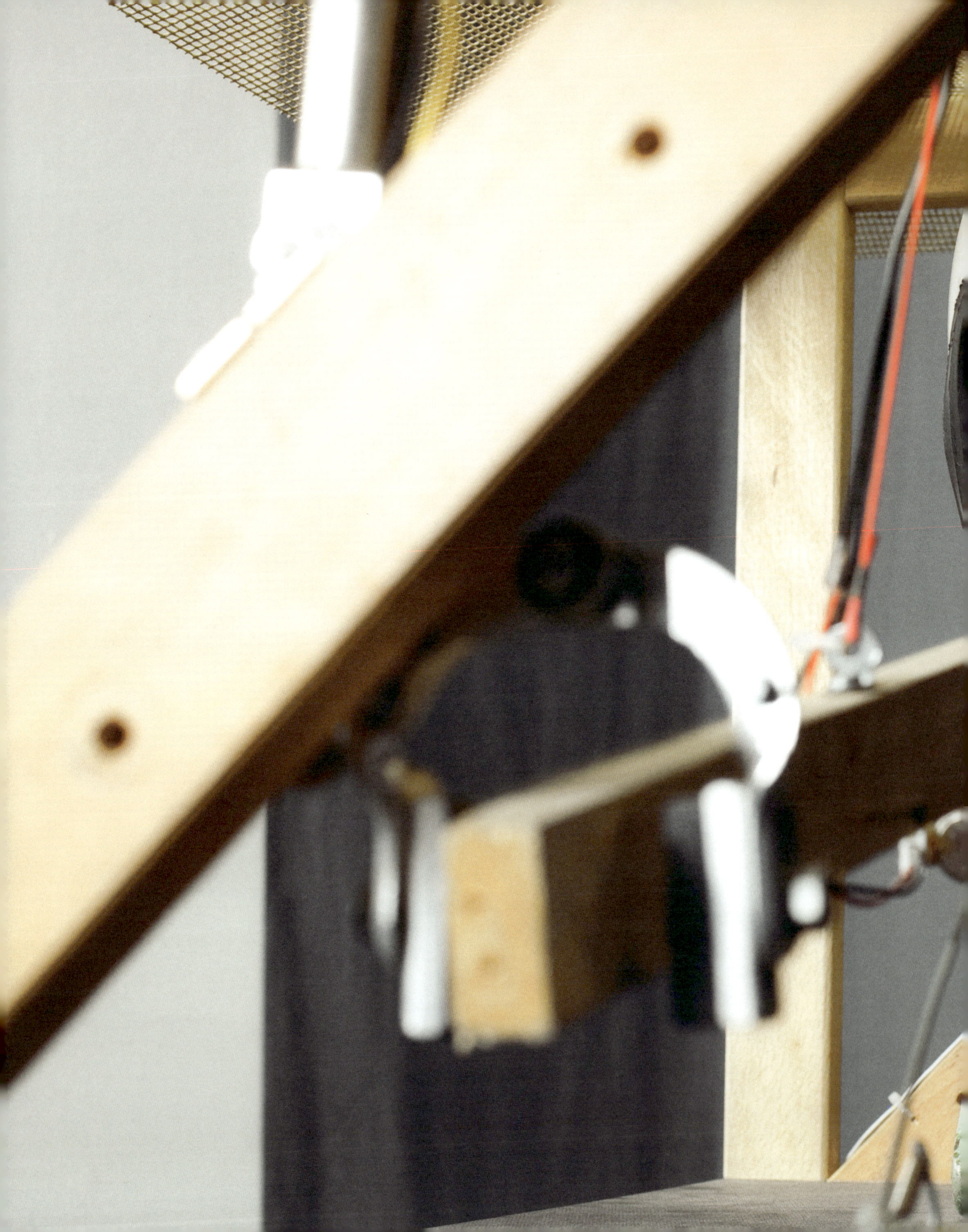

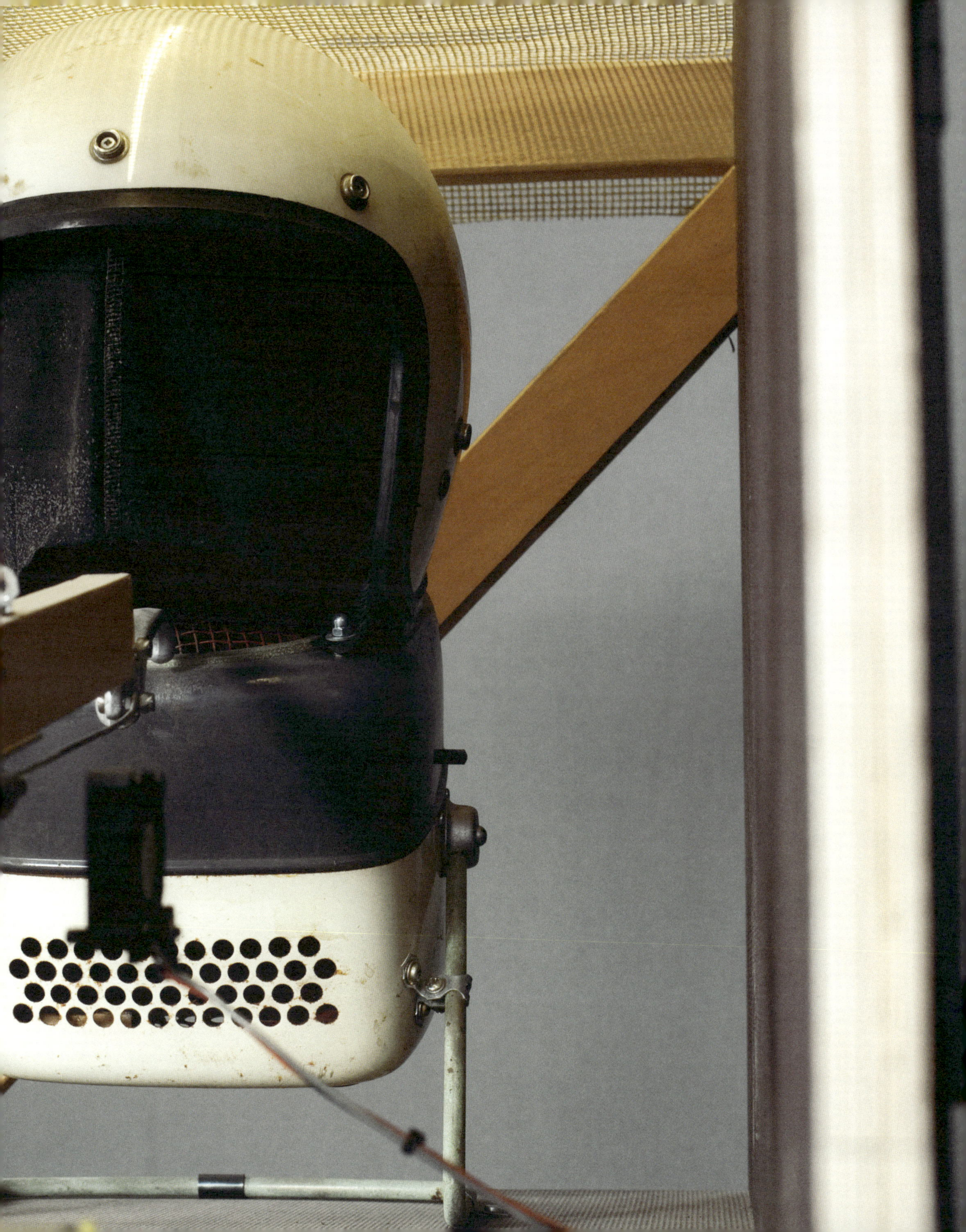

INHALT

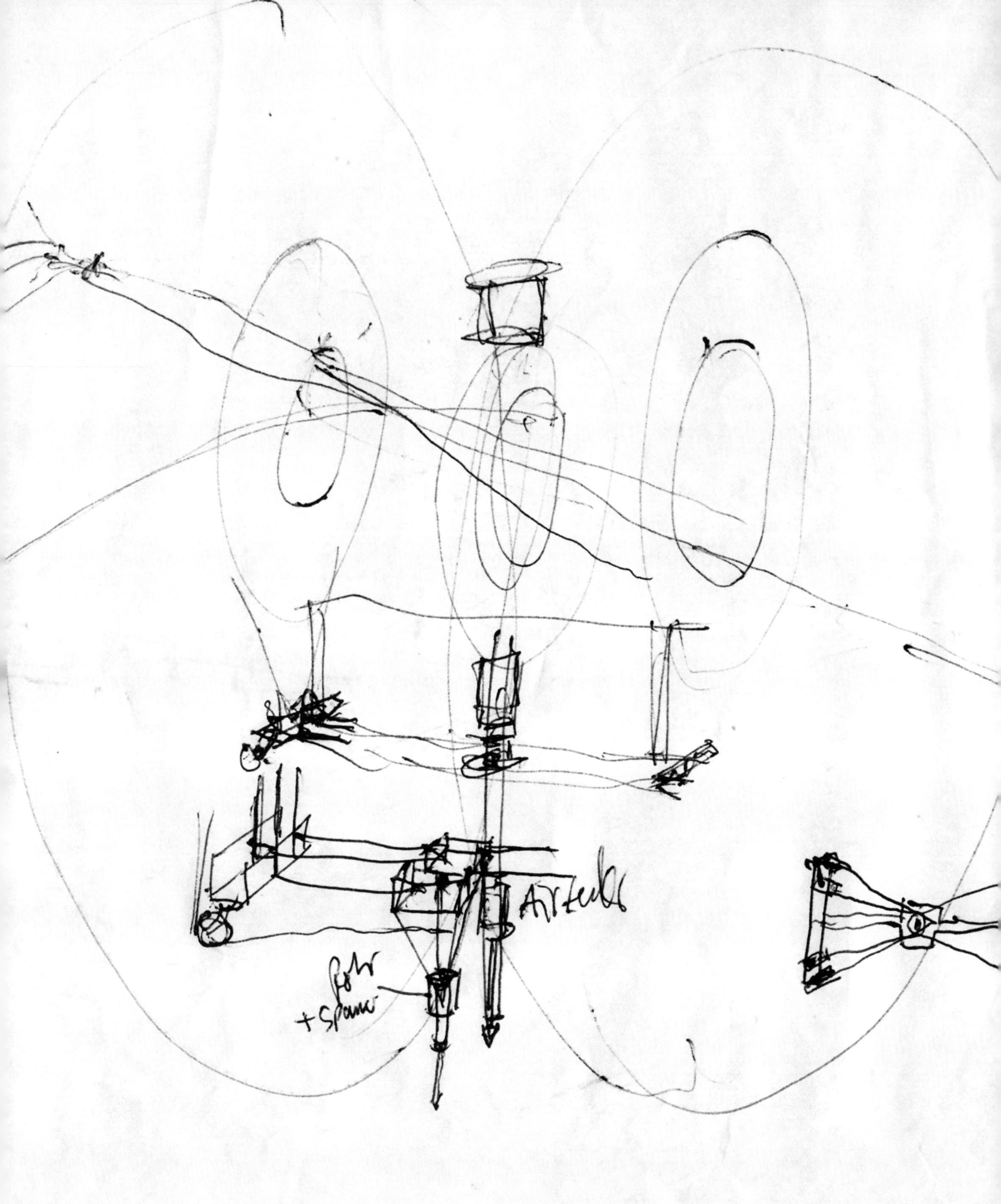

von Kasper König

by Kasper König

Die erste institutionelle Ausstellung von Andreas Fischer war die Intervention *Winkelgast* im Museum Ludwig im Jahr 2009, initiiert von meiner damaligen wissenschaftlichen Assistentin Paola Malavassi. Fünf seiner Arbeiten wurden damals präsentiert. Allerdings führt das Wort „präsentieren" hier im wahrsten Sinne des Wortes in die Irre: Um die Arbeiten zu finden, musste der Besucher auf die Suche gehen, Türen öffnen, versteckte Nischen und sogar Abstellräume betreten. Oder er stieß zufällig und unvorbereitet auf die mechanischen Andreas-Fischer-Arbeiten, zum Beispiel beim Besuch der zeitgleich laufenden Ausstellung von Maria Lassnig oder der permanenten Picasso-Sammlung. Zwischen diesen Zeugen „stummer" und „alteingesessener" Kunst machten plötzlich sprechende, atmende und sich bewegende Maschinchen auf sich aufmerksam. Maschinchen, weil die meisten der damals gezeigten Werke eher fragil und prekär in ihrer Bauart und zum Teil rührselig in ihrem Tun wirkten. Ganz besonders die *Flagge, die versucht, eine 8 zu winken*. Fast schüchtern und mitleiderregend führt sie eine Bewegung in Form einer 8 aus, was ihr jedoch nie so ganz gelingt. Doch trotz ihrer scheinbaren Zerbrechlichkeit macht sie beharrlich weiter und weiter und weiter … Das *Rabenrohr* bewegt seinen Kopf stoisch hin und her und erzählt unaufhörlich mit krächzender Stimme und ungeduldig klopfendem Fuß vom paffenden Raben. So bespielten diese wunderlichen Arbeiten unscheinbare Ecken des Museums, waren eben „Winkelgäste". Sie traten auf einmal zwischen den Bildern, Skulpturen und Grafiken in Aktion und forderten den von Neugier oder Irritation geleiteten Besucher durch Sprache und Bewegung auf eine ganz andere Art heraus, sich ihrer anzunehmen. Durch die Verteilung der Werke im Haus auf unterschiedliche Etagen und ungewöhnliche Räume griff diese Intervention in die museale Ordnung und die gängige Ausstellungspraxis einer geschlossenen, in sich plausiblen Präsentation ein.

Zwei der damals gezeigten Arbeiten, die eben beschriebene *Flagge* und das *Rabenrohr*, sind auch in der aktuellen Ausstellung *Your Time Is My Rolex* anzutreffen. Nun findet der Besucher also erneut technisch-mechanische Kunst von Andreas Fischer im Museum Ludwig vor. Diesmal allerdings an einem Ort versammelt und in lautem Zusammenspiel kombiniert. Die Intervention *Winkelgast* offenbarte die ungemeine Aussagekraft, die Fischers Arbeiten im Museum und im Kontakt mit den Besuchern entwickeln. Sie überzeugte aber auch vor allem durch den Überraschungseffekt. Bei Fischer spielt die Neugier

Andreas Fischer's first institutional exhibition was the intervention *Winkelgast* at Museum Ludwig in 2009, initiated by my then academic assistant Paola Malavassi. The show presented five of his pieces, whereby the "presentation" was quite literally misleading: In order to find the works visitors had to hunt for them, open doors, enter hidden alcoves or even broom cupboards. Or they found them by chance, unprepared for the mechanical nature of Andreas Fischer's works, for example when visiting the Maria Lassnig show that ran at the same time, or the permanent Picasso collection. Between these witnesses to "silent" and "established" art, machines that suddenly spoke, breathed and moved caught the eye; most of the works on show seemed essentially fragile and precarious in terms of construction and in part were basically touching in what they did. This was especially true of *Flagge, die versucht, eine 8 zu winken* (Flag, that attempts to wave a figure of 8). It completes a motion in the figure of an eight almost shyly and in a way evoking sympathy, especially as it is not quite successful in fulfilling the task. Yet for all its seeming fragility it tenaciously keeps on trying, on and on and on … *Rabenrohr* (Raven's tube) moves his head stoically back and forth and with his scratchy voice and to the impatient tap of his foot incessantly talks about the smoking crow. In this way, these wondrous works brought life to unobtrusive nooks and crannies of the museum, were simply "Winkelgäste" (guests in the corners). They suddenly took the stage between pictures, sculptures and prints, with their words and movements and in a very special way challenged intrigued or unsettled viewers to address them. The distribution of works around the various floors and unusual rooms of the building enabled the intervention to disrupt the museum's order and the customary exhibition practice of a closed, intrinsically plausible presentation.

Two of the works shown back then, namely the abovementioned *Flagge* and *Rabenrohr*, can be re-encountered in the current *Your Time Is My Rolex* exhibition in Museum Ludwig. Here, visitors will once again find Andreas Fischer's technical/mechanical art, albeit this time collected in one place and interacting loudly. The *Winkelgast* intervention proved the immense expressive impact that Fischer's works can have in a museum and in contact with visitors. However, they were particularly convincing specifically because they came as such as surprise. In Fischer's œuvre, curiosity often plays a decisive role, not only because many of his works are first activated by motion sensors and thus awaken from

oft eine entscheidende Rolle, nicht nur weil viele seiner Werke erst durch Bewegungsmelder ausgelöst werden und sie nur aus ihrer Erstarrung erwachen, wenn der Besucher nah genug an sie herantritt. In der räumlich verdichteten Form der jetzigen Ausstellung wird sich zeigen, wie sehr das Überraschende, Irritierende, Fragwürdige von den Maschinen selbst thematisiert wird.

Am Eingang zu Fischers Werkschau befindet sich nun *Das gute, alte L-Thema*, welches – in unmittelbarer Nachbarschaft zu Robert Rauschenbergs *Soundings* (1968) – zugleich als eine Art Einleitung betrachtet werden kann. Zum einen, weil in der Gegenüberstellung von Andreas Fischer und Robert Rauschenberg deutlich wird, dass technisierte Kunst schon lange zur Sammlungsgeschichte des Hauses gehört. So kaufte das Ehepaar Ludwig seit den späten 1960er Jahren nicht nur Werke Rauschenbergs an, die durch ihre Aufforderung zur Partizipation des Betrachters das Technikzeitalter positiv konnotierten, sondern auch Maschinen von Jean Tinguely oder Malerei der 1920er Jahre, die sich mit Technik und Maschinen befasst, wie zum Beispiel Bilder von László Moholy-Nagy. All diese Werke benutzen Technik als neues Medium in der Kunst und zeigen so entweder neue Möglichkeiten der (partizipativen) Gestaltung auf oder weisen den Betrachter auf den Irrwitz der maschinellen Produktionsweise hin. Im 21. Jahrhundert sind diese Aspekte natürlich nicht mehr neu. Zwar spielen Partizipation und Kritik an der Industriegesellschaft durchaus immer noch eine große Rolle, doch kann sich zeitgenössische technische Kunst nicht mehr darin erschöpfen. Rauschenbergs Ton-und-Licht-Arbeit am Eingang der Fischer-Ausstellung verweist somit auf den Kontext der Sammlungsgeschichte sowie auf die Entwicklung technisierter Kunst.

Zum anderen zeigt *Das gute, alte L-Thema* zu Beginn der Ausstellung exemplarisch, wie Fischer mit den Belangen und Unzulänglichkeiten des Menschen umgeht. Seine Maschinen erzeugen oft Unbehagen, nicht nur weil sie zum Teil unerhört laut sind, uns provokativfrech ansprechen oder scheinbar „unfunktional" sind und damit im ersten Augenblick unverständlich wirken – sie erzeugen Unbehagen vor allem deshalb, weil sie menschliches Scheitern und menschliche Mängel thematisieren und zur Schau stellen. So laufen beim *guten, alten L-Thema* die drei Worte „Sprechfehler Körperfunktionsfehler Gedankenfehler" in großen Leuchtbuchstaben unter lautem, unbeholfenem Geratter an unseren Augen vorbei, während uns eine strenge Stimme in einer Durchsage ermahnt, dass sich das Kloster in den Andachtsvorbereitungen befindet und nun nicht besucht werden kann. Das Geschlossensein des besagten Klosters fungiert im Zusammenhang mit den schriftlich dargestellten und also offen-sichtlichen „Fehlern" als Ausschluss des Minder-

their rigid slumbers when a visitor steps close enough to them. It remains to be seen how in the denser space of the current show the machines themselves highlight these surprising, irritating and questioning aspects.

At the entrance to Fischer's exhibition we now find *Das gute, alte L-Thema* (The good, old L-theme), which in the direct proximity of Robert Rauschenberg's *Soundings* (1968) can also be considered a kind of introduction. Firstly, because the juxtaposition of Andreas Fischer and Robert Rauschenberg shows clearly that technicized art has long since been part of the museum's collecting activity. As of the late 1960s, the Ludwigs not only purchased pieces by Rauschenberg which, by encouraging the observer to become involved, gave the technological age positive connotations, but also machines by Jean Tinguely and 1920s paintings that focused on technology and machines, such as the images by László Moholy-Nagy, for example. All of these works make use of technology as a new medium in art and thus either present new opportunities for (participatory) creativity or draw the viewer's attention to the madness of mechanical production systems. In the 21st century, these aspects are of course anything but new. While participation in and a critique of industrial society are no doubt still very important, contemporary technical art cannot be limit itself only to such a critique. Rauschenberg's sound-and-light piece at the entrance to the Fischer exhibition thus references the context of the collection's history and the development of technicized art.

Furthermore, *Das gute, alte L-Thema* at the beginning of the show is an exemplary case of Fischer's take on people's concerns and inadequacies. His machines often generate unease, and not only because they are in part excessively loud, address us in a provocative/cheeky manner or are seemingly "without function" and thus at first glance appear incomprehensible. All of the above cause unease because they underscore human failure and human shortcomings, and present these for all to see. Thus, in *Das gute, alte L-Thema* the three words "Sprechfehler Körperfunktionsfehler Gedankenfehler" (Voice error body function error Thought error) run in large neon letters before our eyes, accompanied by a loud, clumsy clatter, while a strict voice tells us over the PR system that the monastery is in the process of preparing a religious service and may not be visited. The fact that said monastery is closed works on the same level as do the "errors," which are presented in writing and thus quite obvious, to exclude the low-grade from a stringent system of given rules. Here, Fischer does not opt for blunt social criticism but shows us feelings and states, such as shame, that arise owing to inadequacies. This principle of presenting rules and norms as well as human motivation (fear, curiosity, and hope) runs like a red thread through the exhibition.

wertigen von einem strengen, tradierten Regelsystem. Hiermit vollzieht Fischer jedoch keine plumpe Gesellschaftskritik, sondern die Vorführung von Gefühlen und Zuständen wie beispielsweise Scham, die sich aufgrund von Unzulänglichkeiten einstellt. Dieses Prinzip der Darstellung von Regeln und Normen sowie menschlicher Motive wie Angst, Neugier und Hoffnung zieht sich wie ein roter Faden durch die Ausstellung.

Mit der Besonderheit, ausgerechnet die Maschine dafür als Ausdrucksmittel zu verwenden, beschäftigt sich der Text von Jasmina Merz, Kuratorin von *Your Time Is My Rolex,* Herausgeberin dieser Publikation und wissenschaftliche Assistenz der Direktion. Die Kunsthistoriker Dr. Petra Lange-Berndt und Prof. Dr. Dietmar Rübel stellen Fischer in den Zusammenhang der Maschinenkunst seit dem 19. Jahrhundert und beleuchten seine Materialästhetik. Der Psychologe Prof. Dr. Friedrich Wolfram Heubach gibt einen Einblick in die Psychologie von Mensch-Maschinen-Diskursen. Die Kunsthistorikerin Paola Malavassi befragte Andreas Fischer zu seiner Ausstellung *OFEN AUS* im Bonner Kunstverein 2009. Neben aktuellen Ausstellungsansichten aus *Your Time Is My Rolex* bietet der Katalog *In der Wolle* einen Überblick über das Gesamtwerk Fischers in einem weiteren Bildteil.

Bester Dank gilt der Stiftung Storch, ohne die die Ausstellung und die Publikation in dieser Form nicht möglich gewesen wären und die hiermit ihr erstes öffentliches Projekt fördert. Auch der Stiftung Kunstfonds danken wir herzlich, die die Publikation großzügig unterstützt hat. Ebenso sind wir der Kölner Galerie Vera Gliem zu Dank verpflichtet, die Andreas Fischer schon seit Langem im Programm hat. Dank geht schließlich auch an Jasmina Merz, die mir seine Arbeiten näher brachte, und an Paola Malavassi, die Andreas Fischer erstmals ins Museum Ludwig holte.

The essay by Jasmina Merz, curator of *Your Time Is My Rolex,* editor of this publication and academic assistance of the museum's directorate, concerns itself with the specifics of using a machine above all as an expressive means. Art historians Dr. Petra Lange-Berndt and Prof. Dietmar Rübel place Fischer in the context of machine art since the 19th century and shed light on his material aesthetics. Psychologist Prof. Friedrich Wolfram Heubach offers insights into the psychology of man/machine discourses, while art historian Paola Malavassi talked with Andreas Fischer about his *OFEN AUS* (Lights out) exhibition at Bonner Kunstverein in 2009. Apart from shots of the current exhibition *Your Time Is My Rolex* the catalogue *In der Wolle* (At each other's throats) offers an overview of the complete works in a supplementary prints section.

Our cordial thanks go to Stiftung Storch, without whom the exhibition and the publication would not have been possible in this form – and it is the very first public project of which the foundation has been patron. We are also most grateful to Stiftung Kunstfonds which generously supported the publication. We would likewise wish to express our gratitude to Cologne's Galerie Vera Gliem, which has for a long time included Andreas Fischer in its program. Our final thanks go to Jasmina Merz, who familiarized me with Fischer's work, and to Paola Malavassi, who first brought Andreas Fischer to Museum Ludwig.

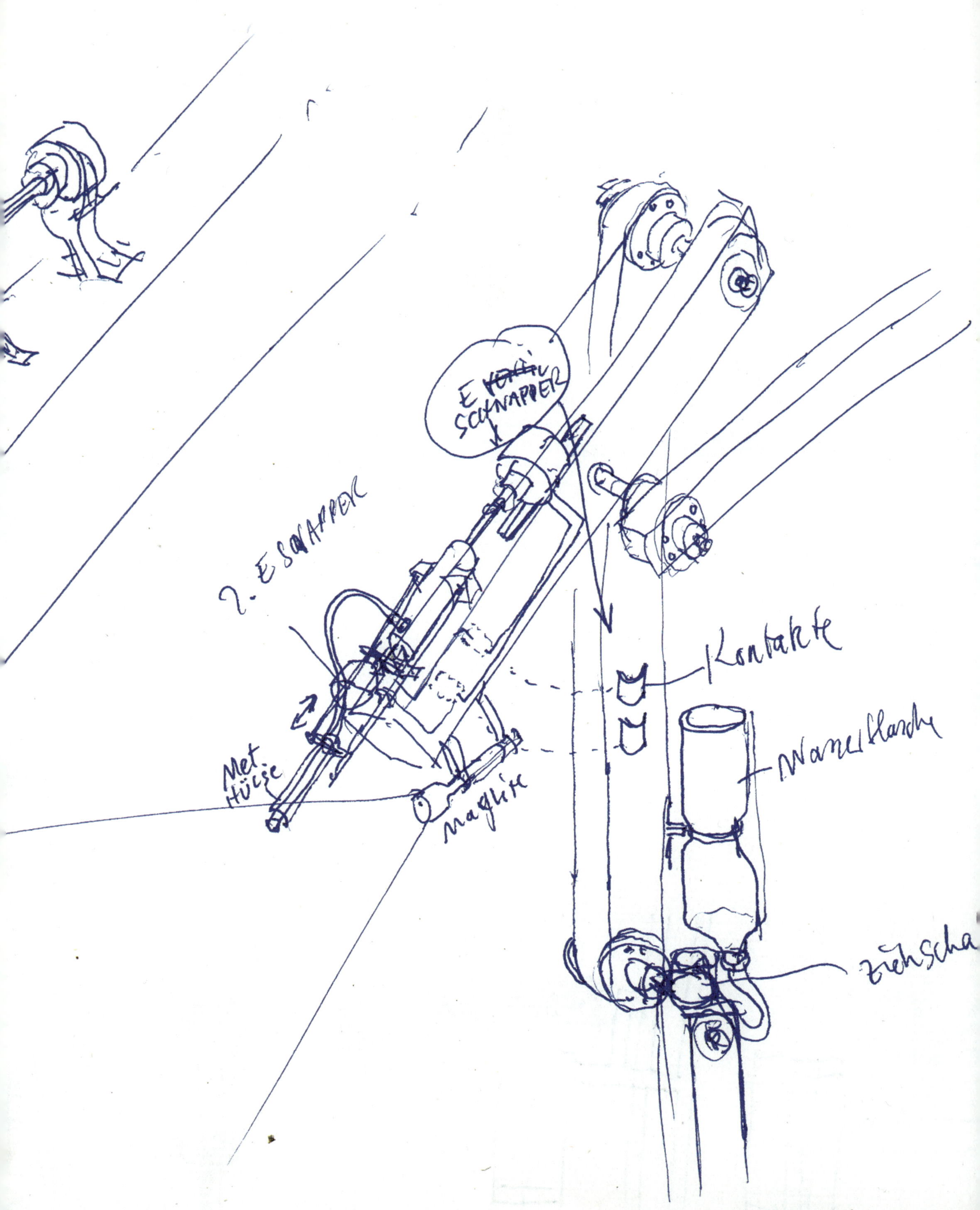
2. E SCHNAPPER
E SCHNAPPER
Mit Hülse
Maglite
Kontakte
Wanzhlasche
Ziehscha

ANDREAS FISCHER –
REGELN, ROLLEN und ROUTINEN

von Jasmina Merz

Ein Hammer als *Werkzeug für die Weltherrschaft* (S. 24 ff.) ist der Protagonist einer Skulptur von Andreas Fischer. Bedrohlich im Raum schwebend, richtet der Hammer seine Schlagfläche auf den sich nähernden Betrachter. Dies geschieht automatisch, angetrieben von einer sensorbestückten Steuerung. Der Hammer ist somit Teil einer für Andreas Fischer typischen maschinellen Installation. Im Maschinenwerk von Andreas Fischer ist der Hammer ein besonders kraftvolles Beispiel für die readymade-artige Verwendung von Fundstücken einerseits und die maschinelle Bewegung als erzählerisches Medium andererseits. Von allen Konstruktionen und Apparaturen, die der Mensch erfunden hat, um seine eigene Kraft zu potenzieren und seine Möglichkeiten auszuweiten, die Welt zu verändern, ist der Hammer das Werkzeug schlechthin, als ein über Tausende Jahre im Kern unveränderter Gebrauchsgegenstand und als verbreitetes Symbol für die schöpferische oder zerstörerische Gestaltungskraft des Menschen. Gleichzeitig strahlt der Hammer als Gegenstand eine definitive und rücksichtslose Tatabsicht aus: Den Nagel auf den Kopf treffen, einen Verkauf besiegeln, ein Urteil fällen, schmieden und vieles mehr. Aus beiden Aspekten heraus – der Verwendung von Fundstücken und der den Objekten gegebenen Handlungsabsichten – steht die Skulptur *Werkzeug für die Weltherrschaft* stellvertretend für die Arbeiten Fischers: Er konstruiert und baut aus aussortierten und gefundenen Gegenständen bewegte und sprechende Skulpturen, die die Bauteile zweckentfremden und ihnen erst im Verbund entstehende neue Handlungsmotive und Funktionen geben. Programmatisch bei Fischer ist, dass es nicht zum Durchbruch, zum entscheidenden Schlag kommt – die Drohgebärde, die Absicht, das Wunschdenken erschöpfen sich in Blockaden, Fehlversuchen und Zaudern.

Maschinen kommen bei Andreas Fischer als Ausdrucksmittel zum Einsatz und werden als Ganzes oder in Form von beweglichen und bewegten Teilen zu Protagonisten mit einer eigenen Agenda. Die Agenda, die die einzelnen Maschinen verfolgen, bewegt sich dabei ausnahmslos im Bereich jener Handlungen, die existenzielle Fragen formulieren. Deutlich wird dies etwa in der Arbeit *Flagge, die versucht, eine 8 zu winken* (S. 50 f.), in der sich eine kleine Fahne die (für sie unerfüllbare) Aufgabe gesetzt hat, die Form einer Acht zu winken. Oder in der Arbeit *Mother* (S. 44 f.), in der eine nervenzellenartige Vielzahl von Elektromotoren auf den Flächen eines han-

ANDREAS FISCHER –
RULES, ROLES and ROUTINES

by Jasmina Merz

A hammer as a *Werkzeug für die Weltherrschaft* (Tool for world supremacy, p. 24 ff.) is the protagonist in a sculpture by Andreas Fischer. Suspended threateningly in space, the hammer turns its striking face towards the approaching visitor. This happens automatically, driven by a sensor-operated control. The hammer is thus a part of a machine installation typical of the artist. In Andreas Fischer's œuvre, with its emphasis on machines, the hammer is a particularly powerful example of the artist's readymade approach to found objects on the one hand and machine movement as a narrative medium on the other. Of all the things and apparatus man has invented or constructed in order to increase his own power and expand his means of altering the world, the hammer is the tool that has largely remained unaltered over thousands of years and is a widespread symbol of both man's creative power and destructive force. Simultaneously, as an object the hammer exudes a definitive and ruthless intention: hitting the nail on the head, sealing a sale, passing a judgment, blacksmithing and many more things besides. The sculpture *Werkzeug für die Weltherrschaft* exemplifies both the aspect of using found objects and lending the objects a clear purpose and as such is representative of Fischer's works. Using discarded and found objects, he constructs and builds moving and speaking sculptures, which put the elements to a different use and lend them, when in combination, new purposes and functions. What is typical of Fischer's work is that it does not come to a breach, a decisive blow – the threatening gesture, the intention, the wishful thinking amount to nothing more than blockades, unsuccessful attempts and hesitation.

Andreas Fischer employs machines as a means of expression, and either as a whole or in the form of moving and moved parts they become protagonists with an agenda of their own. The agenda pursued by the individual machines is always focused on those actions that express existential issues. This becomes evident, for instance, in the piece *Flagge, die versucht, eine 8 zu winken* (Flag, that attempts to wave a figure of 8, p. 50 f.) in which a small flag is given a task (it cannot fulfil), namely of waving a specific pattern. Or in the work *Mother* (p. 44 f.), in which a nerve-cell-like plethora of electric motors drum on the surfaces of a conventional metal warehouse shelf as if wanting to scare and at the same time boast and beguile, like a diva laden with chunky, rattling jewellery. In many of Fischer's works the

delsüblichen Lagerregals aus Metall prasseln, als ob sie abschrecken und gleichzeitig prahlen und betören wollen wie eine mit rasselnden Klunkern behangene Diva. In vielen Werken von Fischer wird die Bewegung auch mit Geräuschen und Sprache kombiniert, die die Bewegungen als Gedanken oder Selbstgespräche der Maschinen, als Kommentare von Dritten oder als Dialoge begleiten. In *Doppel-L-Thema* (S. 32 f.) ist eine direkte künstlerische Umsetzung des Bildes des Dialogs als Schlagabtausch umgesetzt, wobei die Sprache zu Vibrationen und der verbale Austausch zu Berührungen zweier lanzenartiger Zungen werden, die einander fortwährend bald reizen und herausfordern, bald zärtlich streicheln. Erst durch die Bewegung, also das Hinzunehmen der Zeitdimension in die Arbeiten, kann die gesprochene Sprache mit den Skulpturen so in Verbindung gebracht werden, dass die dargestellten Objekte als Sprecher überhaupt in Betracht kommen. Dies zeigt sich zum Beispiel in der Arbeit *Wirds Bald* (S. 46 f.), einem unfähigen Gewehr mit Ladehemmung. Hier wird die Sprache als Selbstgespräch und gleichzeitig als Beeinflussung der Maschine (und des Betrachters) verwendet. Ein gezielt mehrdeutiger Einsatz von Gesprochenem führt bei Fischer zur Frage, wer eigentlich spricht, wer der Adressat der Botschaft ist und wer die Information bestimmt, mithin: Wer spricht, wenn wir sprechen? Im choreografierten Zusammenspiel von Material, Bewegung sowie Ton und Sprache und den von den Aufbauten erzeugten Geräuschen liegt der Eigenart von Fischers kinetischen Arbeiten die digitale Umsetzung und Interaktivität zugrunde, bei der statt analoger Aggregate und Räderwerke Mikroprozessoren, Servoantriebe und Sensoren Verwendung finden. Andreas Fischer baut daraus Skulpturen, die als humorvolle Mensch-Maschinen-Parodien hantieren, lamentieren und polemisieren und sich dabei mit präzisen Selbst- und Fremdbeobachtungen des Menschen, seiner Errungenschaften und der Gesellschaft in den Raum stellen.

Vordergründig erscheinen Fischers Arbeiten wie Reflexionen über Automatisierung und Technisierung. Tatsächlich handelt es sich dabei aber um die Darstellung von sozio-politischen und idiosynkratischen Verhaltens- und Gedankenmustern mittels der maschinellen Skulptur. Diese Einsicht, dass Maschinen als künstlerisches Ausdrucksmittel verwendet werden, ist so naheliegend wie bemerkenswert, zumal in der Kunsthistorie Kritik und Idealisierung der Industrie oder – als Fortführung davon – das Verhältnis von Mensch und Maschine dominieren. Mit dem Einsatz von Technik in der modernen Kunst wurden wiederholt etwa von Marcel Duchamp oder Jean Tinguely vor allem das Verhältnis von Mensch und Maschine und – im Kontext technischer Reproduzierbarkeit und Massenproduktion – das Verhältnis von Subjekt, Schöpfung und letztendlich der Geltungsanspruch

movement is also combined with sounds and language, which accompany the movements as the machines' thoughts or soliloquies, as comments by third parties or dialogs. *Doppel-L-Thema* (Double-L-theme, p. 32 f.) is a direct artistic realisation of the image of the dialog as an exchange of blows, where the language becomes vibrations and the verbal exchange is represented as the contact between two lance-like tongues, which continually irritate and challenge each other before gently caressing each other. It is the movement, in other words the inclusion of the temporal dimension in the works, which enables the spoken language to be associated with the sculptures in a way in which the objects presented may be considered speakers at all. This is demonstrated, for example, in the work *Wirds Bald* (Ready yet?, p. 46 f.) with a gun incapable of firing, being jammed. Here language is employed both as a soliloquy and as a manipulation of the machine (and the viewer). The deliberately ambiguous use of spoken words in Fischer's works poses the question as to who is actually talking, whom is the message addressed to and who specifies the information, and consequently, who talks when we talk. In the choreographed interplay of material, movement, sound and language and the sounds produced by the installations themselves, Fisher's kinetic works are characterized by digital realisation and interactivity, whereby microprocessors, servo drives and sensors are employed in place of analogue aggregates and mechanisms. Andreas Fischer builds sculptures out of them, which as humorous parodies of man-machines try to handle things, moan and polemicize and present themselves with precise observations (their own or others') of man, his accomplishments and society.

On the surface Fischer's works appear to be reflections on automation and mechanisation. Yet in fact the artist uses machine sculptures to present socio-political and idiosyncratic patterns of behaviour and thought. This realisation that machines are used as a means of artistic expression seems as obvious as it is remarkable, especially given that the criticism and idealisation of industry or, by extension, the relationship between man and machine dominate art history. With the use of technology in Modern art Marcel Duchamp or Jean Tinguely, for example, repeatedly addressed above all the relationship between man and machine and, in the context of technical reproducibility and mass production, the relationship between subject, creation and ultimately the original's claim to validity. Today (unproductive) machines in art have long since become a fixed reference to an ideal aesthetic, either as an expression of inventive brilliance and practical creativity or as a symbol of the potential of industrial processes for social alienation. Here art and technology or science represent opposites, whose interlacing, for instance in Jean Tinguely's art-generating

des Originals thematisiert. Heute sind (nichtproduktive) Maschinen in der Kunst längst eine feste Referenz für eine ideelle Ästhetik, wahlweise als Ausdruck von erfinderischer Genialität und praktischer Kreativität oder als Sinnbild für das soziale Entfremdungspotenzial industrieller Prozesse. Kunst und Technik beziehungsweise Wissenschaft stellen hier Gegensätze dar, deren Verschränkung beispielsweise in den kunstgenerierenden *Meta-matic*-Maschinen von Jean Tinguely sowohl den faktischen, technischen Fortschritt als auch dessen idealisierten Gegenpol des kreativen Prozesses herausfordern (wobei in dieser Kritik sowohl der ideelle Wert der Technik als auch der faktische Kunstbetrieb letztendlich unangetastet blieben). Aus Sicht der Entwicklungsgeschichte von kinetischer Kunst und Kunstmaschinen zeichnet die Skulpturen Fischers aus, dass technische Elemente, wie man sie auch in industriellen Prozessen wiederfindet, regulär als konstituierende Techniken der Werke verwendet werden, ohne sich in erster Linie selbst zu thematisieren, und dass sich die Aussage aus dem Zusammenspiel der Inhalte mit den so generierten Abläufen und Bewegungen entwickelt, also der Einbettung der eigenständigen Handlung in eine Erzählung. Bei Andreas Fischer ist die Maschine im Bereich der künstlerischen Ausdrucksformen angekommen. Obwohl die kritische Thematisierung und Auseinandersetzung mit technischen Neuerungen und deren Einfluss auf die Gesellschaft und den Einzelnen erfolgen, werden neue Möglichkeiten von Künstlern letztlich als Ausdrucksmittel vereinnahmt. In den algorithmisch generierten Facettenbildern von Gerhard Richter ist die prozessbedingte Eigenheit des Ergebnisses bereits wichtiger als eine provokante Frage nach der Verortung der schöpferischen Leistung. Dennoch behalten Ausdrucksmittel in ihrer Anwendung spezifische Wirkungsweisen, Referenzen und Assoziationskomplexe, die auf die dargestellten Inhalte zurückwirken. So wie bei algorithmisch generierten Mustern Willkür und Zufall mitschwingen, die beim Betrachter die Suche nach einer höheren Ordnung provozieren, sind Determinismus und Wiederholung unwillkürliche, maschinenimmanente Assoziationen, die Andreas Fischer in seinen Arbeiten aufgreift und damit Wille und Freiheit thematisiert.

Fischers Arbeiten bedienen weder die Lust am Bestaunen einer ins Extrem getriebenen, menschenmachbaren Verformung der Natur, noch sollen sie mit ihrem technischen Innenleben kritische oder utopische Reflexionen über das Verhältnis von Mensch und Maschine befeuern. Für das Verständnis von Andreas Fischer zentral sind stattdessen die inhaltlichen Erzählelemente und inneren Konstitutionen der Kunstmaschinen und gerade nicht vordergründige Technik- oder Kunstkritikaussagen, die sich aus der reinen Entscheidung ergeben, eine Maschine zum Kunstgegenstand zu machen. Die erzählerische Schicht

Meta-matic machines, challenges both the factual, technical progress and the creative process as its idealized antithesis (although in this critique both the idealized value of technology and the factual art business are ultimately left untouched). From the perspective of the history of the development of kinetic art and art machines, Fischer's sculptures are characterized by the fact that technical elements of the kind found in industrial processes are used to make up the works without primarily being the subject themselves, and that the statement is developed from the interplay of content with the processes and movements thus generated, in other words the embedding of the independent action in a narrative. In Andreas Fischer's work, machines have entered the realm of artistic expression. Although critical analysis is made of technical innovations and their influence on society and the individual, ultimately artists appropriate new possibilities as means of expression. In Gerhard Richter's algorithmically generated "facet" images, the singularity of the result, as determined by the process, is more important than a provocative question as to where to place the creative achievement. Nonetheless, when employed, these means of expression retain certain impacts, references and sets of associations, which in turn have an effect on the content presented. As with algorithmically generated patterns where there is a certain amount of arbitrariness and chance, which tend to provoke viewers into searching for a higher order, determinism and repetition are automatic associations immanent to machines, which Andreas Fischer takes up in his works to address the themes of free will and freedom.

Fischer's works neither play to man's enjoyment in being astonished by an extreme distortion of nature that humans can accomplish, nor with their inner technical workings are they intended to inspire critical or utopian reflections on the relationship between man and machine. Rather, key to an understanding of Andreas Fischer's work is the brace of substantive narrative elements and inner composition of the art machines and precisely not superficial statements on technology or art criticism resulting from the simple decision to make a machine an object of art. The narrative layer of Fischer's works concerns itself with analysis, in which elementary needs and wishes hit upon rejection or impotence come to nothing or are discussed to death in dialogs. Although the conflicts are generally very specific, the cause, origin and results remain uncertain. In the mechanical realisation these motifs take the form of canonical, synaesthetic procedures such as penetration, touching, swivelling/reversing, and so on. In combination with words and sound they emerge as themes resembling human issues, such as gaining entry, seeking to persuade, being right, achieving something, being successful.

von Fischers Arbeiten befasst sich mit Auseinandersetzungen, in denen elementare Bedürfnisse und Wünsche auf Ablehnung oder Unvermögen stoßen, ins Leere laufen oder in Dialogen endlos erörtert und zerredet werden. Obwohl die Konflikte meist sehr konkret sind, bleiben Ursache, Herkunft und Ausgang unbestimmt. In der mechanischen Umsetzung werden diese Motive durch kanonische, synästhetische Vorgänge angelegt wie Eindringen, Berühren und Umdrehen/Umkehren und so weiter. Durch die Verknüpfung mit Wort und Ton verdichten sie sich zu menschennahen Motiven wie Zutritt bekommen, überzeugen wollen, Recht haben, gelingen, Erfolg haben.

Ein besonders eindringliches Beispiel für das Gefangensein in einer persönlichen Aufgabe und Mission und das Ankämpfen gegen Aussichtslosigkeit ist Fischers *Flagge, die versucht, eine 8 zu winken*. Die frei hängende Apparatur mit Fahne ist so konstruiert, dass sie unermüdlich in verschiedenen Varianten versucht, die Form einer Acht nachzuzeichnen, doch stets in unterschiedlichen Stadien der Bewegung versagt und ermattet zurückfällt. Dennoch zieht die Installation den Betrachter in ihren Bann, wird die Erwartung aufrechterhalten, dass der nächste Versuch gelingen wird. Der offensichtlich auf Ewigkeit angelegte Kampf mit der unerfüllbaren Aufgabe wird hier auf einer abstrakteren Ebene noch durch die Form der Acht verstärkt, die keinen End- und Anfangspunkt hat und somit selbst eine unendliche Wiederholung symbolisiert. Die winkende weiße Fahne selbst hingegen nimmt den unwillkürlichen Kapitulationsgedanken des Betrachters vorweg. Die Erlangung der „Weltherrschaft" wiederum scheint bereits in der abwegigen Haltung und Bewegungsfreiheit des Hammers zu scheitern, der der Wand statt seiner Schlagfläche die Stirnseite zuwendet und sich nur um die eigene Achse zu drehen vermag. Die verfremdete Schusswaffenapparatur *Wirds Bald* setzt fortlaufend zu einem nicht näher erfassbaren Treffer an, kommt aber nie zum Schuss, da die Ladung fehlschlägt. Die aufgefädelten Kugeln werden in einer nervösen Selbstbetörung von einer auf die andere Seite geschoben, wie die Perlen eines Rosenkranzes, begleitet von einer inneren oder wahlweise kommentierenden Stimme, die die „self-fulfilling prophecy" in Worte fasst: „Es wird nicht besser / oder glaubst du doch, es wird besser?" Das Possenstück *Rabenrohr* (S. 36), bestehend aus einem Stab mit einem aufgesetzten Sprachrohr, posaunt fortwährend die vermeintlich neutrale Mitteilung „Der Rabe raucht. Der Rabe raucht die ganze Nacht. Er raucht und raucht und raucht …" hinaus und klopft dabei ungeduldig auf den Boden, um die Aufmerksamkeit auf sich zu lenken. Das *Vögelhaus* (S. 56) schließlich redet sich fortlaufend ein, dass jetzt das Vögelchen kommt.

Die Fischer-Maschinen sind gebaut, um genau diese auf ihre Elemente reduzierten Handlungen auszuführen.

An especially vivid example of being imprisoned in a personal task and mission and struggling against hopelessness is Fischer's *Flag that attempts to wave a figure of 8*. The freely suspended apparatus is conceived such that it tries untiringly in differing versions to trace the shape of an eight, but always fails at some stage of movement and sags, exhausted. Yet the installation fascinates the observer, keeping us hoping that the next attempt will succeed. The struggle with an impossible task evidently set for eternity is reinforced further on a more abstract level in the shape of the eight, which has no beginning and no end and consequently in itself symbolizes endless repetition. By contrast, the waving white flag anticipates the observer's involuntary thought of capitulation. In turn, achieving "world supremacy" seems to have already failed in the hammer's absurd position and limited freedom of movement, facing the wall not with its striking face but with the other side, and capable only of turning on its own axis. The manipulated shooting apparatus *Wirds Bald* constantly begins the process of firing at some target that we cannot define any more closely, but never fires a shot because the gun always jams. In a nervous act of self-beguiling, the threaded bullets are pushed from one side to the other like the beads of a rosary, and accompanied by an inner voice, or perhaps a commentator, expressing the self-fulfilling prophecy in words: "Es wird nicht besser / oder glaubst du doch, es wird besser?" ("It won't get better / or do you think it will get better?"). The farcical piece *Rabenrohr* (Raven's tube, p. 36), consisting of a stick topped by a megaphone constantly blares out the seemingly neutral message "Der Rabe raucht. Der Rabe raucht die ganze Nacht. Er raucht und raucht und raucht …" ("The raven's smoking. The raven smokes the whole night. He smokes and smokes and smokes …") and knocks impatiently on the floor to attract attention to itself. And *Vögelhaus* (Birdshouse, p. 56) constantly seeks to convince itself that the little bird will come.

Fischer's machines are built specifically to perform these actions, which are reduced to their elements. Kinetic sculptures that use the typical industrial motions of rhythm, of circular and swinging movements and that alienate and highlight these movements, essentially emulate the continual source of power behind an engine – or its practical and productive originals in factory halls and on the roads such as combustion or electric motors. It is a remarkable quality of these classic kinetic sculptures that thanks to the continuity movement per se gains the upper hand over the materials and becomes the actual subject of the work. By contrast, Andreas Fischer employs microprocessors and sensors for the temporal sequencing of his works. By means of the programmable controls he is able to choreograph the erratic and spon-

Kinetische Skulpturen, die die industrielle Bewegungsästhetik von Rhythmik und Kreis- und Pendelbewegungen aufgreifen, verfremden und thematisieren, übersetzen im Wesentlichen die kontinuierliche Kraftquelle eines Antriebsmotors – wie deren praktische und produktive Vorlagen in den Maschinenhallen und auf den Straßen, die durch Verbrennungs- oder Elektromotoren betrieben werden. Eine bemerkenswerte Eigenheit dieser klassischen kinetischen Skulptur ist es, dass durch die Kontinuität die Bewegung an sich über die Materialität Oberhand gewinnt und zum eigentlichen Gegenstand des Werkes wird. Andreas Fischer verwendet für die zeitliche Anordnung seiner Werke hingegen Mikroprozessoren und Sensoren. Durch die programmierbare Steuerung ist es möglich, die für komplexe Handlungen notwendigen erratischen und spontanen – also scheinbar selbstbestimmten – Bewegungen, die mit Ton kombiniert werden, zu choreografieren. Obwohl Fischers Arbeiten zunächst also den Faden der aus der Zeitsicht ironischen und provokativen Arbeiten Jean Tinguelys oder der Junggesellenmaschinen Duchamps aufzugreifen scheinen, ist dies eine wesentliche Abgrenzung zu klassischen kinetischen Skulpturen, die überwiegend auf Transformationen und Variationen von Rotationsbewegungen basieren. Der kinetischen Dimension kommt bei Fischer nämlich die Rolle zu, den Möglichkeitsraum auf das Handlungsmotiv zu beschränken. Dabei wird das tradierte, spannungsreiche Verhältnis von Mensch und Maschine persifliert, indem die Maschine nicht die Begrenztheit des Menschen durch übermenschliche Fähigkeiten (Schnelligkeit, Kraft, Komplexität) offenlegt, sondern diese Grenzen nachbildet. Fischer zwingt die Maschinen gleichsam auf die Bahnen introvertierter Denk- und Verhaltensmuster.

Im Grunde ist der Zwang – im mechanischen wie im psychischen und kulturellen Sinne – eines der zentralen Motive in Andreas Fischers Werken. Immer wieder führen uns die Arbeiten Fälle von Grenzen und Beschränkungen vor, die stellvertretend für gesellschaftliche Rollen sind, aus denen der Einzelne nicht unsanktioniert ausbrechen kann, oder solche, die inneren Zwängen gehorchen. Die konkreten Themen reichen dabei von Selbstverwirklichung bis zu Macht- und Gerechtigkeitsfragen in der Gesellschaft. Oft geht es dabei um nichts weniger als das nackte Überleben. Die Arbeit *Operation Notzucker* (S. 30f.) zeigt das (lebensgroße) Schlauchboot eines imaginären Steuermannes, der sich Mut macht, indem er das Meer wüst beschimpft. Das Boot ist ausgestattet mit einer Vielzahl von nützlichen und weniger nützlichen Überlebensaccessoires. Durch den selbstbeschwörenden Duktus der Rede wird klar, dass es sich um eine aussichtslose David-gegen-Goliath-Situation handelt. Der Künstler zeigt uns die Zwänge, denen seine Akteure unterliegen, und – das ist entscheidend – er bietet keine Alternativen, unter-

taneous, seemingly self-determined movements combined with sound, which are required for complex action plots. As such, although Fischer's works appear initially to take up the thread of the ironic and in their day provocative works by Jean Tinguely or Duchamps' Bachelor machines, they differ fundamentally from classic kinetic sculptures, which are primarily based on transformations and variations of rotational movements. For in Fischer's works the kinetic dimension has the role of limiting the scope of the possible to the desired subject of action. This involves satirising the traditional, conflict-laden relationship between man and machine not by having the machine reveal man's limited capacities by demonstrating its own superhuman skills (speed, power, complexity) but instead by imitating these limitations. Fischer can be said to force the machines to follow the tracks set by introverted patterns of thinking and behaviour, as it were.

Essentially, compulsion (be it in the mechanical, mental or cultural sense) is one of the central themes in Andreas Fischer's œuvre. His works repeatedly present us with instances of limits and restrictions that are representative of social roles either from which the individual cannot break free without being sanctioned, or those that obey inner compulsions. The specific topics range from self-realisation through to questions of power and justice in society. Often, it is about nothing less than pure survival. *Operation Notzucker* (Operation emergency sugar, p. 30f.) entails a (life-size) rubber dinghy with an imaginary coxswain, who keeps up his spirits by wildly hurling abuse at the sea. The dinghy is equipped with a host of useful and not-so-useful utensils for survival. The self-encouraging style of the utterances makes it clear that this is a hopeless David vs. Goliath situation. The artist shows us the compulsions his actors are subject to, and (whereby this is decisive) he offers no alternatives, does not support even hypothetical alternatives. The machine has simply to work, to keep going – even when things do not go as planned.

Here mechanics offers an interesting symbol in the form of the forces of constraint: when moving parts of an apparatus are arranged to force them to move in set paths then so-called forces of constraint invariably arise between these parts and the controlling parts limiting them. Machines are constructions in which the components are assigned a movement they could not perform without the overall apparatus. Take the hammer thrown in sport, which only remains in a circular motion until the hammer thrower ends the constraining force that he exerts via a chain by letting go of it. For the machine to work forces of constraint are needed, forces that keep rotating, sliding, hitting and swinging parts on the paths allocated them. On the other hand in mechanical engineering constraining forces are a notorious source of

stützt keine auch nur hypothetischen Gegenentwürfe. Die Maschine muss eben funktionieren, muss weiterlaufen – auch wenn es mal nicht so läuft wie geplant.

Die Mechanik bietet hier ein interessantes Sinnbild in Form der Zwangskräfte: Werden bewegliche Teile einer Apparatur durch die Anordnungen auf konstruierte Bewegungsbahnen gezwungen, so entstehen zwischen diesen Teilen und den sie eingrenzenden Führungsteilen notwendigerweise die sogenannten Zwangskräfte. Maschinen sind Konstruktionen, in denen den Bestandteilen eine Bewegung vorgegeben wird, die sie allein, ohne die Apparatur, nicht ausführen würden, wie beispielsweise ein Wurfhammer, der nur so lange in der Kreisbewegung bleibt, bis der Hammerwerfer die Zwangskraft, die er über die Kette ausübt, beendet, indem er loslässt. Zum Funktionieren der Maschine werden Zwangskräfte benötigt, die rotierende, gleitende, stoßende und pendelnde Teile auf den vorgesehenen Bahnen halten. Andererseits sind im Maschinenbau Zwangskräfte eine berüchtigte Quelle von Verschleiß und Energieverlust, die weitgehend vermieden oder zumindest minimiert werden sollten, um Geräte langlebiger zu machen. In dieser Ambivalenz von Notwendigkeit/Funktion und Zwang kann das aus der Physik entlehnte Konzept der Zwangskräfte genutzt werden für das Verständnis davon, welchen Stellenwert die kinetische Dimension von Fischers Skulpturen für die interpretierbare Ebene seiner Arbeiten hat; Fischers zentrales Thema sind die physischen und psychischen Zwänge, die kulturellen und gesellschaftlichen Normen, die er einerseits als notwendig für das soziale und seelische Gefüge anerkennt und die gleichzeitig als sozialer und individueller Konfliktpunkt ausgemacht werden. So wirkt das Maschinenhafte auf die Inhalte der Arbeiten zurück, denn jenseits von Kultur- und Technikkritik entsteht angesichts des Menschlichen, Allzumenschlichen im Korsett der mechanischen Apparatur das Unbehagen beim Betrachter gerade aus dem gefühlten Determinismus, der Wiederholung und dem Wunsch des Ausbrechens. Wie beim *Werkzeug für die Weltherrschaft* kommt es zum befreienden Schlag logischerweise nie. Der Flagge gelingt die Acht genauso wenig wie der Gewehrapparatur der Schuss. Das *Vögelhaus* wird vergebens auf das Vögelchen warten, wie sehr dies auch herbeigeredet wird. Die Arbeit *A good Deal* (S. 37) schließlich thematisiert den Ausbruchsgedanken direkt, indem hier Angst in Liebe verwandelt werden soll. In der sektenhaften Beschwörung, die in ihrer Wiederholung einer versuchten Gehirnwäsche gleichkommt, zeigt sich die Skepsis Fischers gegenüber Heilsbotschaften, die versprechen, den Einzelnen von seinen Dämonen zu befreien. Auch der Wunsch, sich von den Zwängen zu befreien, wird als Zwang entlarvt, der nur zu einem neuen Normen- und Erwartungsmuster führt. Dass Andreas Fischer sich

wear-and-tear and energy loss, which are to be avoided where possible or at least kept to a minimum to ensure the machines last longer. The concept of constraining forces from physics can be used in the context of this ambivalent relationship of necessity/function and compulsion to understand the importance of the kinetic dimension of Fischer's sculptures for the level of his works open to interpretation; Fischer takes as his subject matter the topic of physical and emotional constraints, cultural and social norms, which he recognizes as being necessary for social and emotional cohesion and yet simultaneously identifies as points of social and individual conflict. Accordingly, the mechanical properties feedback into the narrative of the works, because beyond all criticism of culture and technology and in the face of the human, all-too-human in the iron cage of the mechanical apparatus the viewer feels discontent precisely owing to the sense of determinism, of repetition and the wish to break free. As in *Werkzeug für die Weltherrschaft* logically the liberating blow never comes about. The flag does not manage to wave an eight nor does the rifle device fire a shot. The *Vögelhaus* will wait in vain for the little bird despite all the efforts to evoke that avian presence. Finally, *A good Deal* (p. 37) directly addresses the topic of breaking free whereby here it is fear that is to be transformed into love. The sect-like incantation, which qua mantra amounts to an attempted brainwashing, expresses Fischer's scepticism of messages of salvation which promise to free the individual from his demons. Similarly, the wish to liberate oneself from constraints is revealed to be a compulsion that will only lead to a new pattern of norms and expectations. However, the fact that Andreas Fischer does not submit to external and internal constraints without a struggle is demonstrated in the more political and simultaneously more far reaching and abstract works such as *Rollen & Gieren* (Rolling and yawing, p. 40 ff.) or *Kaiman Krücke* (Cayman crutch, p. 79), in which topics such as warfare and the flow of international finances are addressed. In *Rollen & Gieren*, a multimedia installation, Fischer equips a kitchen display cabinet with propellers and shows on the inside sampled footage that references the Vietnam War. The viewer can let himself be flown "into position" as Nixon says in the original soundtrack – only to discover that nobody is interested in this any longer. We see how even the US helicopters, now merely the symbol of a pointless war, are scrapped and sunk in the sea.

Neither do Fischer's works set to provide enlightenment, nor do the machines themselves attempt self-referentially to evade the pressure of norms or the compulsion to success. They merely visualize what everyone knows: There is a game in the game, and again a game outside the game. And there is no game without rules.

jedoch nicht den externen und inneren Zwängen wehrlos ergibt, zeigt sich in den politischeren und gleichzeitig weitreichenderen und abstrakteren Arbeiten wie *Rollen & Gieren* (S. 40 ff.) oder *Kaiman Krücke* (S. 79), in denen auch Themen wie Kriegsführung und die Wege der internationalen Finanzströme aufgegriffen werden. In der multimedialen Installation *Rollen & Gieren* stattet Fischer eine Küchenvitrine mit Propellern aus und zeigt auf der Innenfläche ein Footage-Sampling mit Bezug zum Vietnamkrieg. Der Betrachter lässt sich, wie Nixon im O-Ton sagt, „into position" fliegen – nur um herauszufinden, dass dies niemanden mehr interessiert. Wir sehen, wie selbst die zum Symbol einer sinnlosen Kriegsoffensive gewordenen amerikanischen Helikopter ausrangiert und im Meer versenkt werden.

Weder ist eine aufklärerische Mission der Ausgangspunkt von Fischers Werken, noch suchen die Maschinen sich selbstreferenziell einem Normen- und Erfolgsdruck zu entziehen. Es wird nur sichtbar gemacht, was alle wissen: Es gibt ein Spiel im Spiel und außerhalb des Spiels wieder ein Spiel. Und ein Spiel ohne Regeln gibt es nicht.

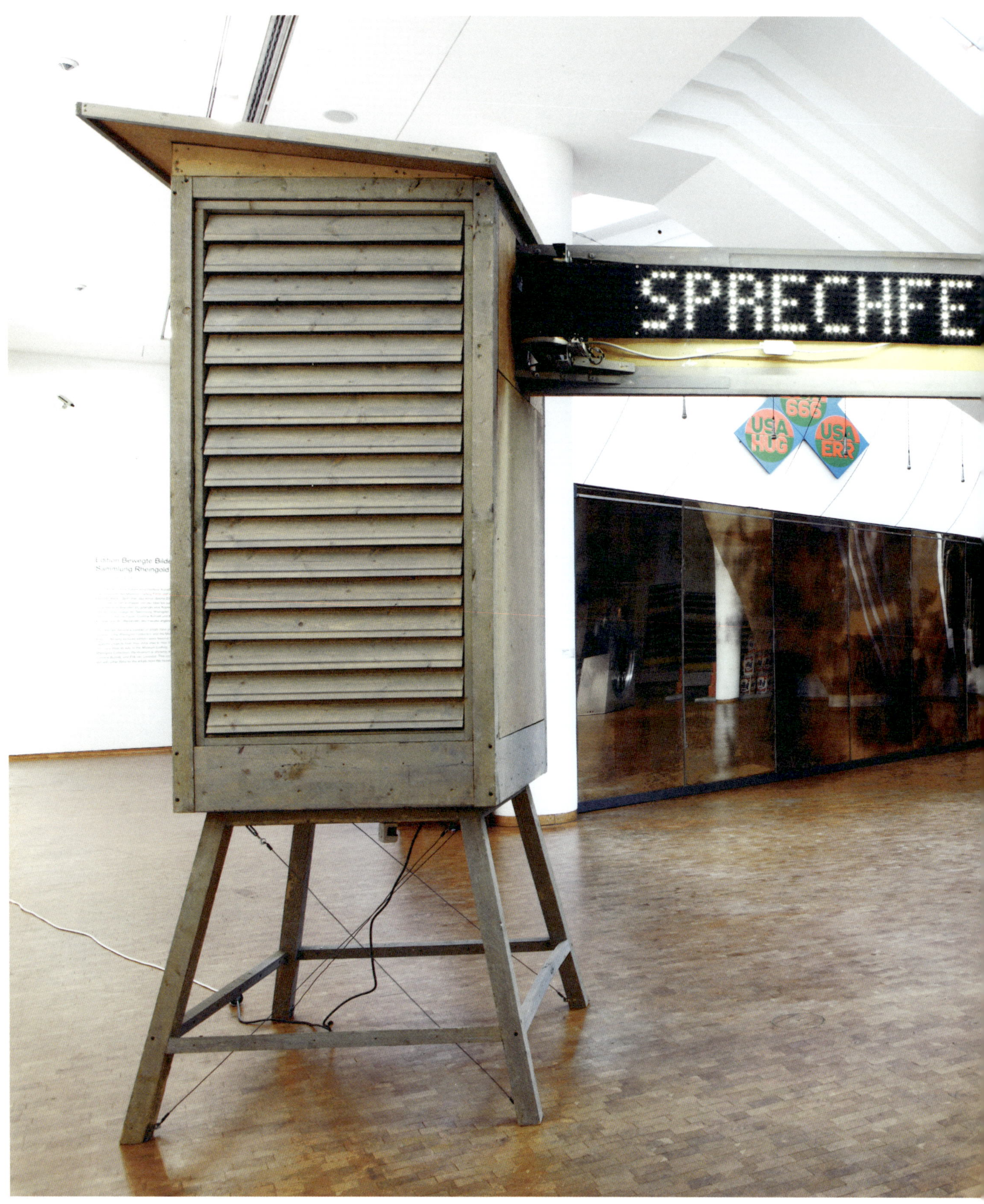

Edition Bewegte Bilde
Sammlung Rheingold
SPRECHFE
666
USA HUG
USA ER

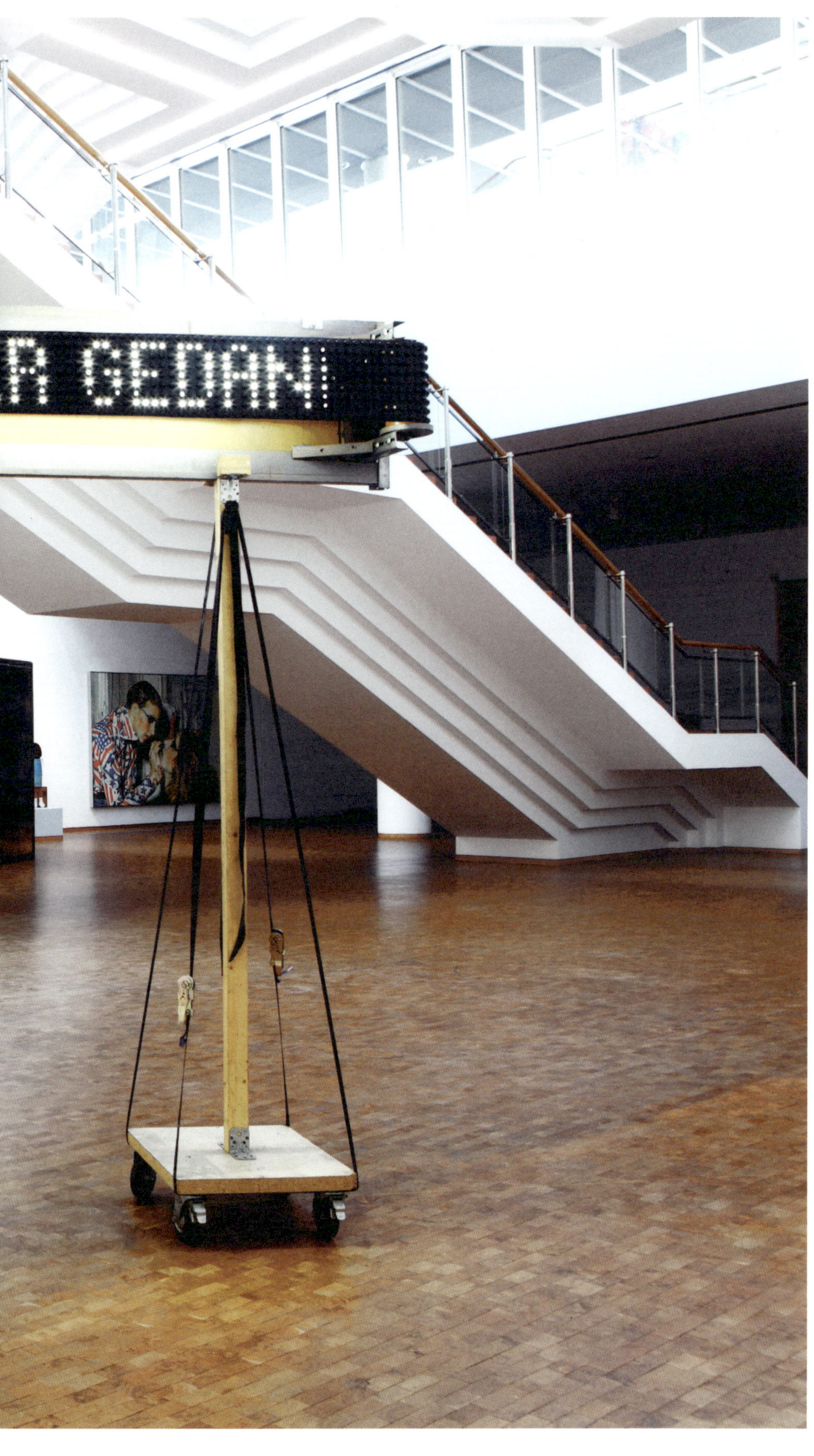

Das gute, alte L-Thema, 2005
380 x 100 x 320 cm
Andreas Fischer / Courtesy
Galerie Vera Gliem, Köln

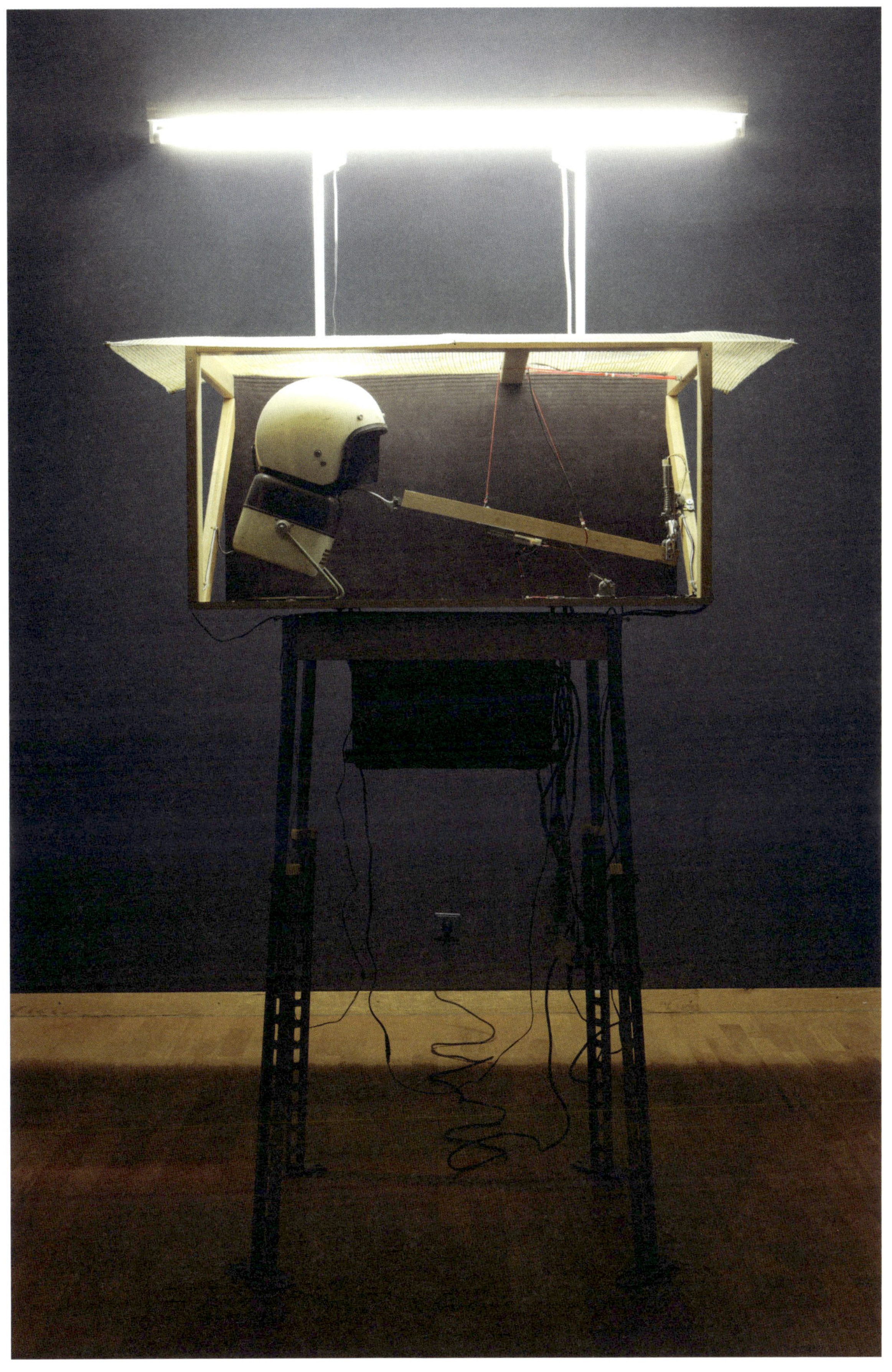

Liaison Lackmus, 2011
120 x 65 x 235 cm
Privatsammlung, Köln

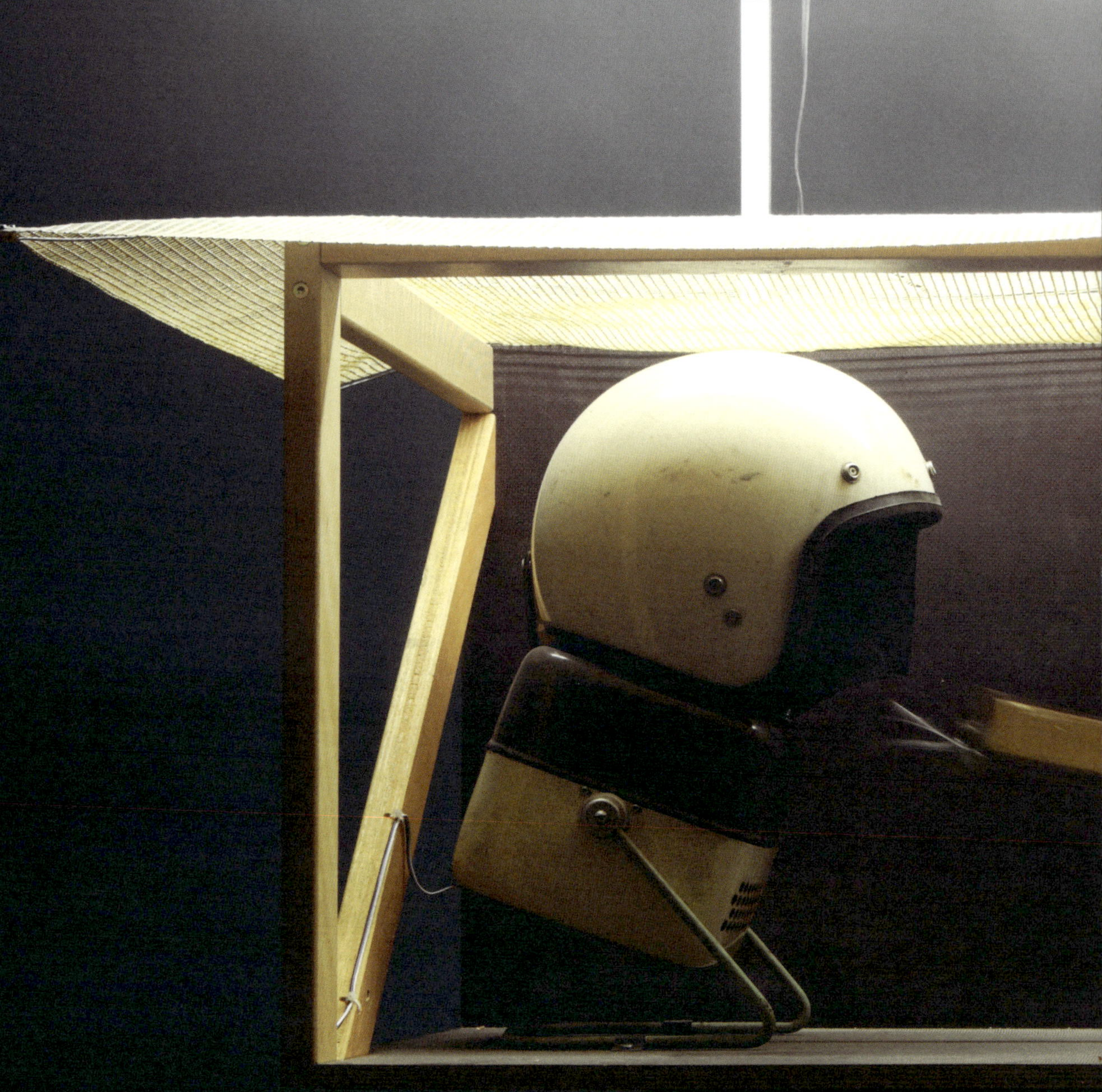

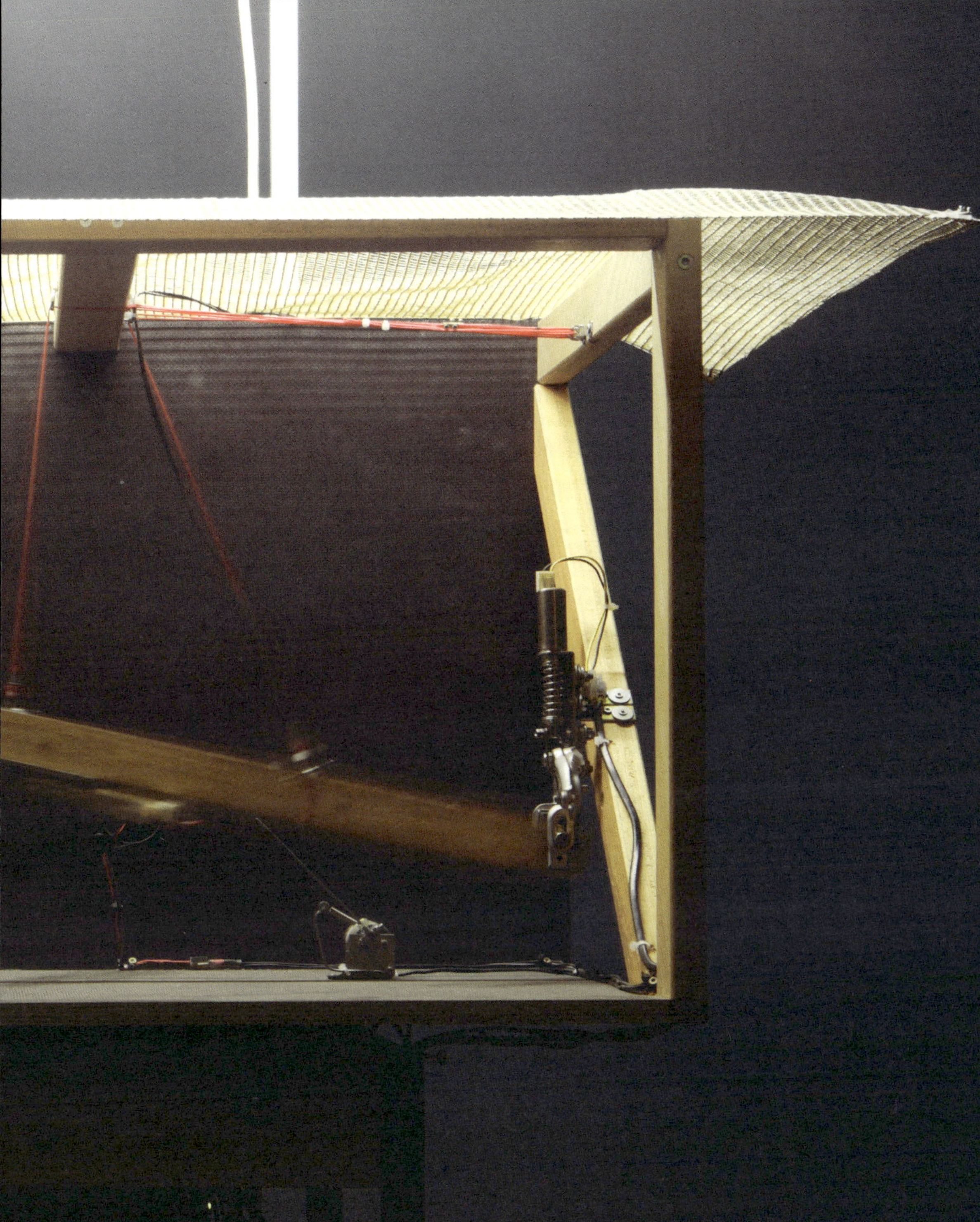

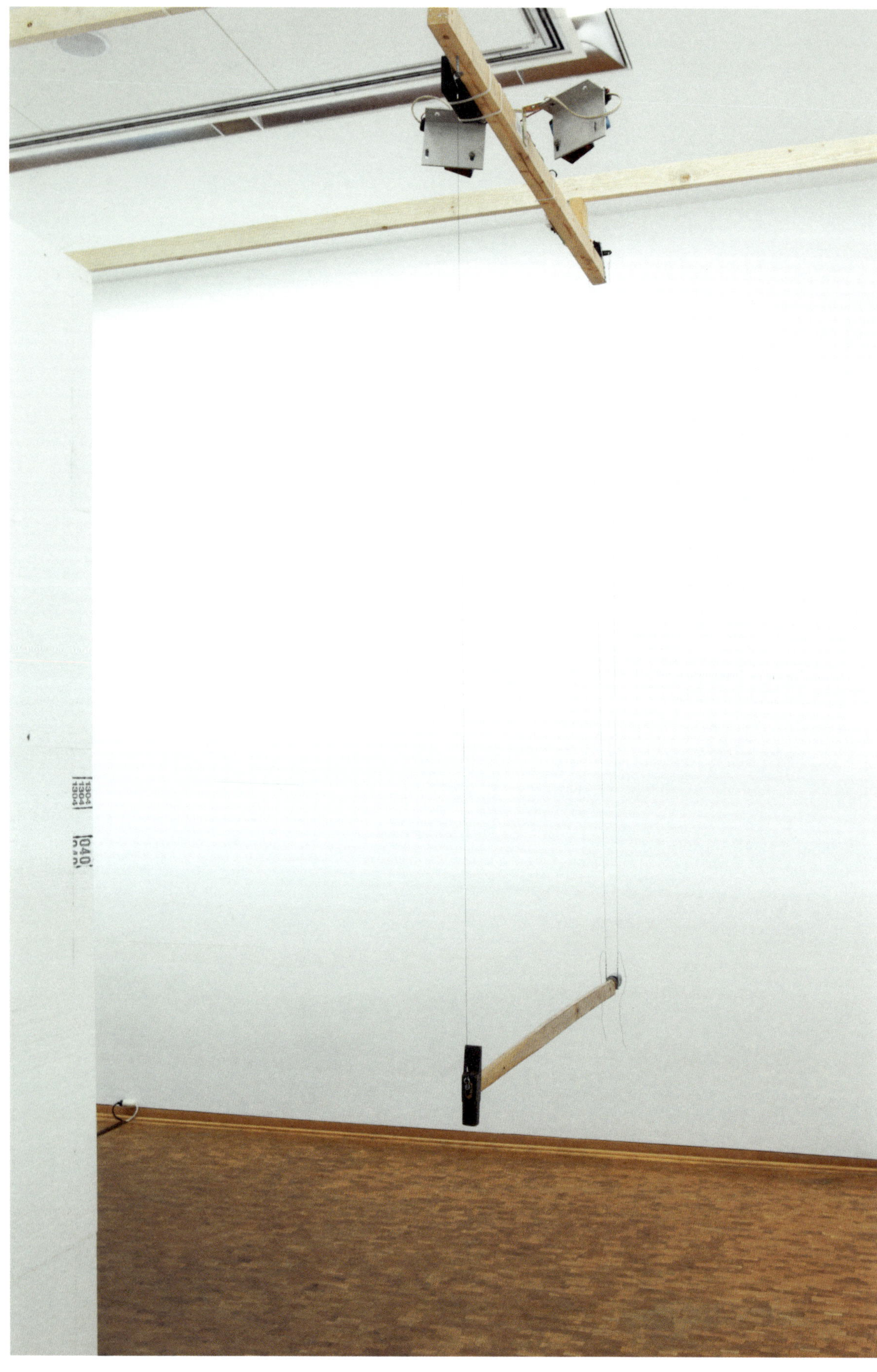

Werkzeug für die Weltherrschaft, 2006
102 x 140 x 247 cm
Andreas Fischer / Courtesy
Galerie Vera Gliem, Köln

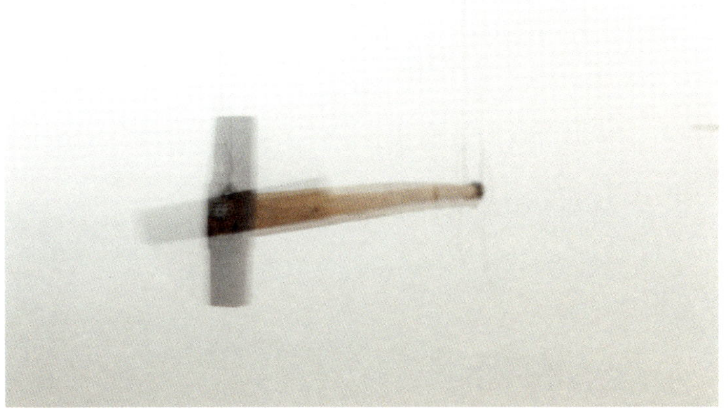

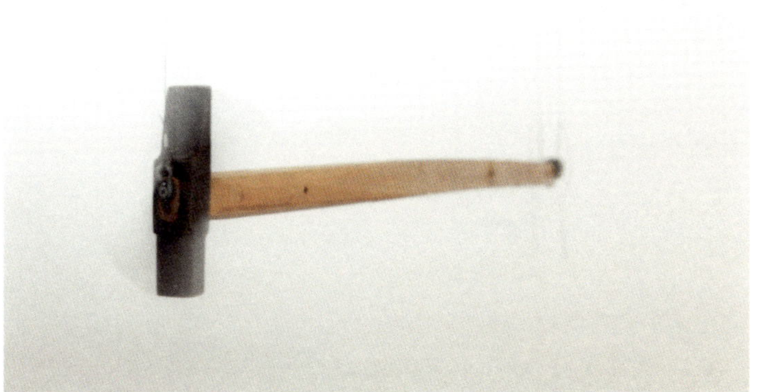

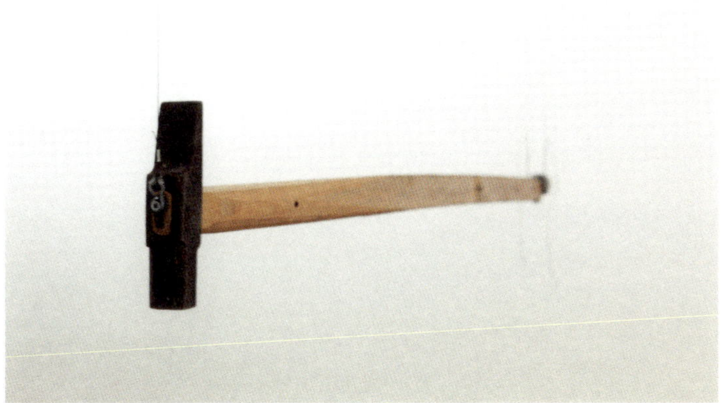

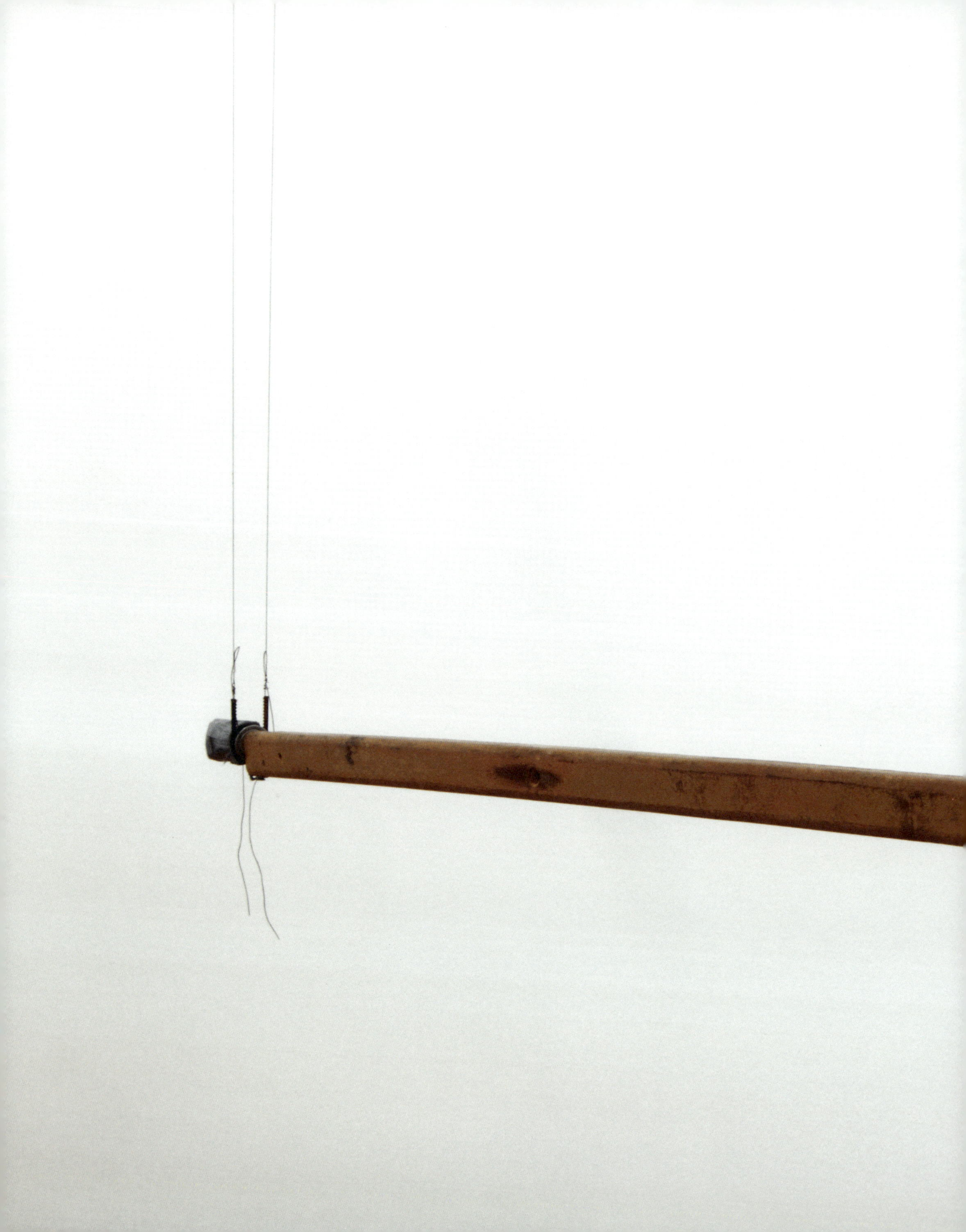

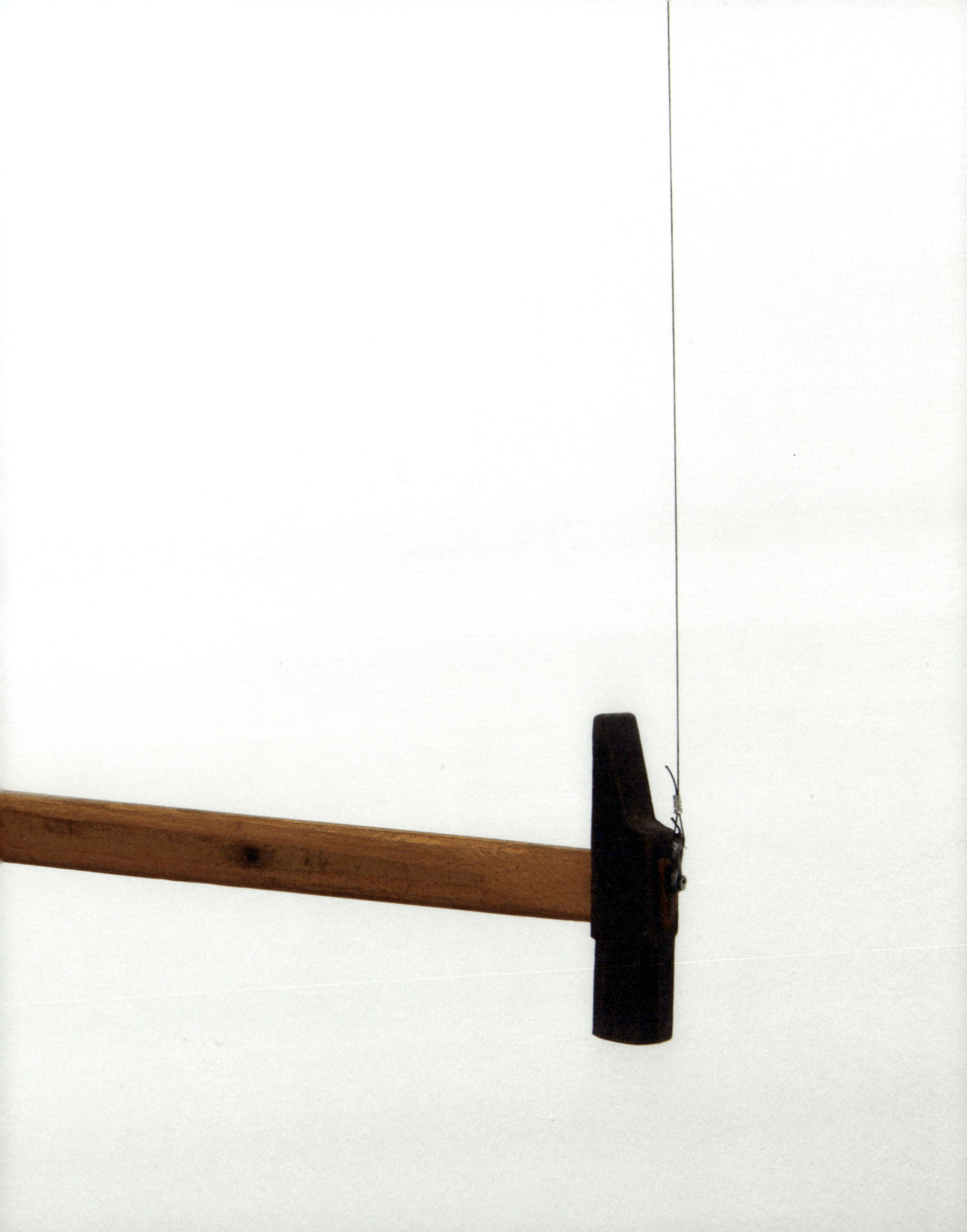

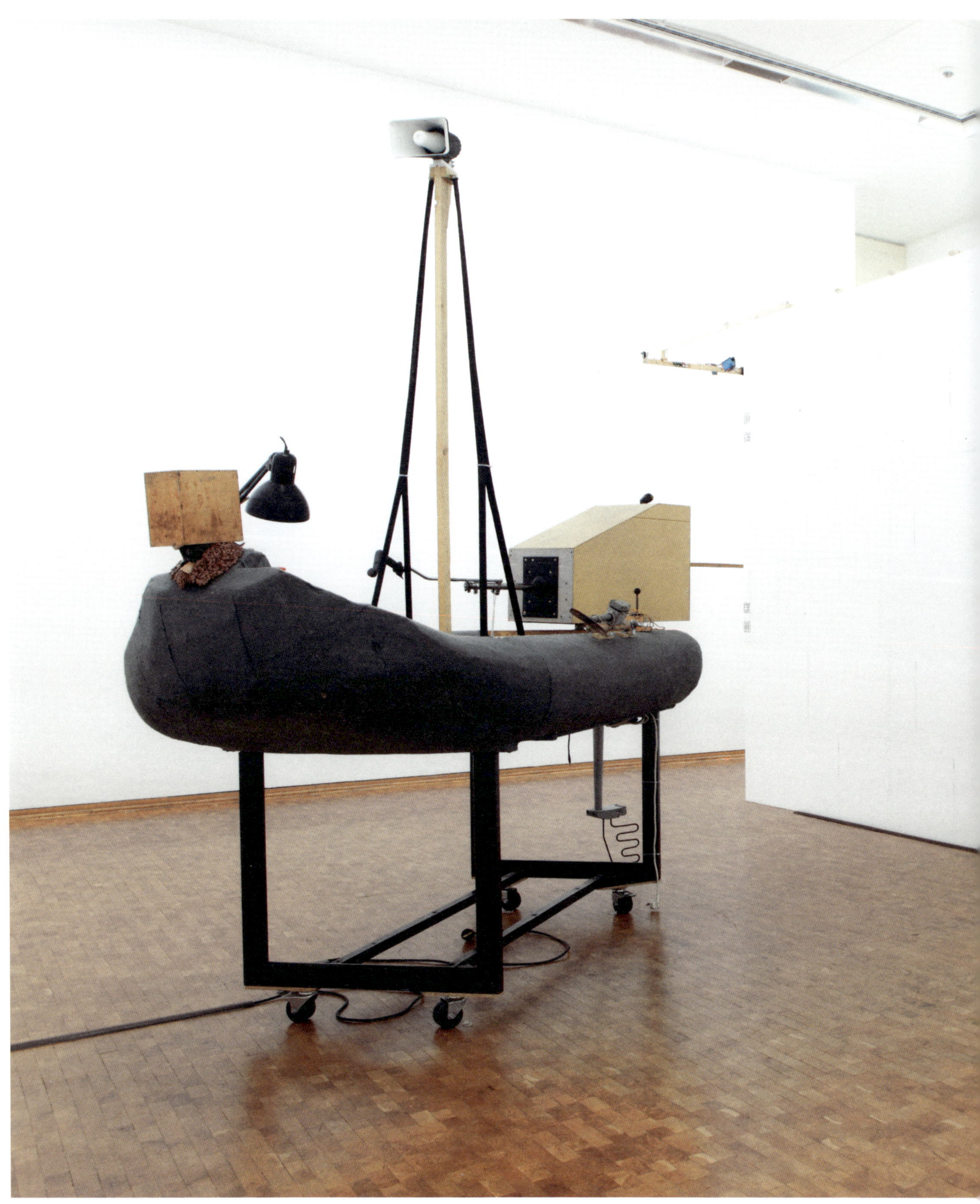

Ausstellungsansicht
Museum Ludwig, Köln

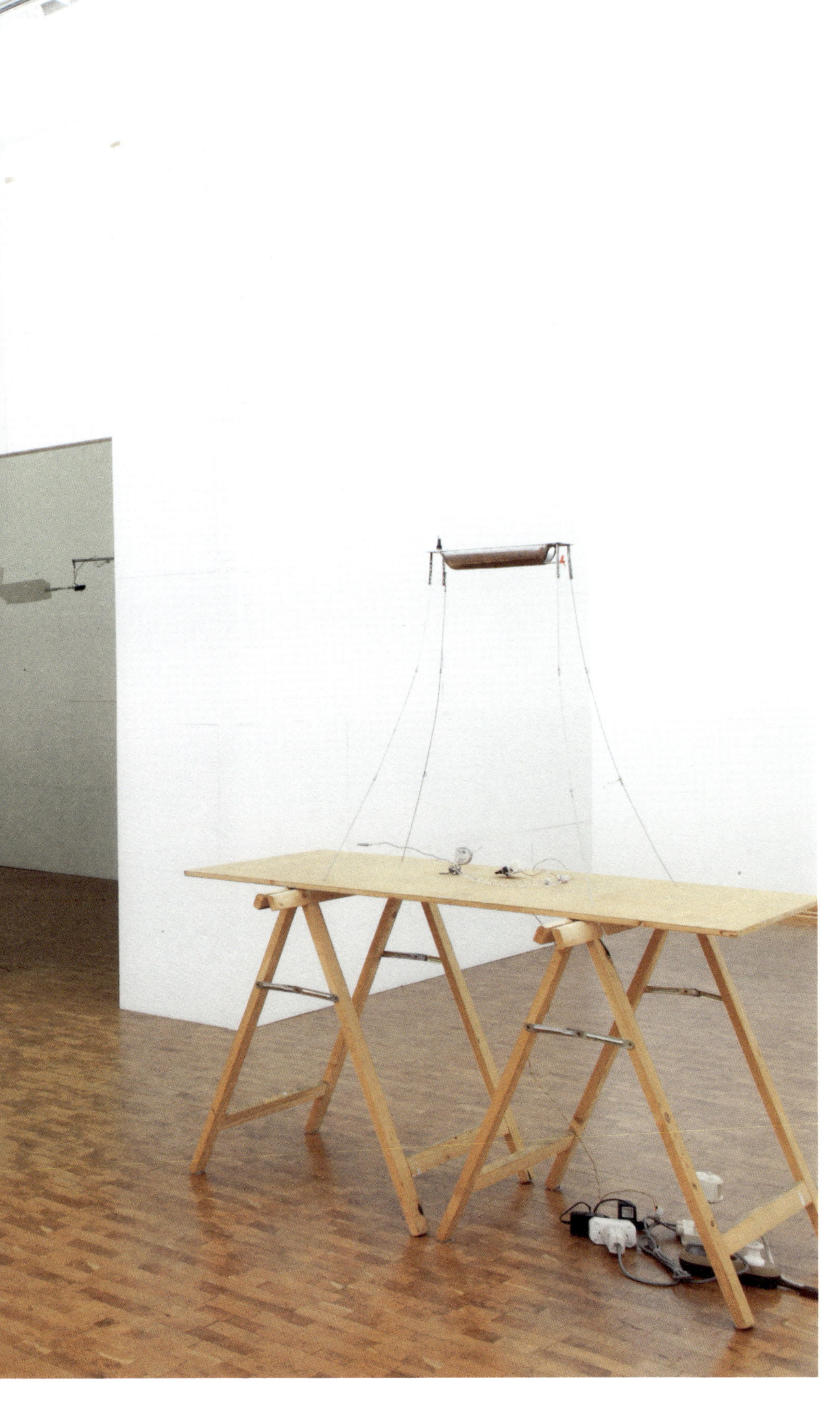

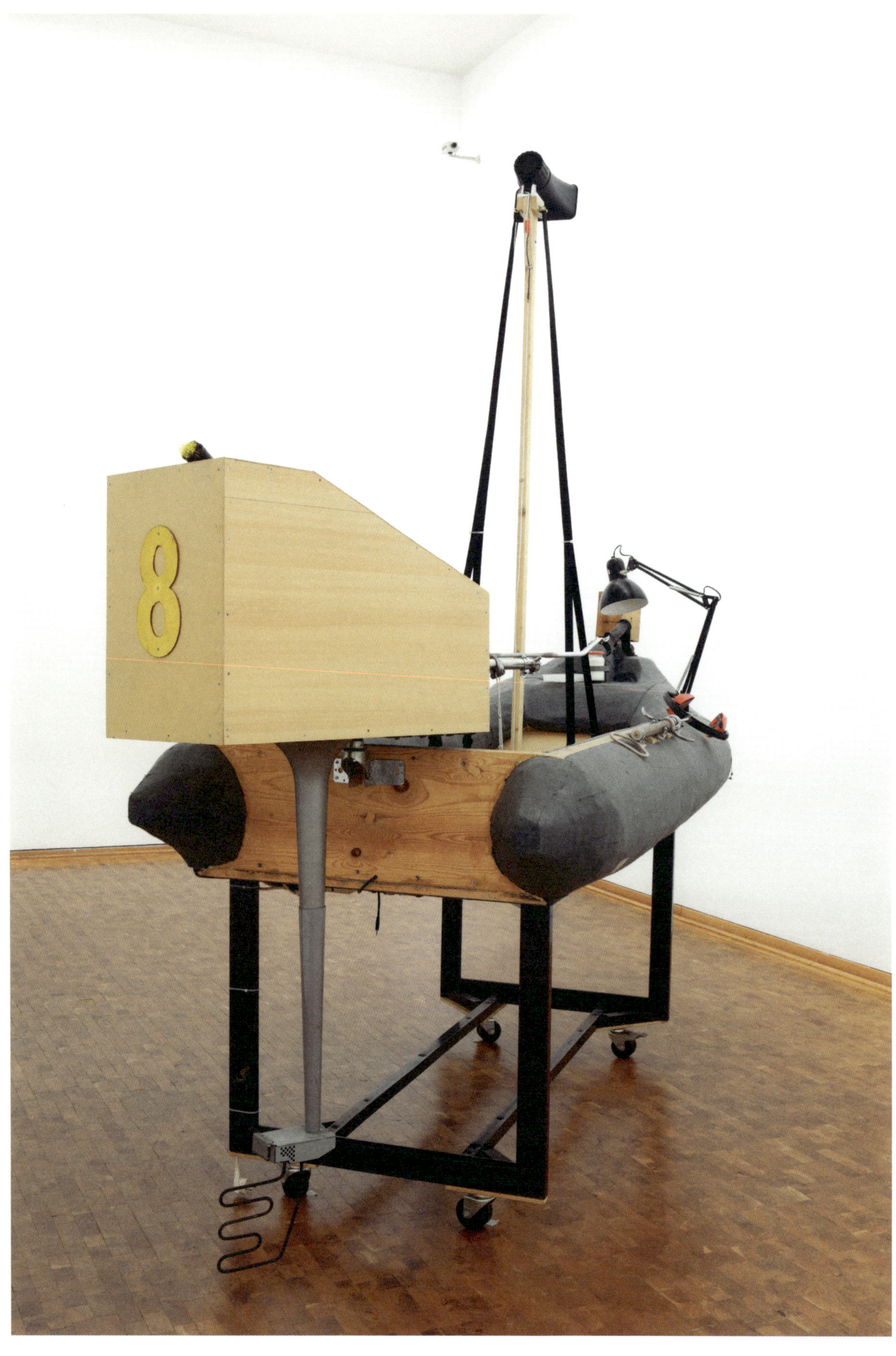

Operation Notzucker, 2008
300 x 120 x 250 cm
Privatsammlung, Köln

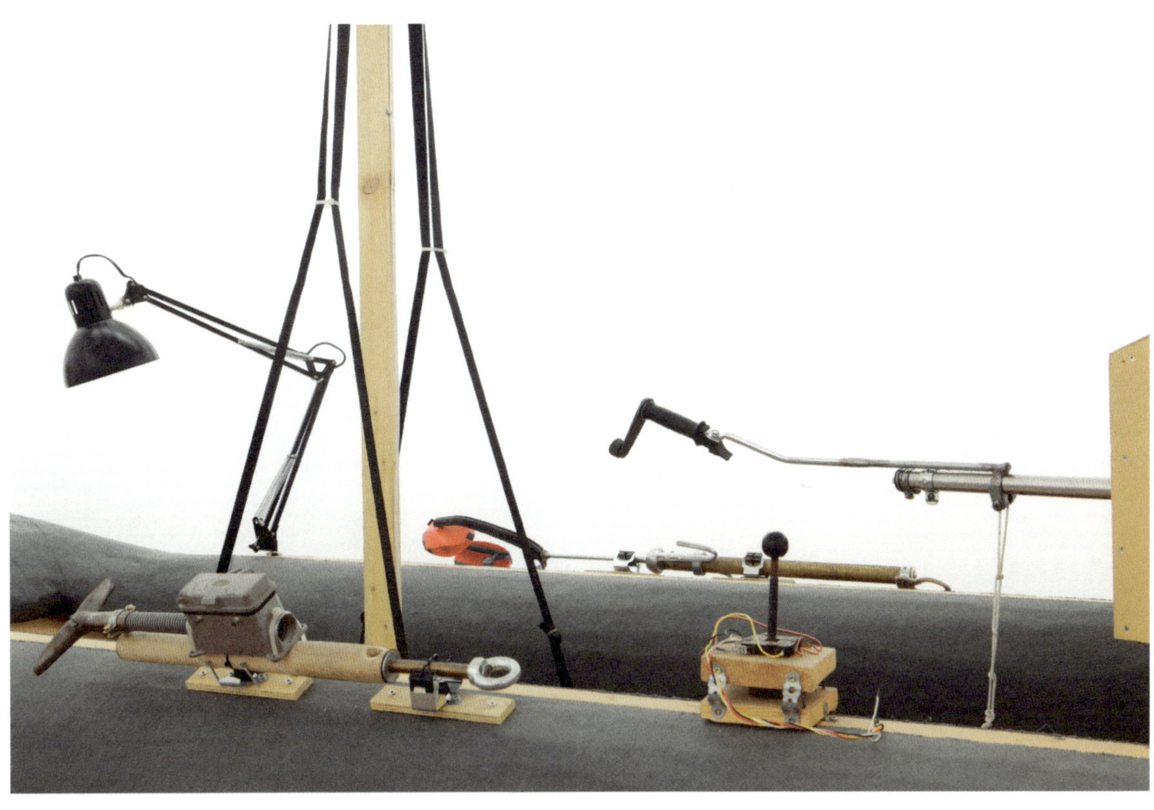

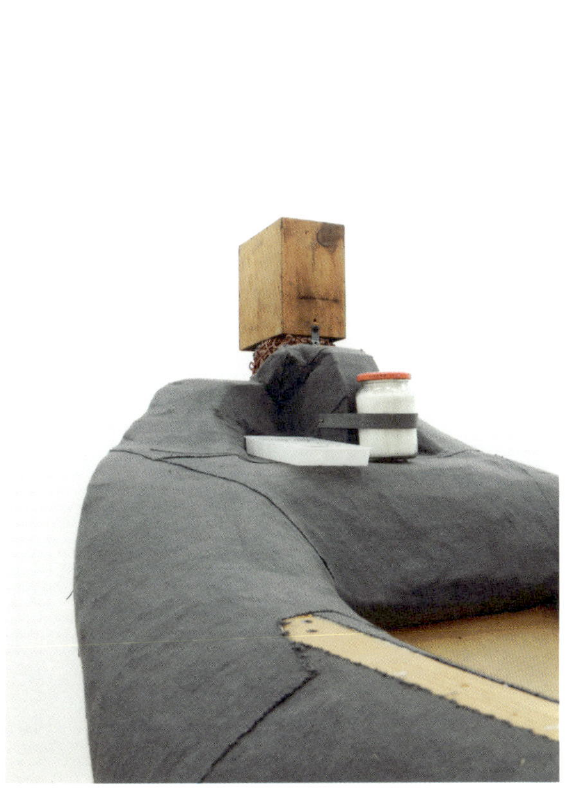

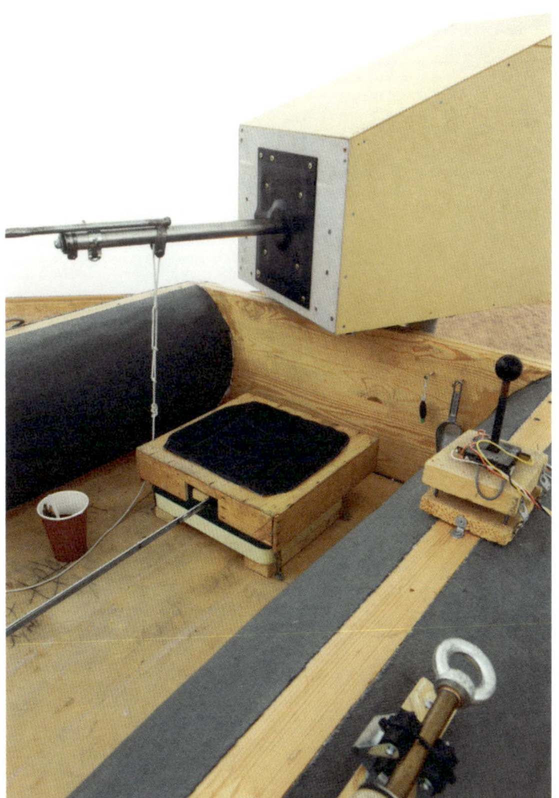

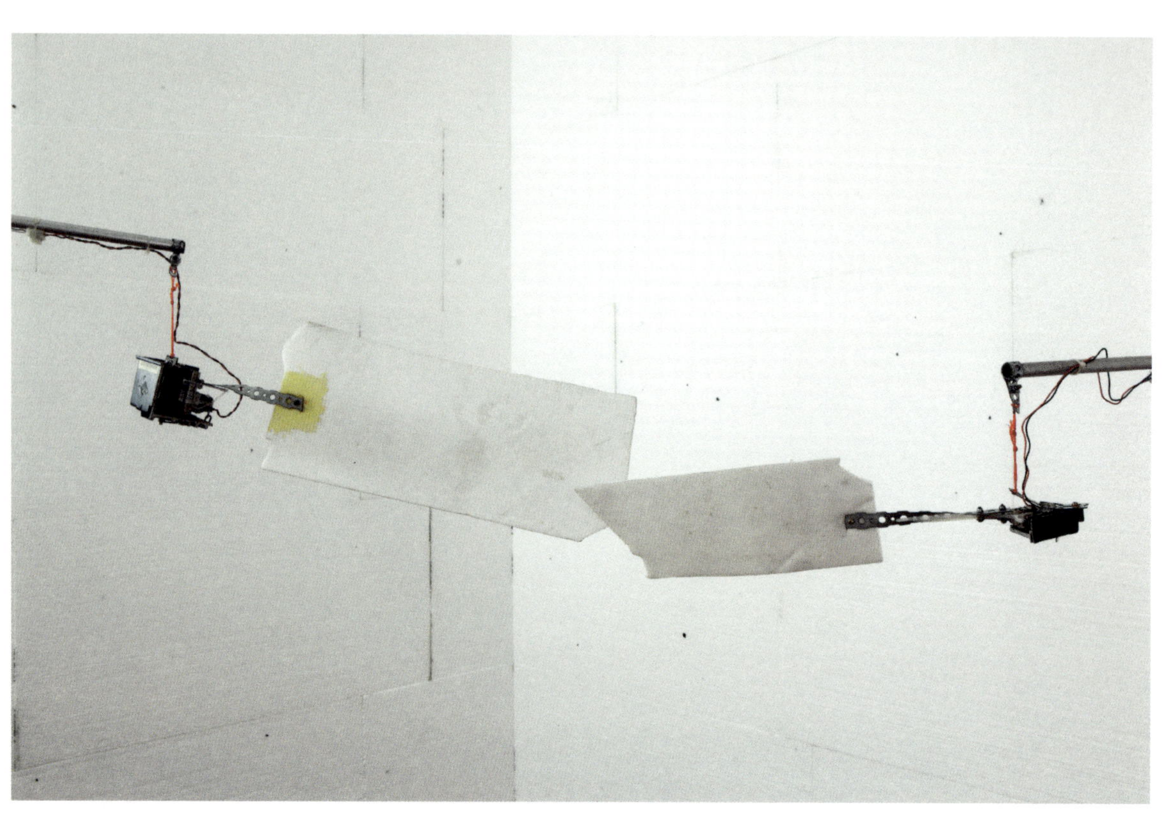

Doppel-L-Thema, 2008
210 x 30 x 196 cm
Andreas Fischer / Courtesy
Galerie Vera Gliem, Köln

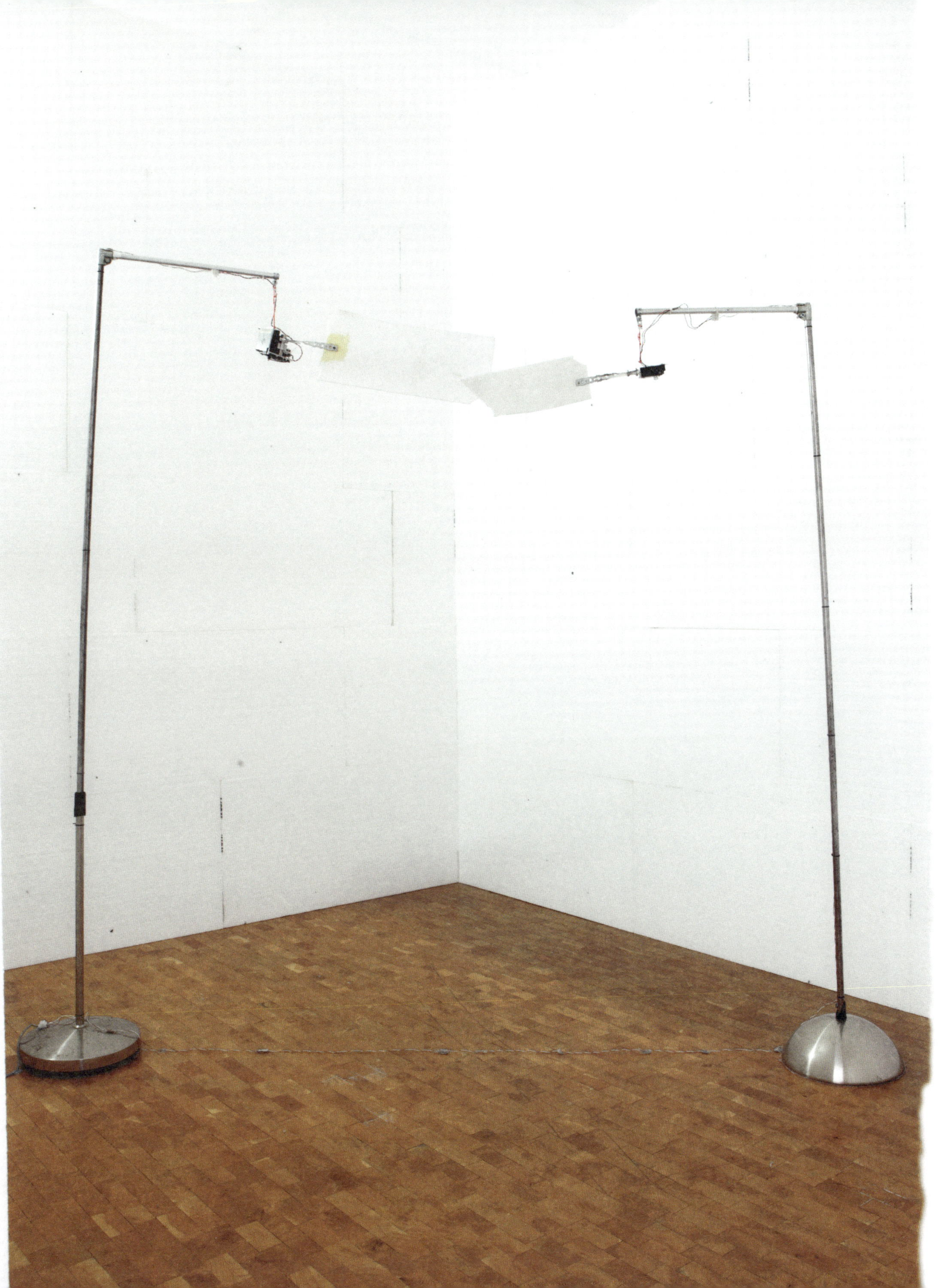

Zwanne, 2000
100 x 60 x 160 cm
Privatsammlung, Köln

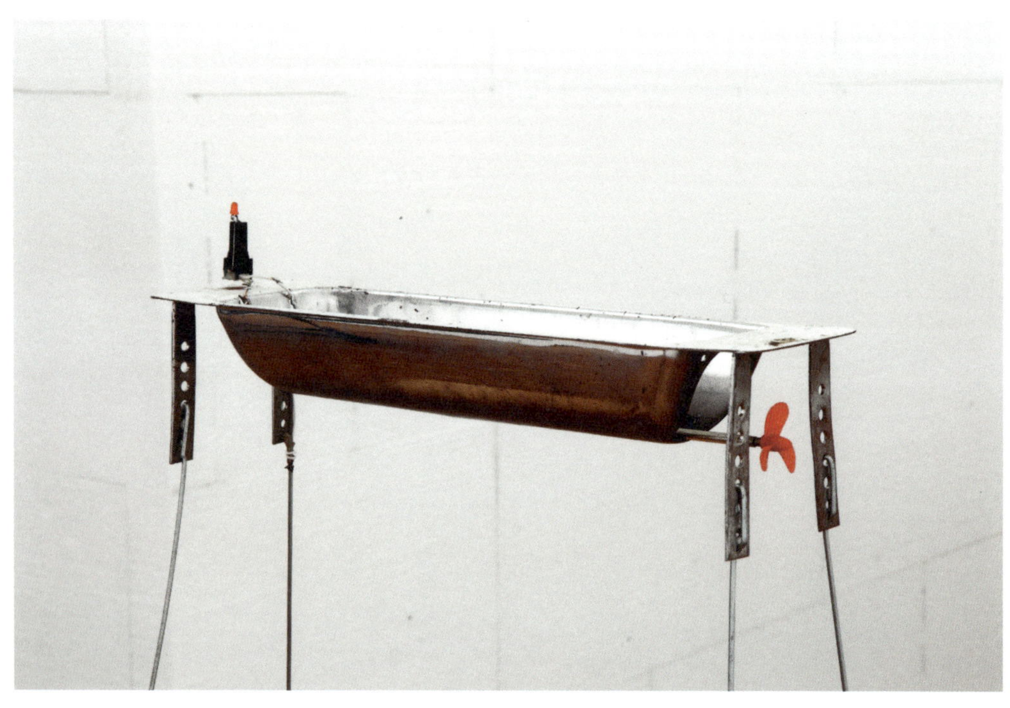

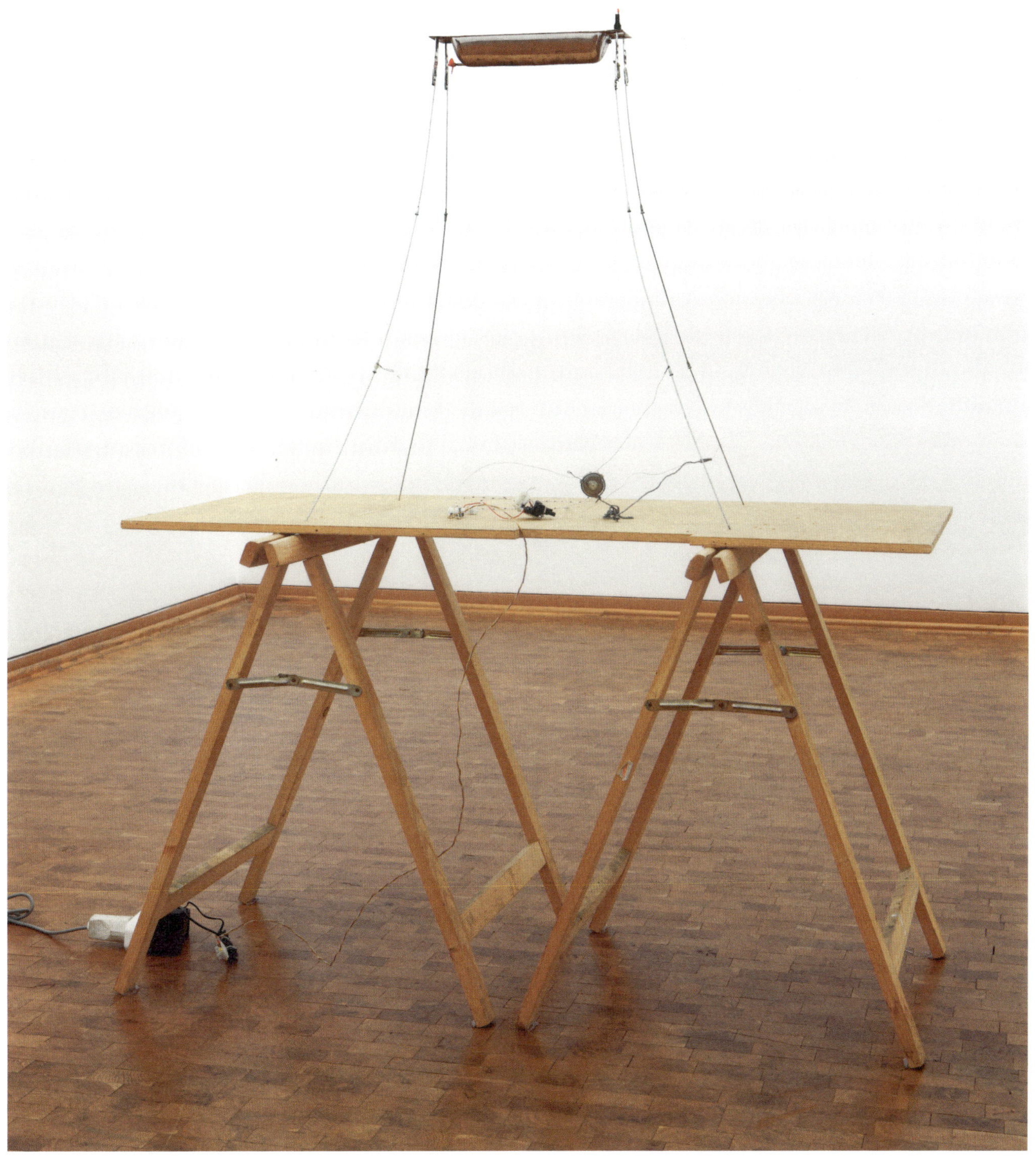

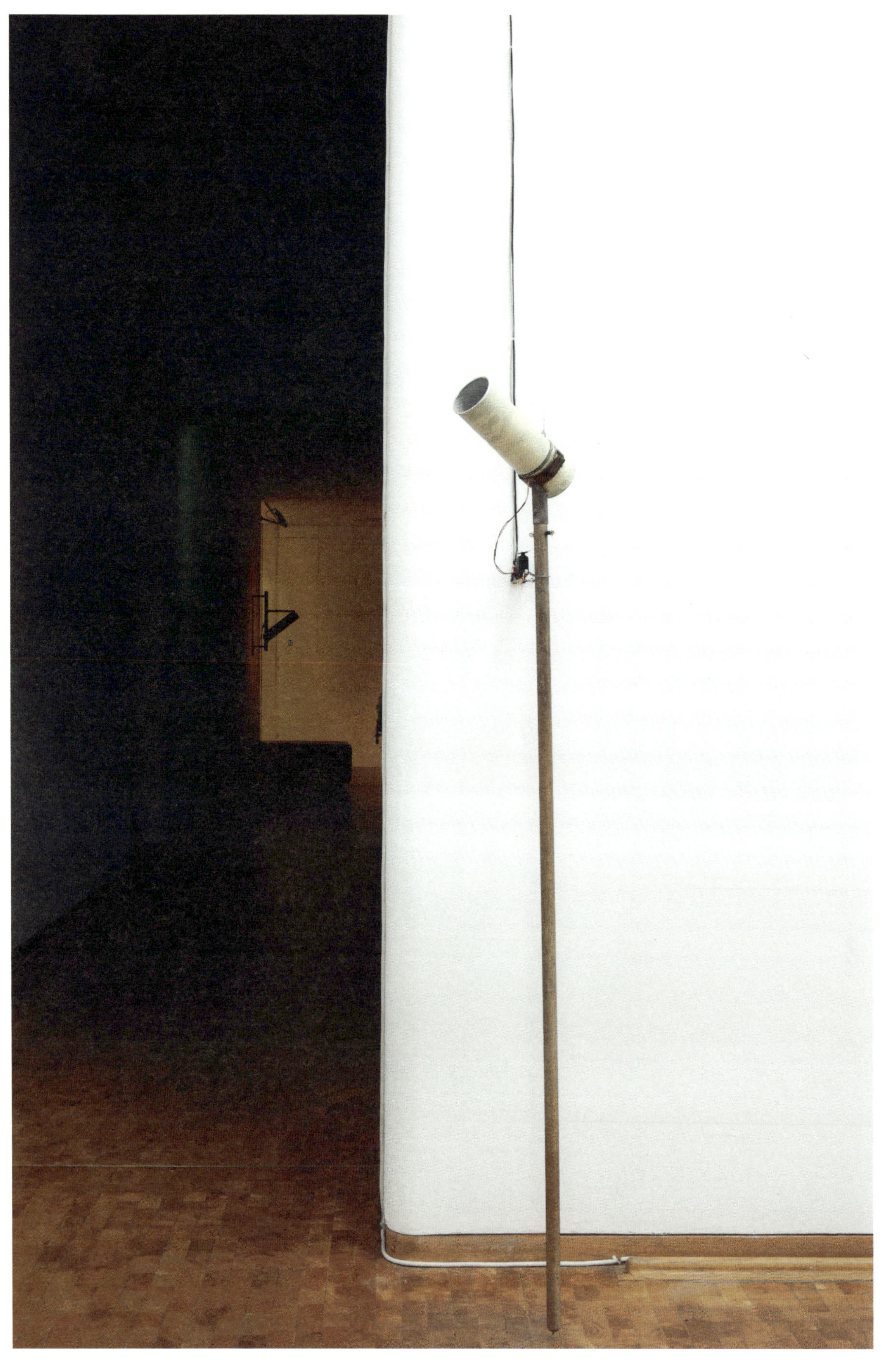

Rabenrohr, 2007
90 x 50 x 163 cm
Museum Ludwig, Köln

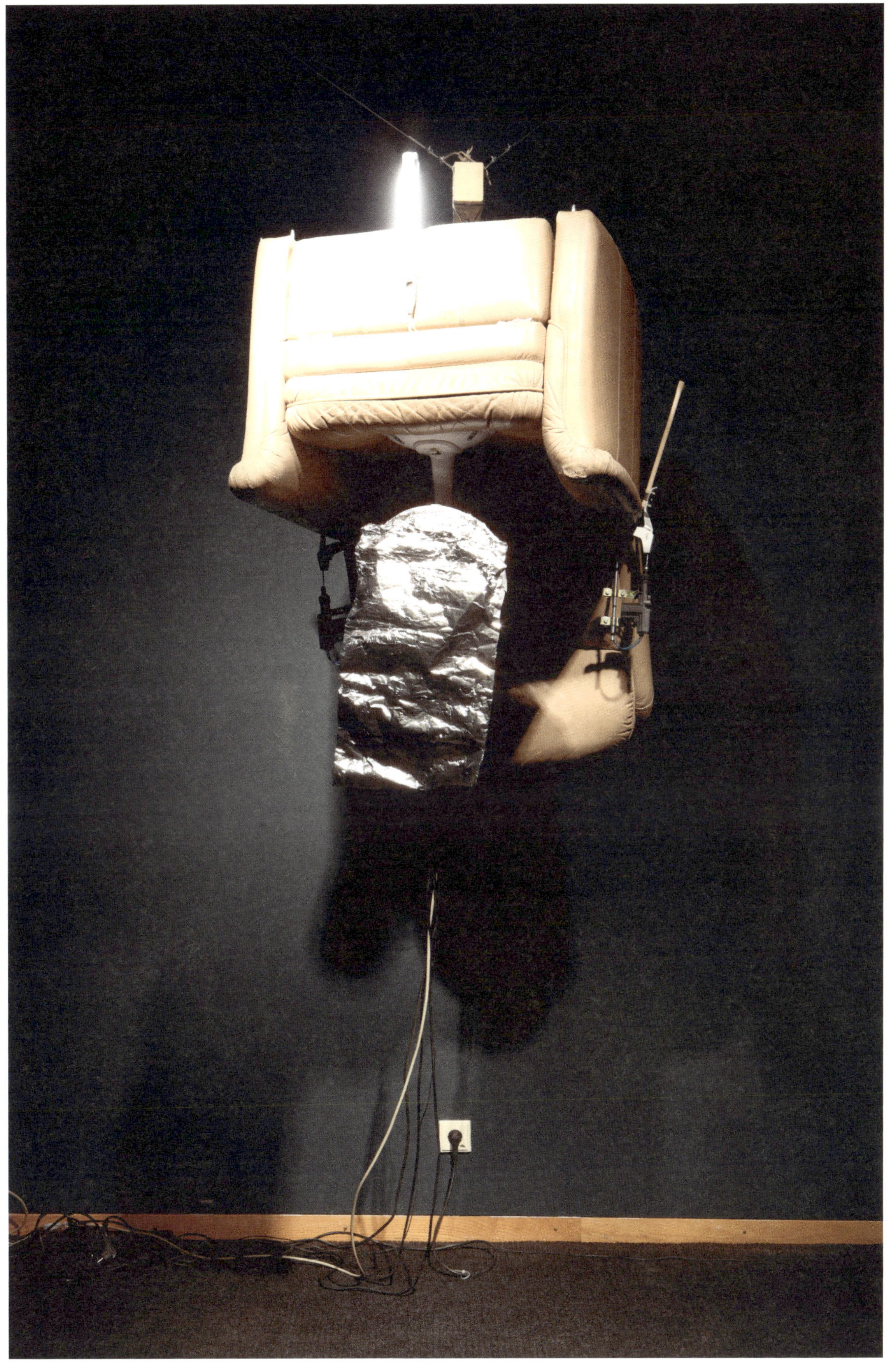

A good Deal, 2012
150 x 140 x 247 cm
Andreas Fischer / Courtesy
Galerie Vera Gliem, Köln

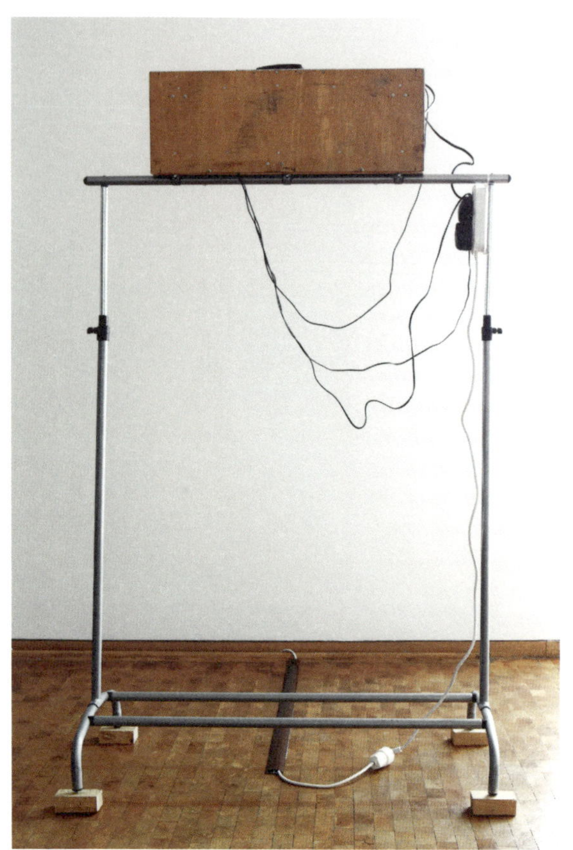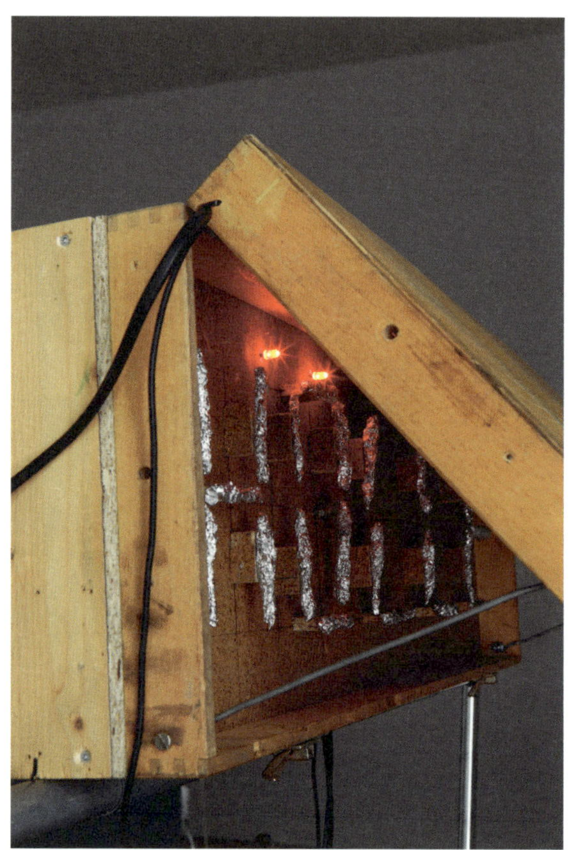

Trouth Table, 2010
105 x 50 x 190 cm
Andreas Fischer / Courtesy
Galerie Vera Gliem, Köln

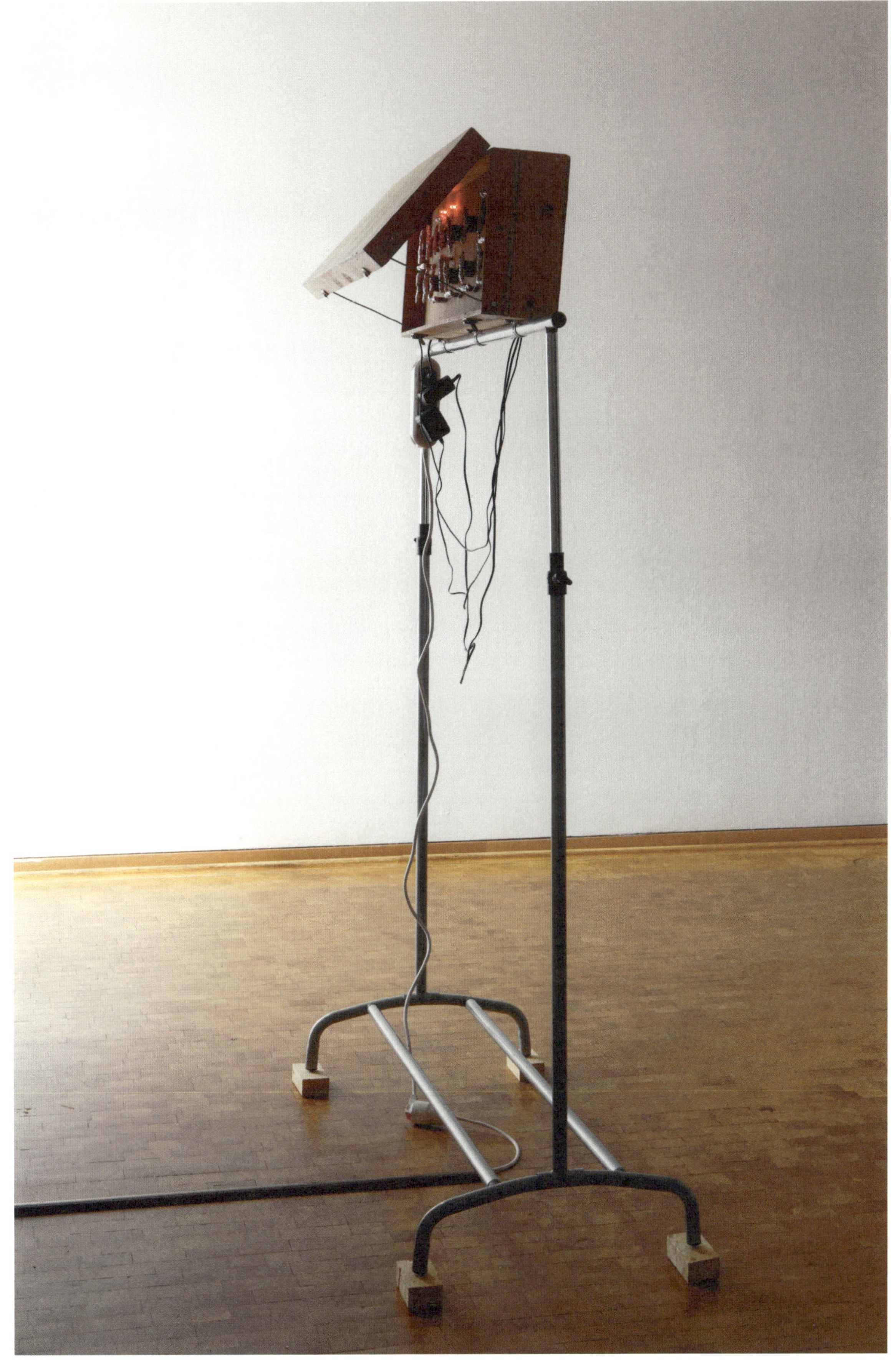

Rollen & Gieren, 2012
290 x 175 x 290 cm
Sammlung Rheingold

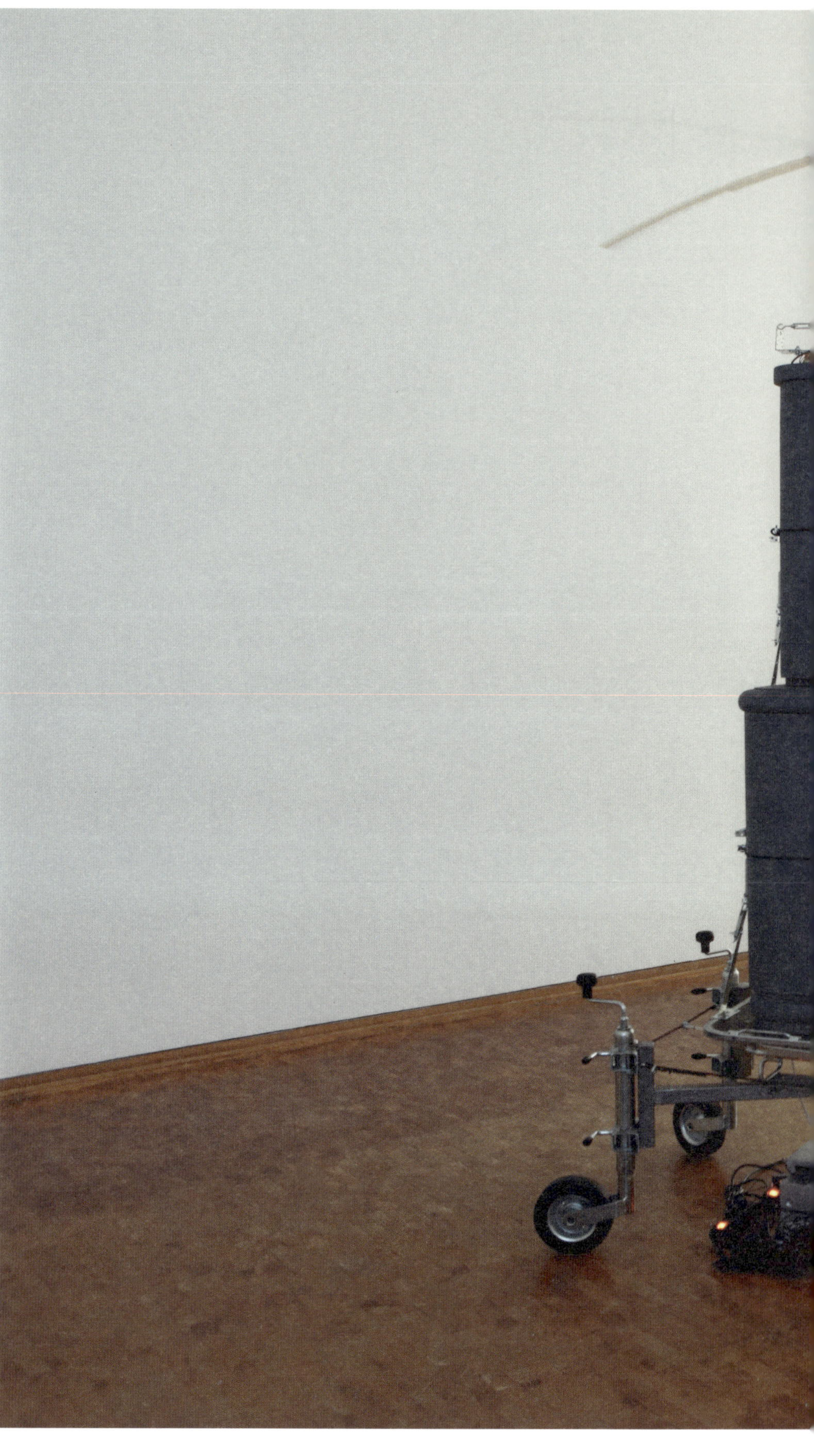

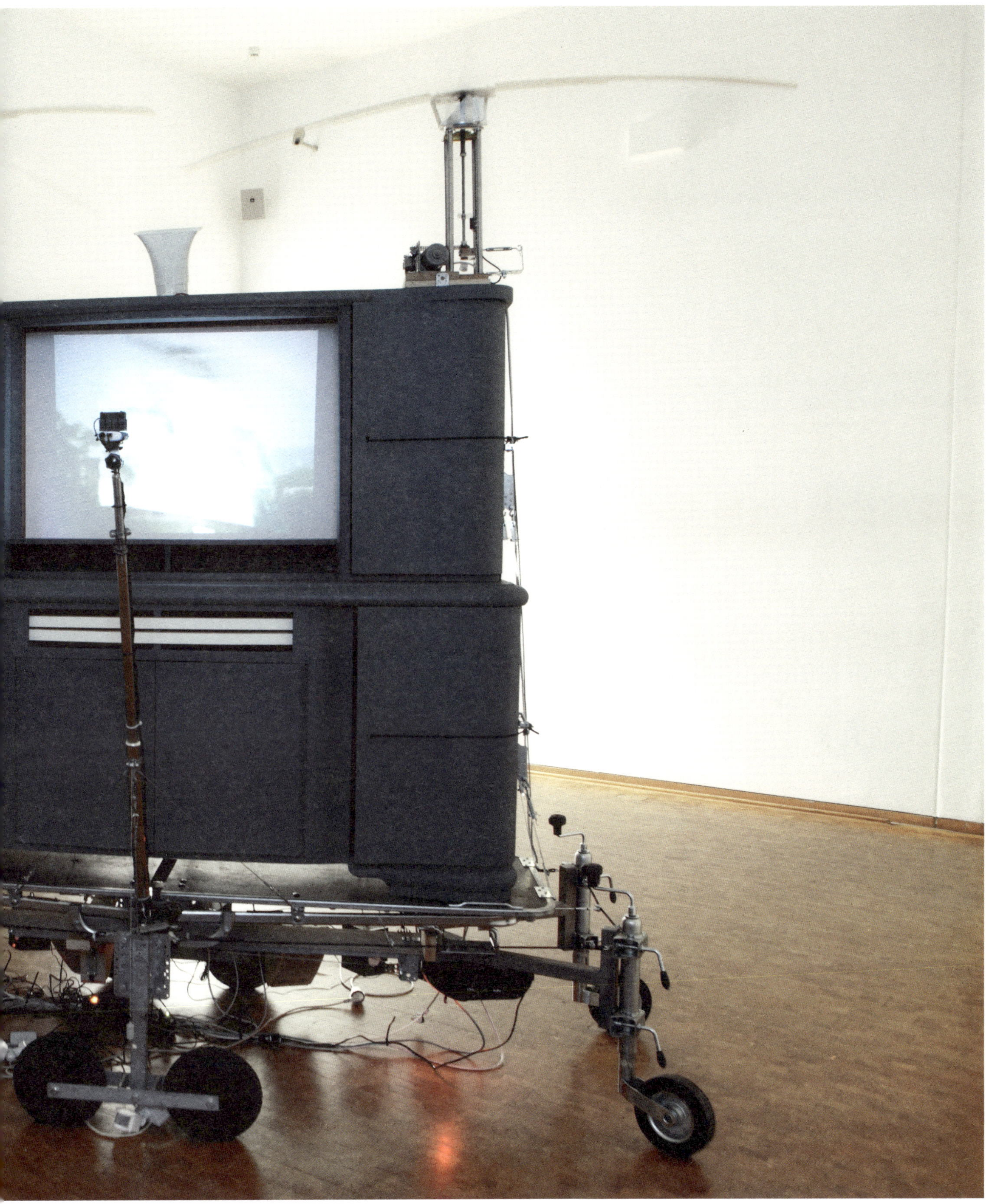

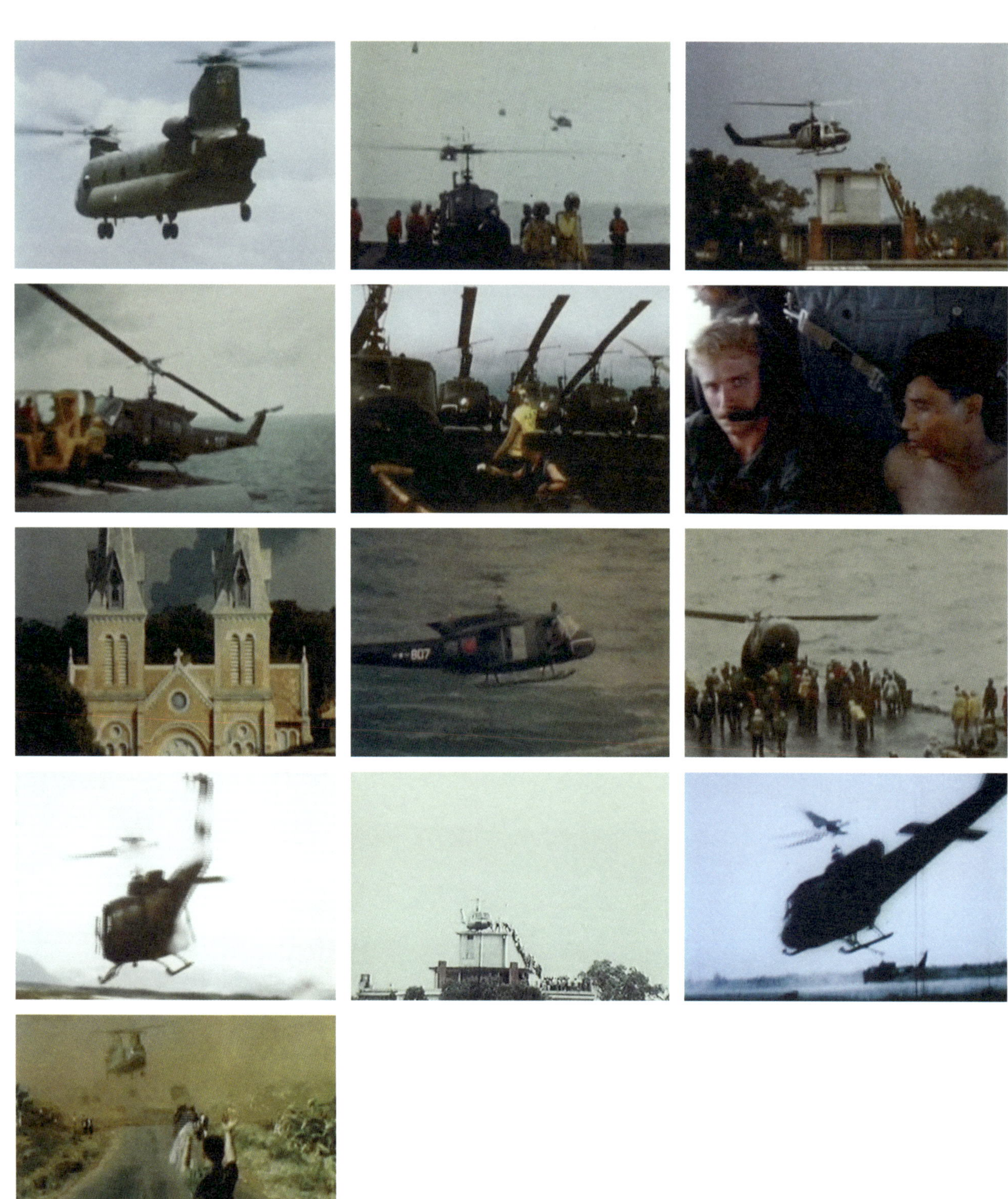

Rollen & Gieren, 2012
290 x 175 x 290 cm
Sammlung Rheingold

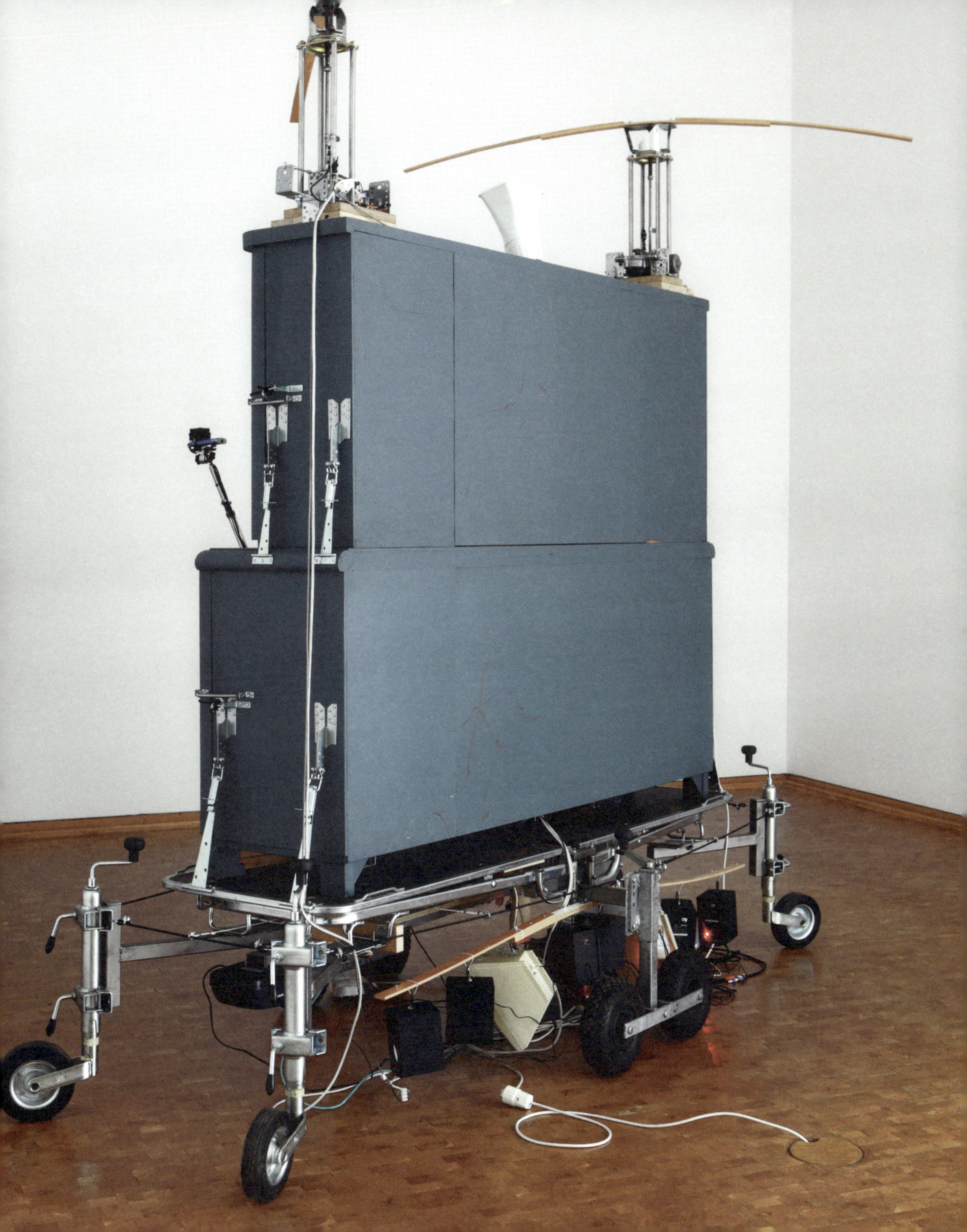

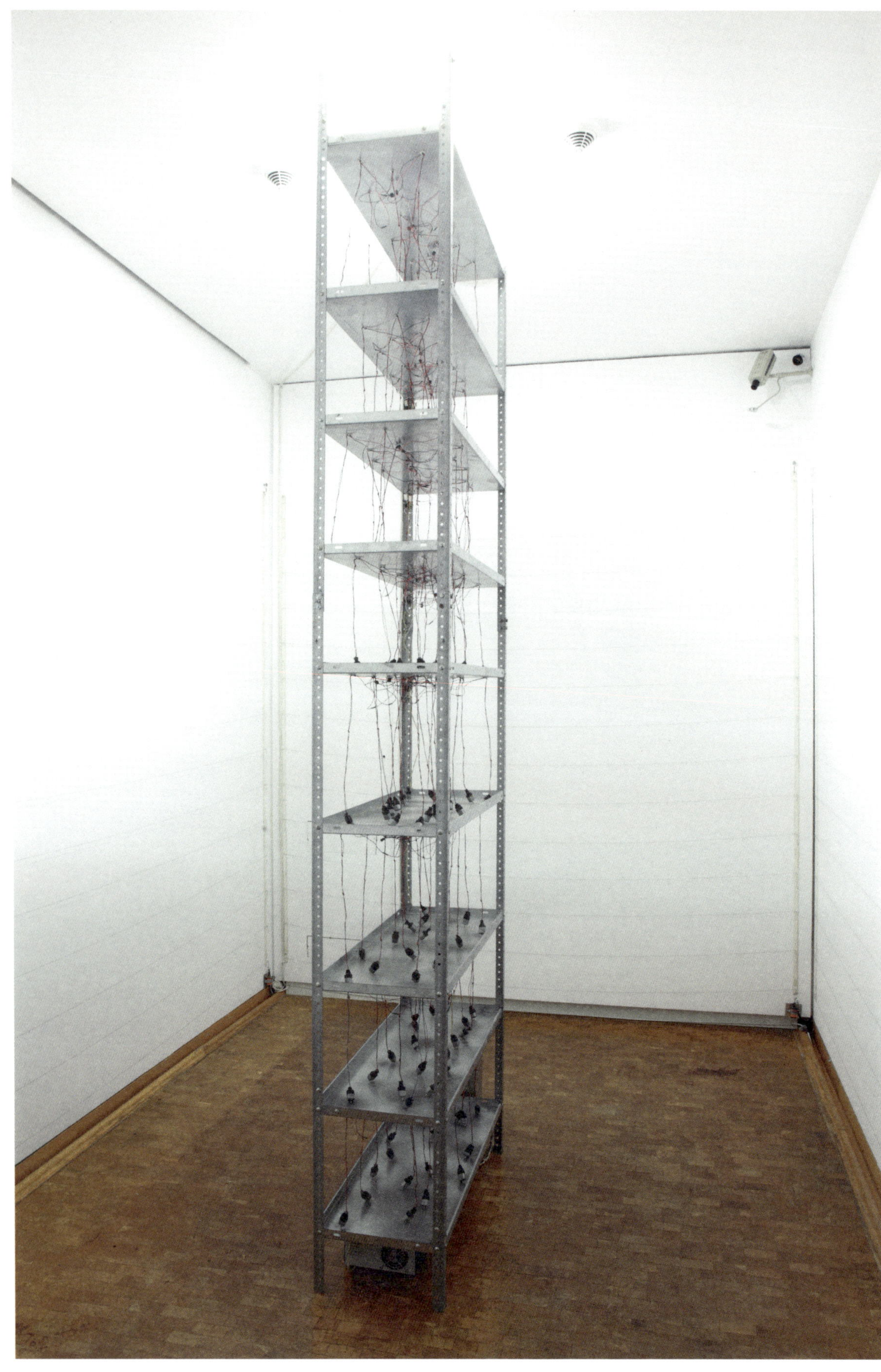

Mother, 2003
350 x 50 x 317 cm
Andreas Fischer / Courtesy Galerie
Vera Gliem, Köln

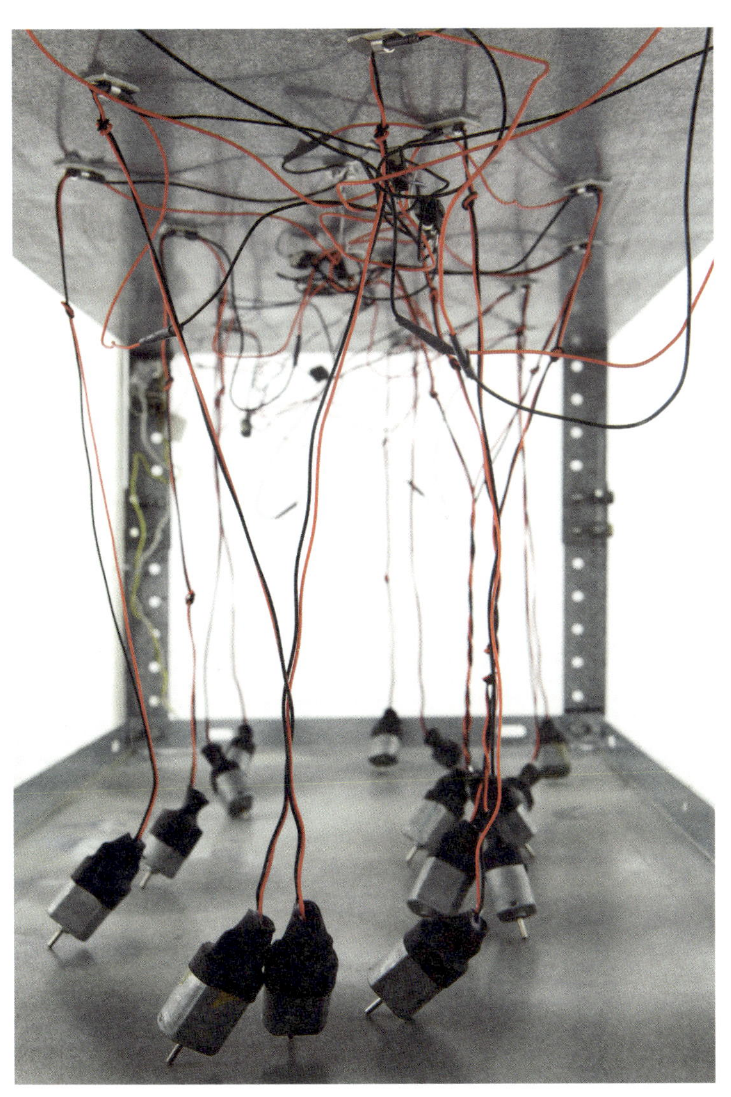
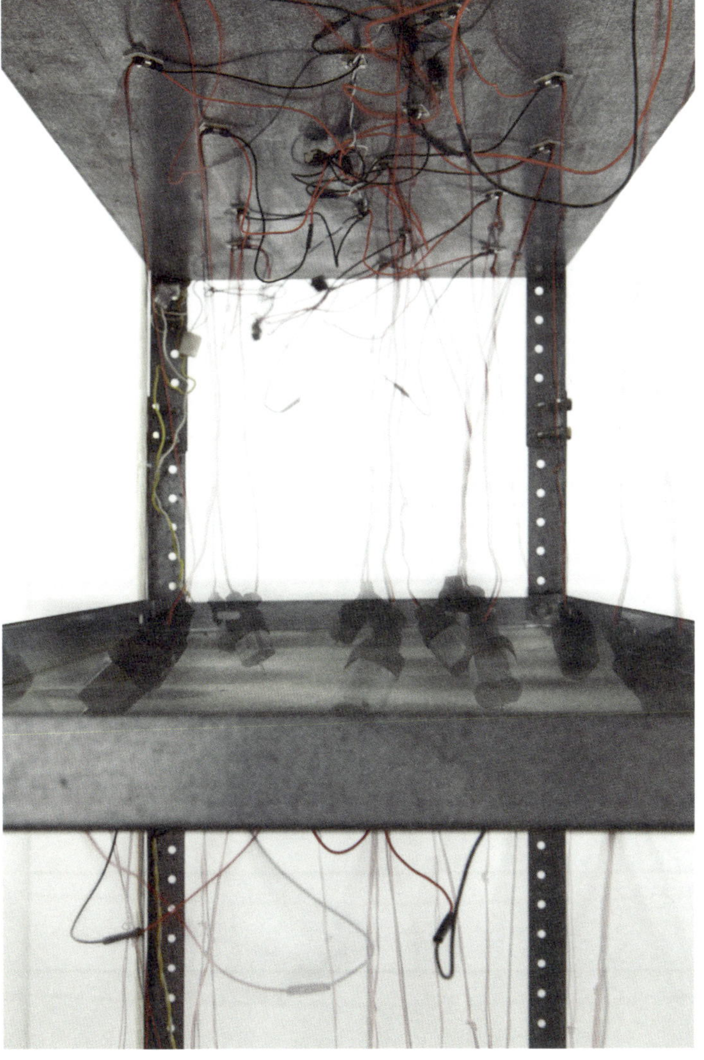

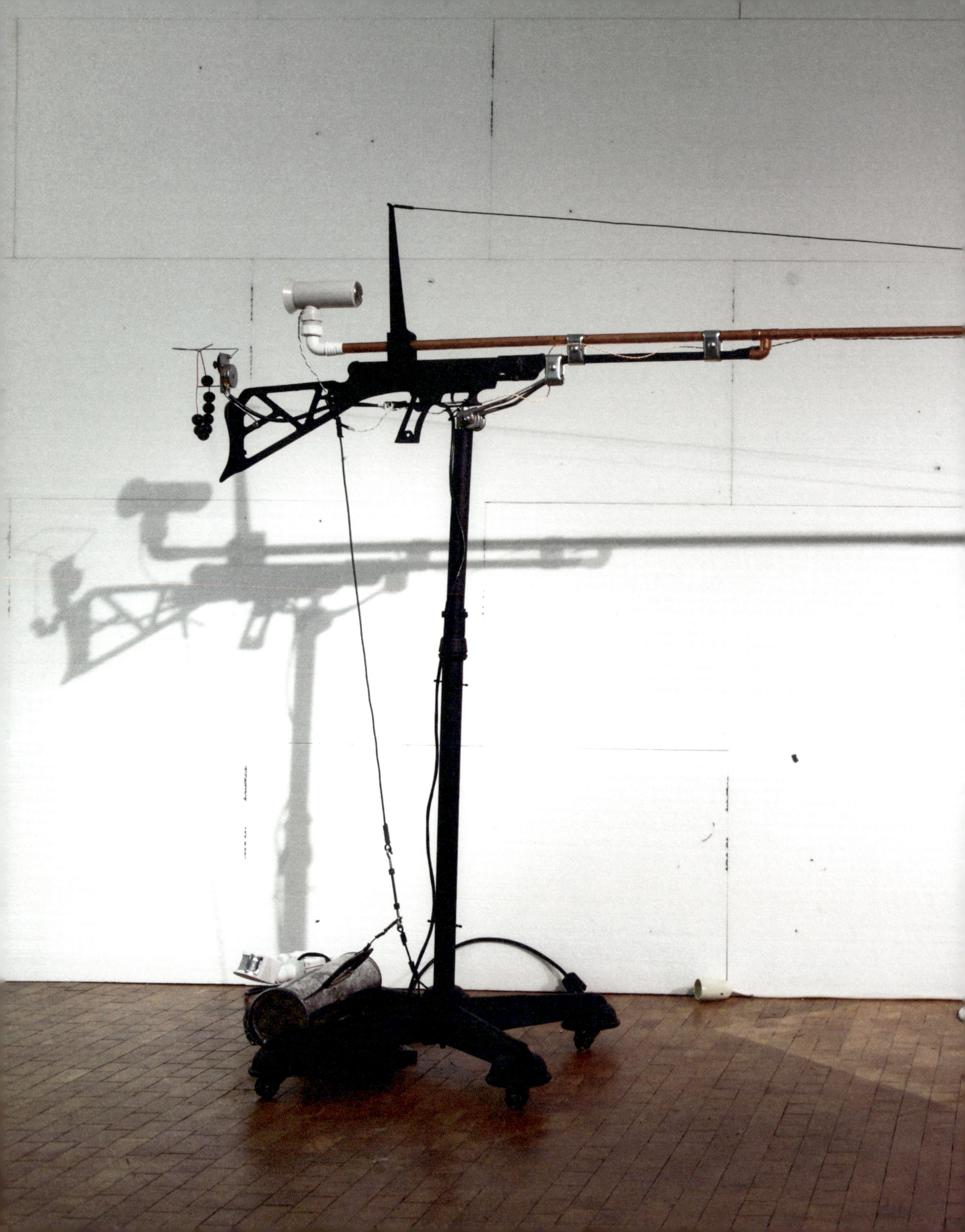

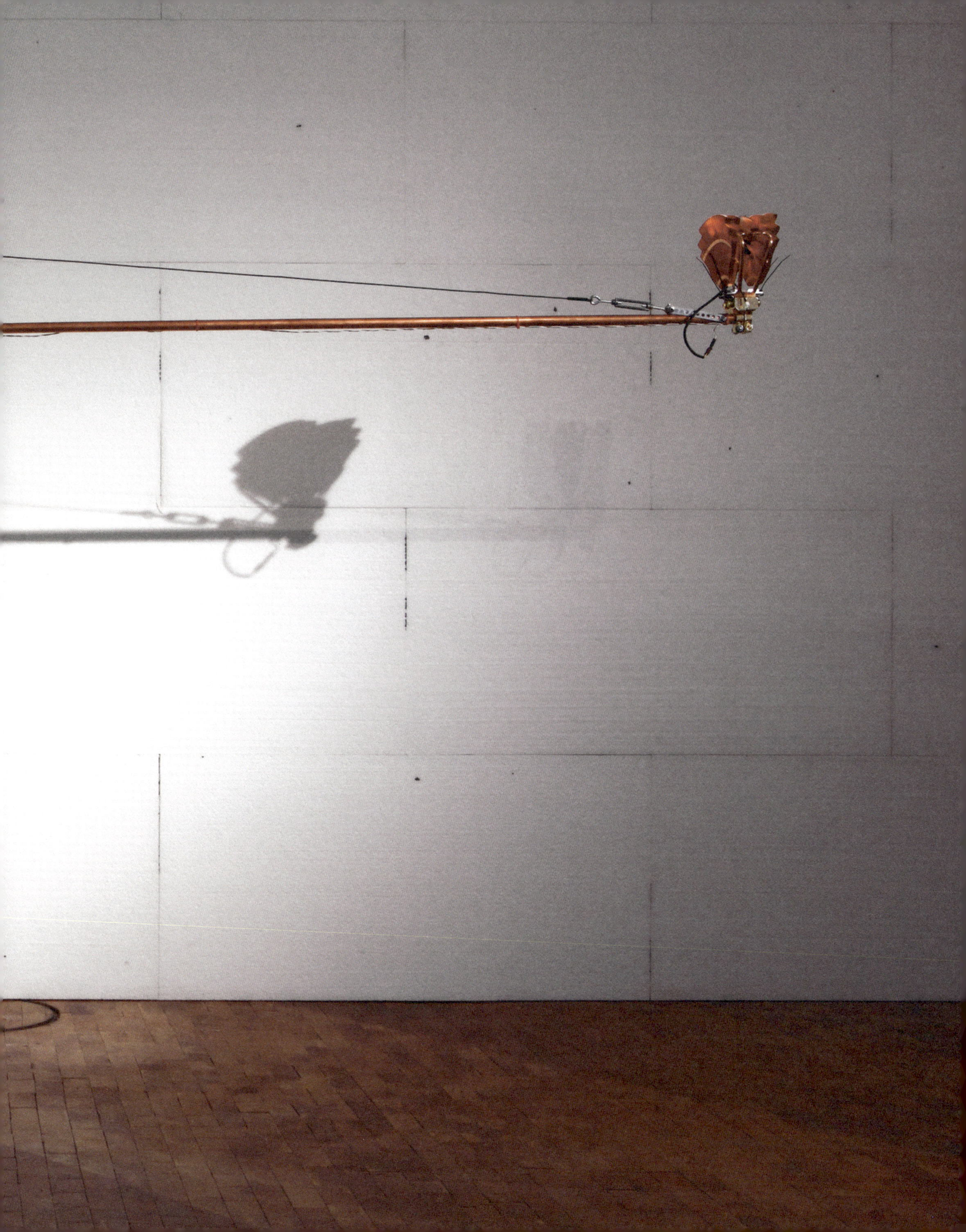

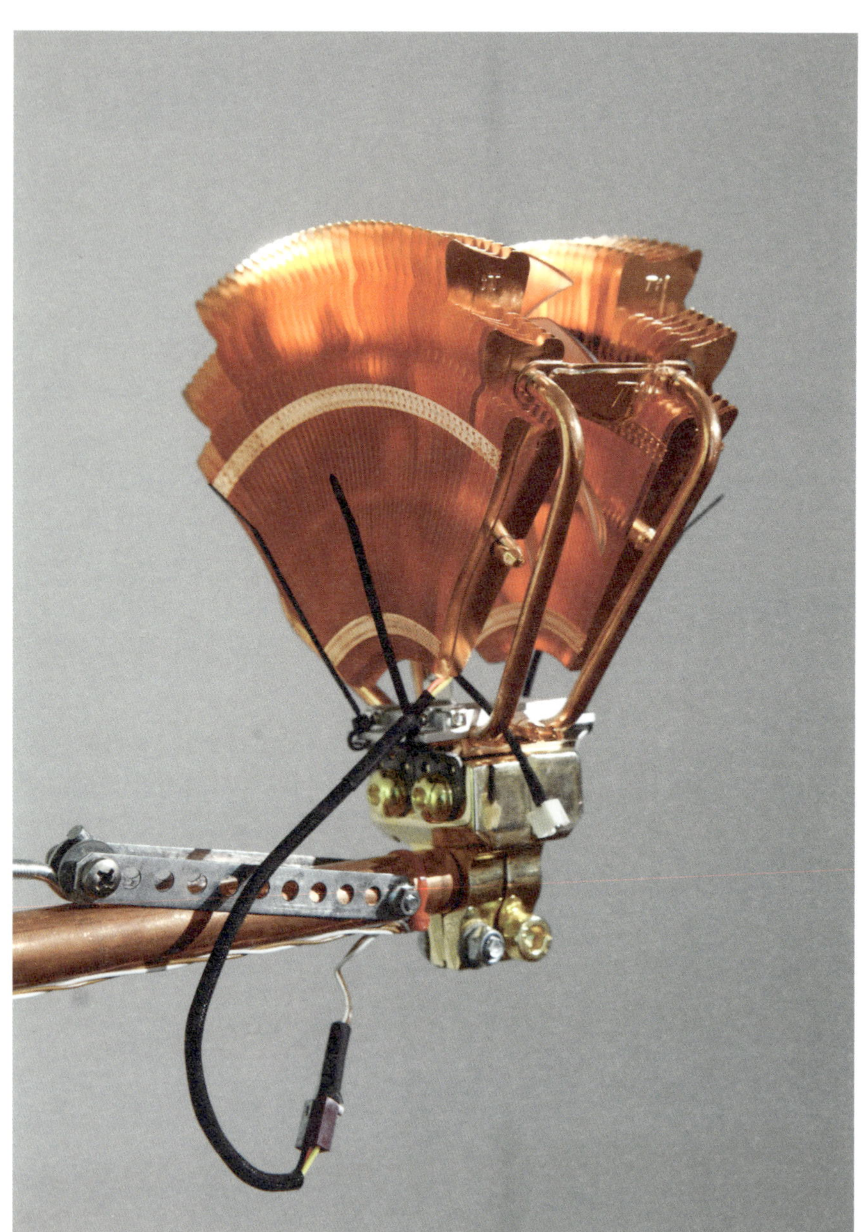

Wirds Bald, 2011
280 x 56 x 85 cm
Privatsammlung, Courtesy
Galerie Reinhard Hauff, Stuttgart

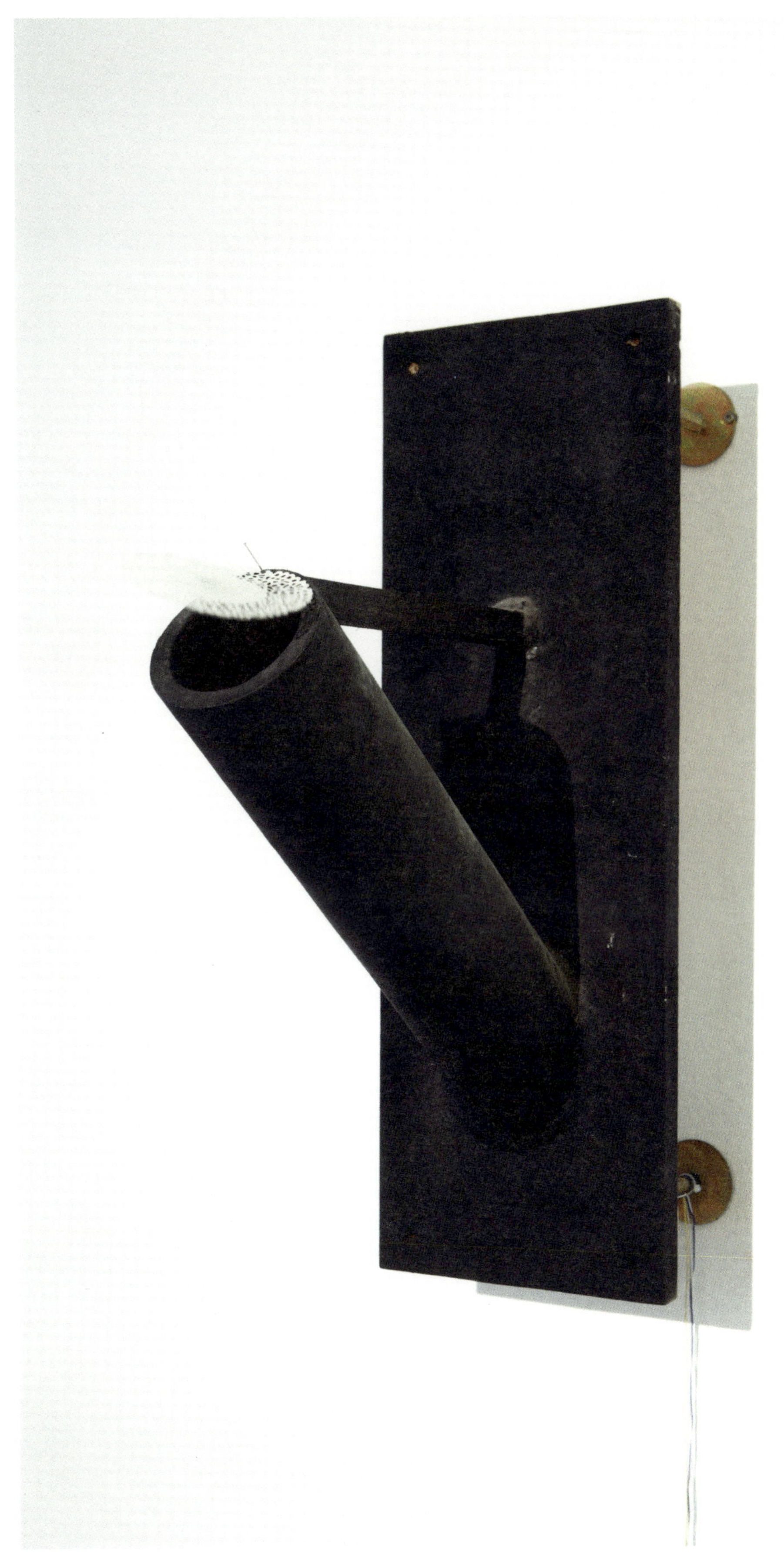

Amaranth, 2008
22 x 50 x 104 cm
Andreas Fischer / Courtesy
Galerie Vera Gliem, Köln

Flagge, die versucht,
eine 8 zu winken, 2004
80 x 80 x 100 cm
Museum Ludwig, Köln

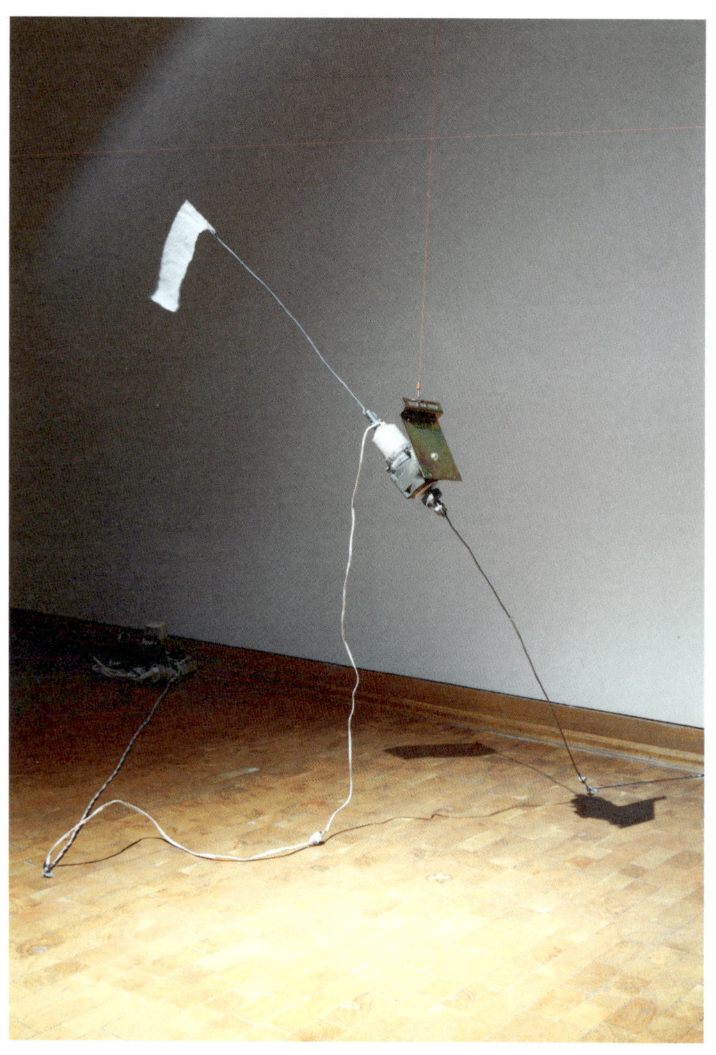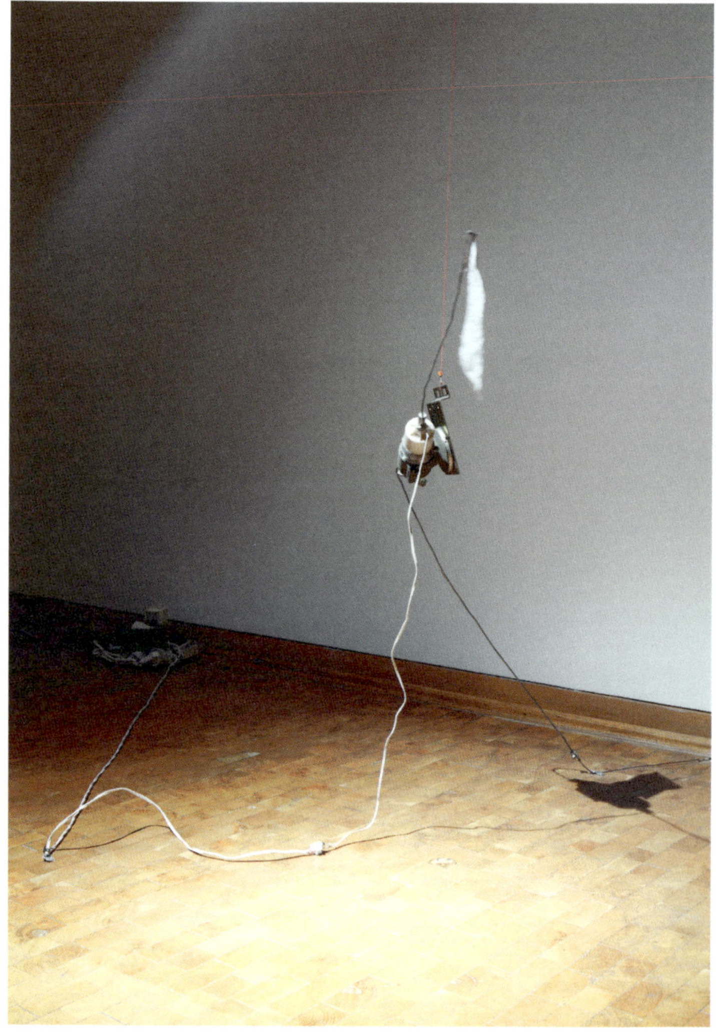

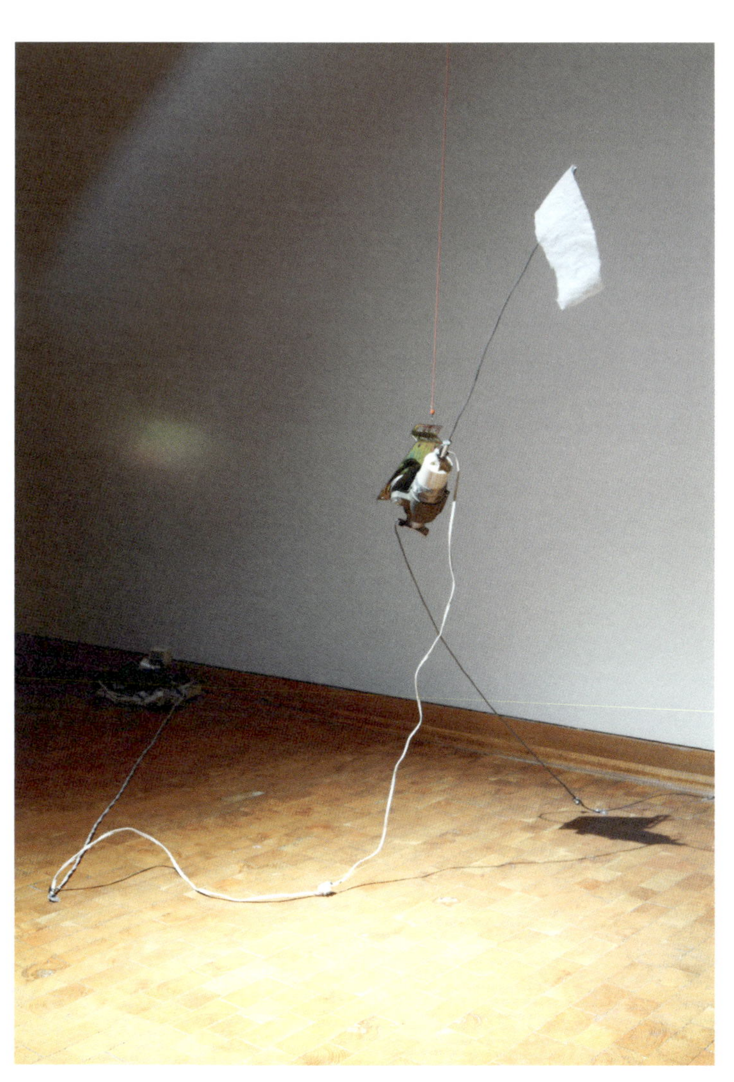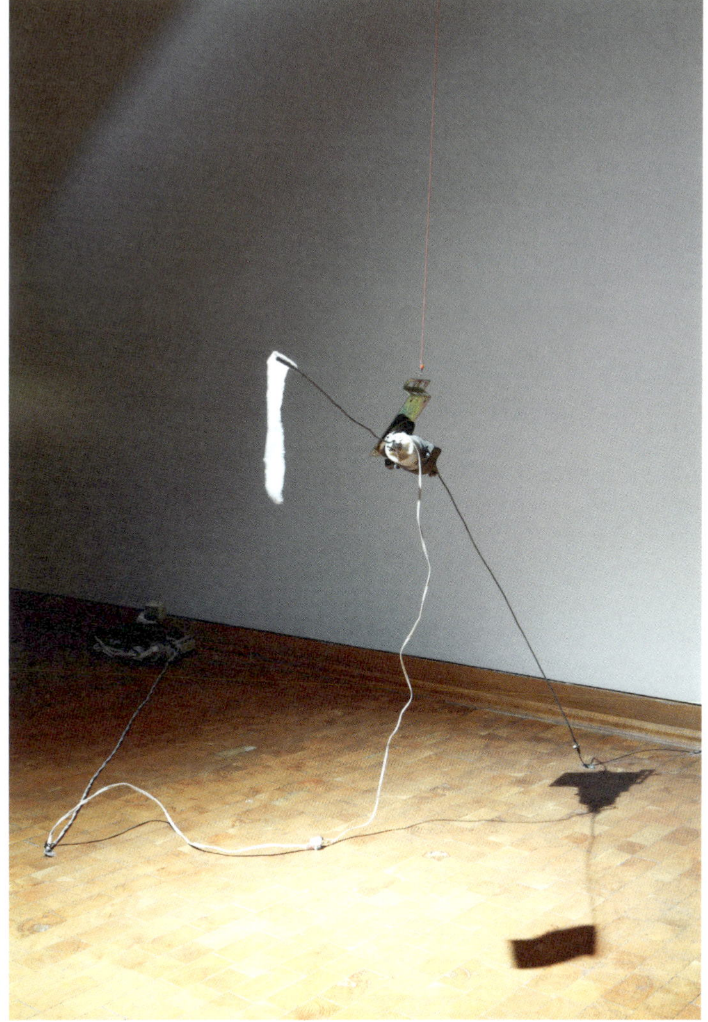

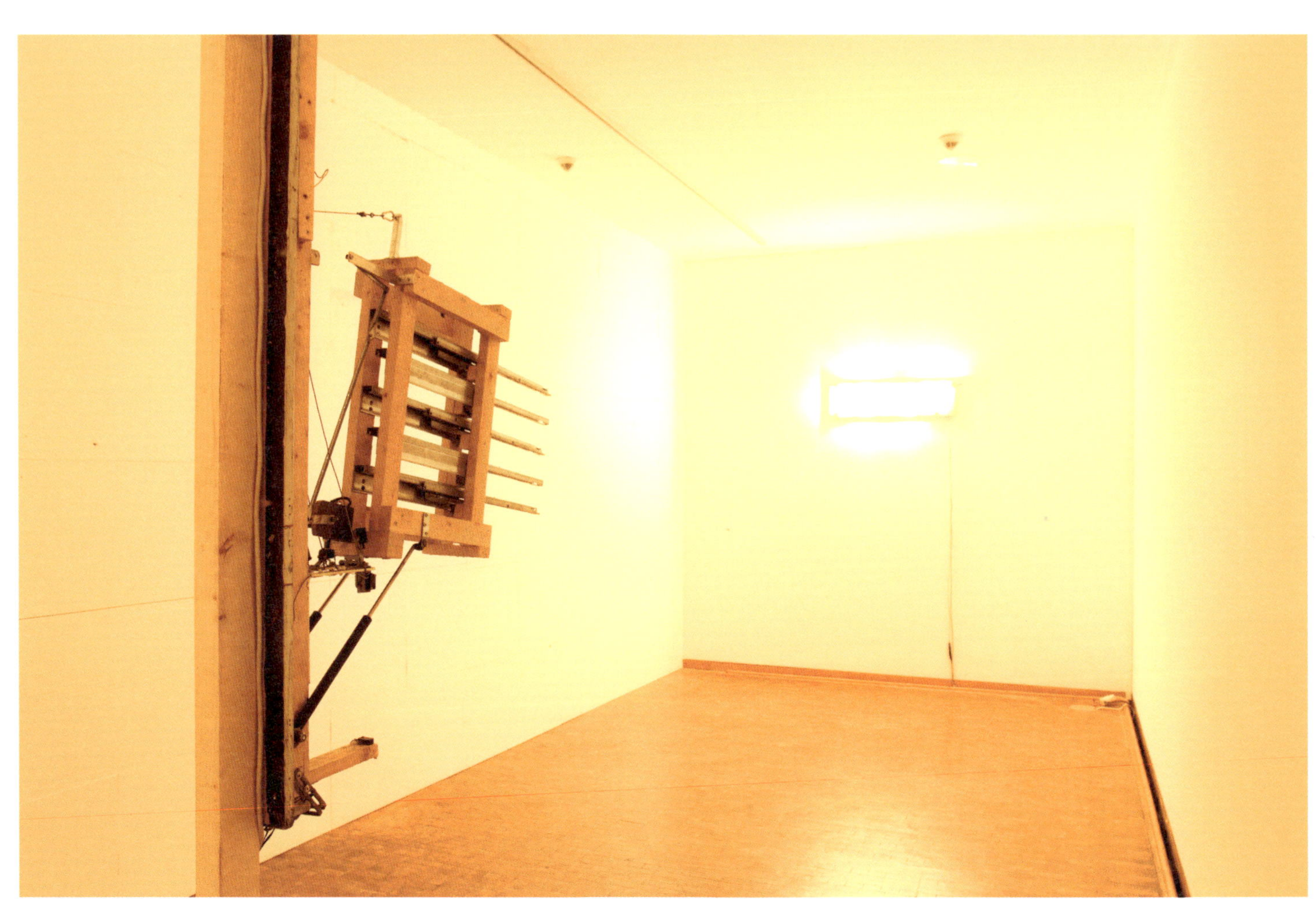

Demut, 2005
88 x 88 x 317 cm
Privatsammlung, Köln

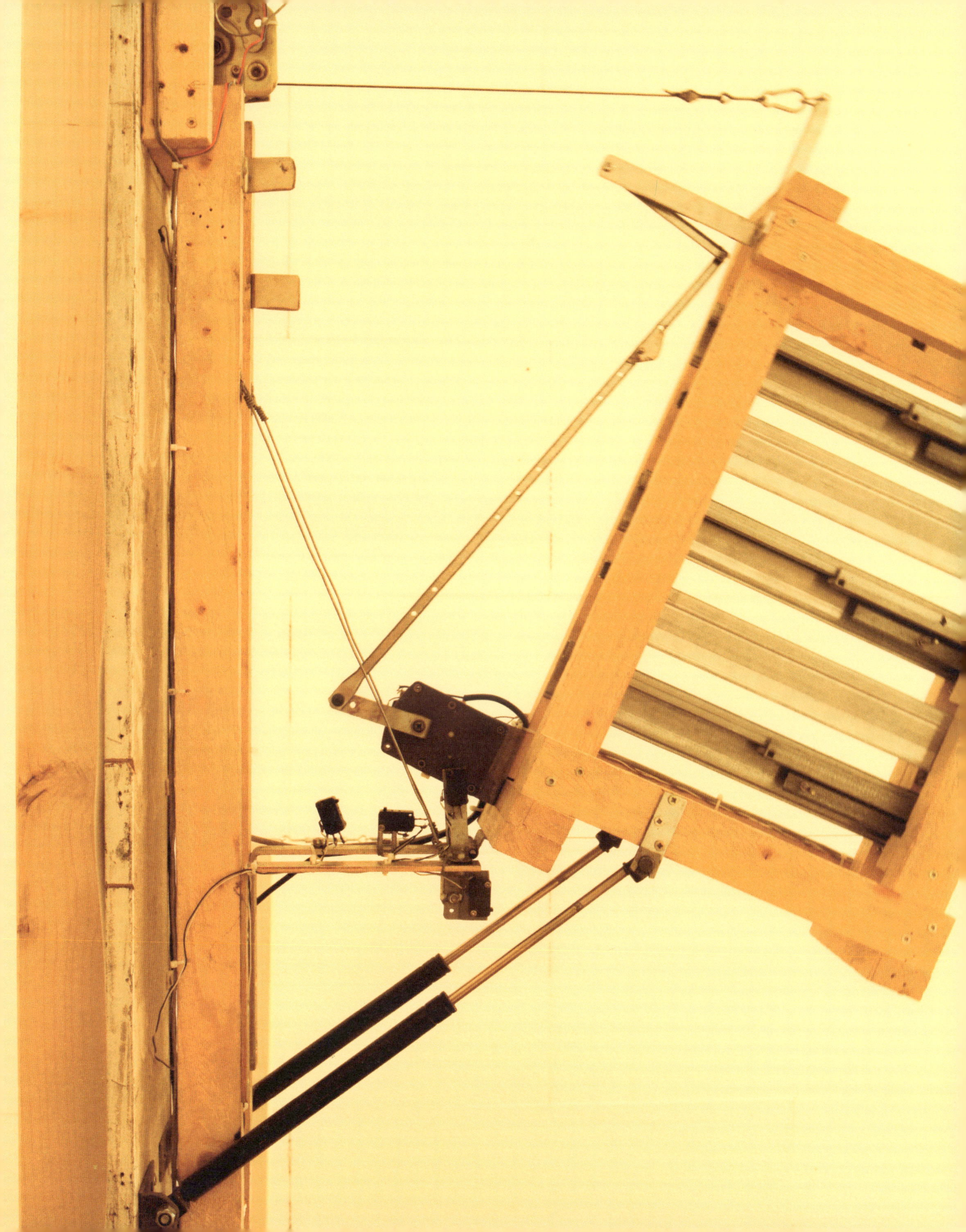

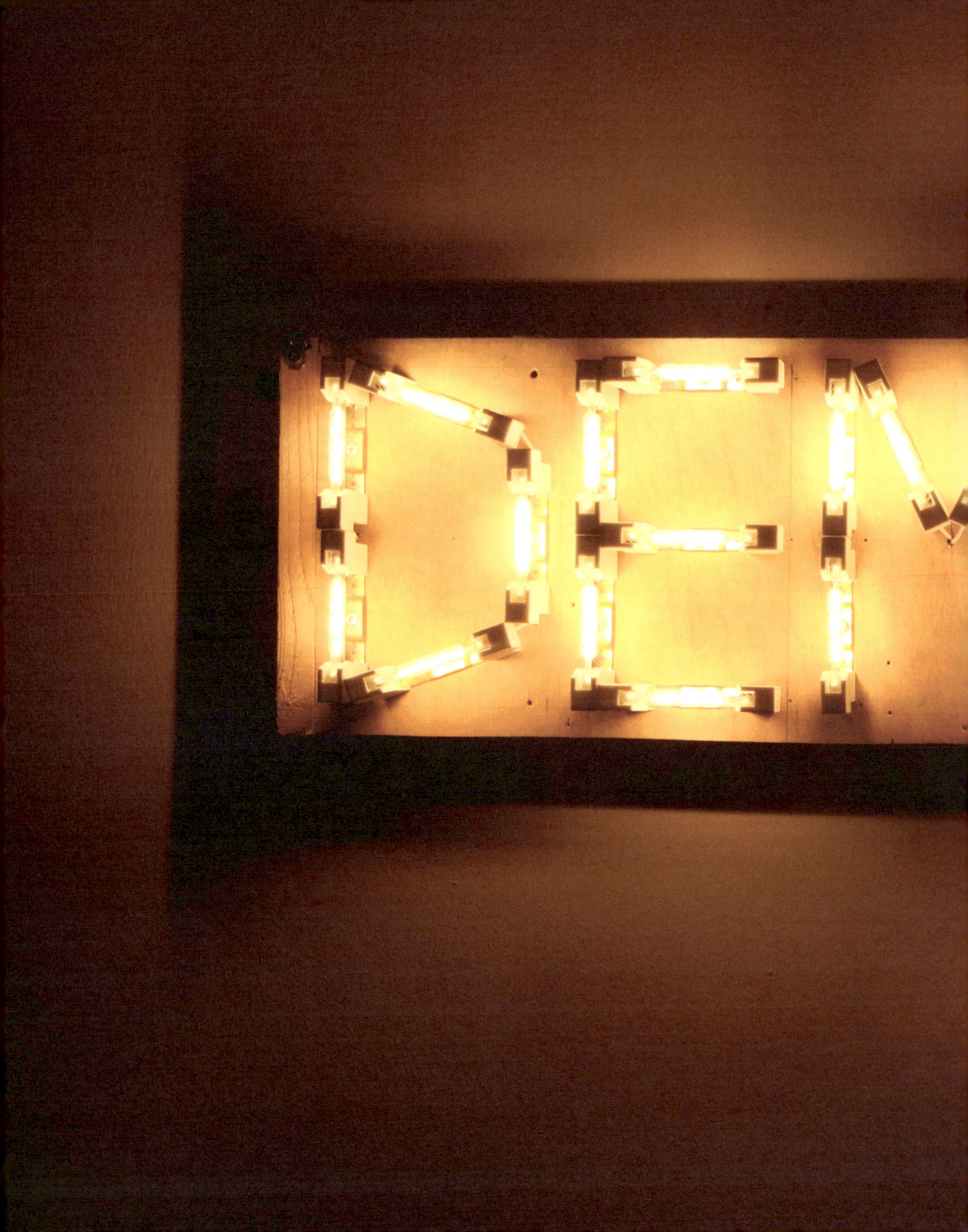
DENV

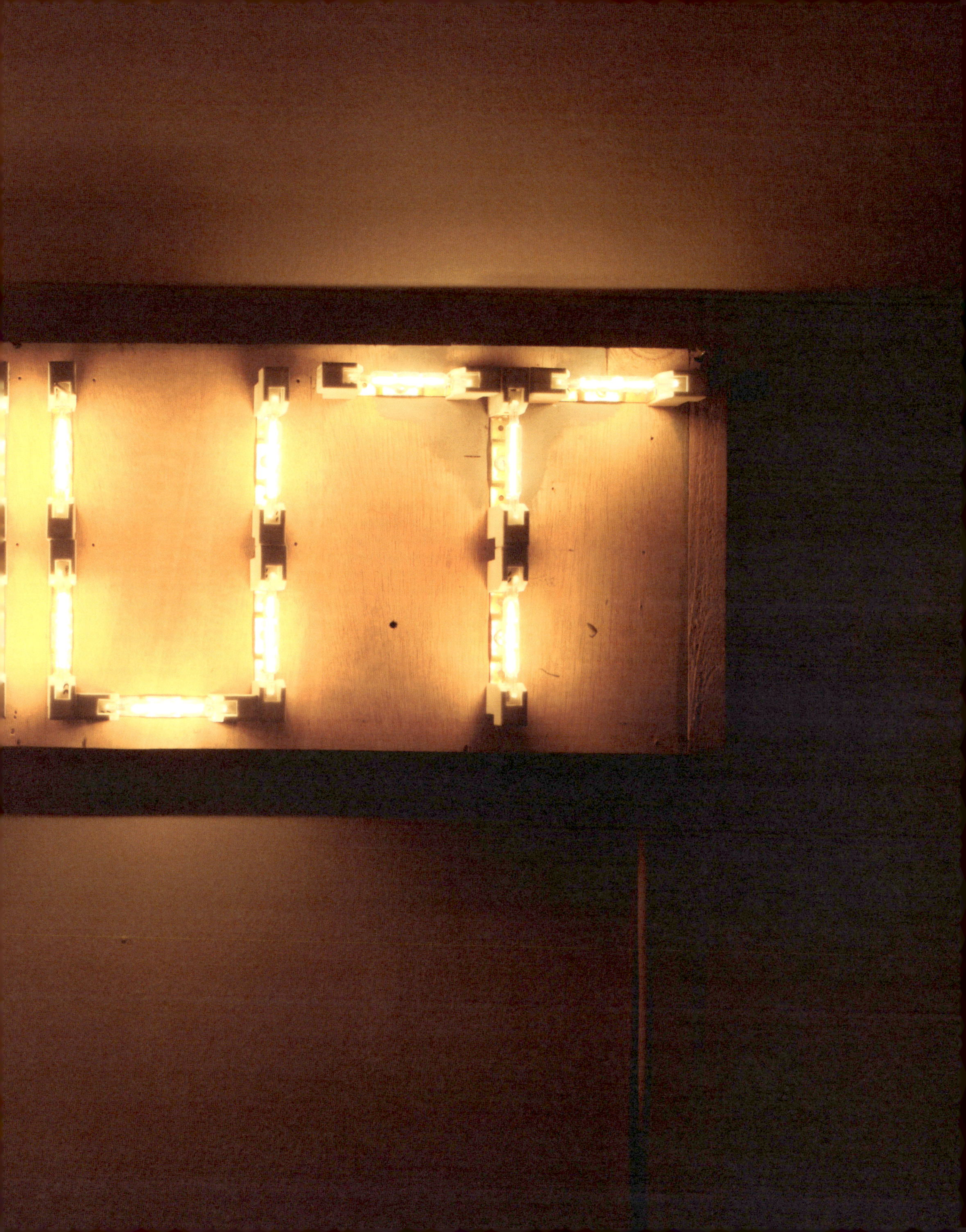

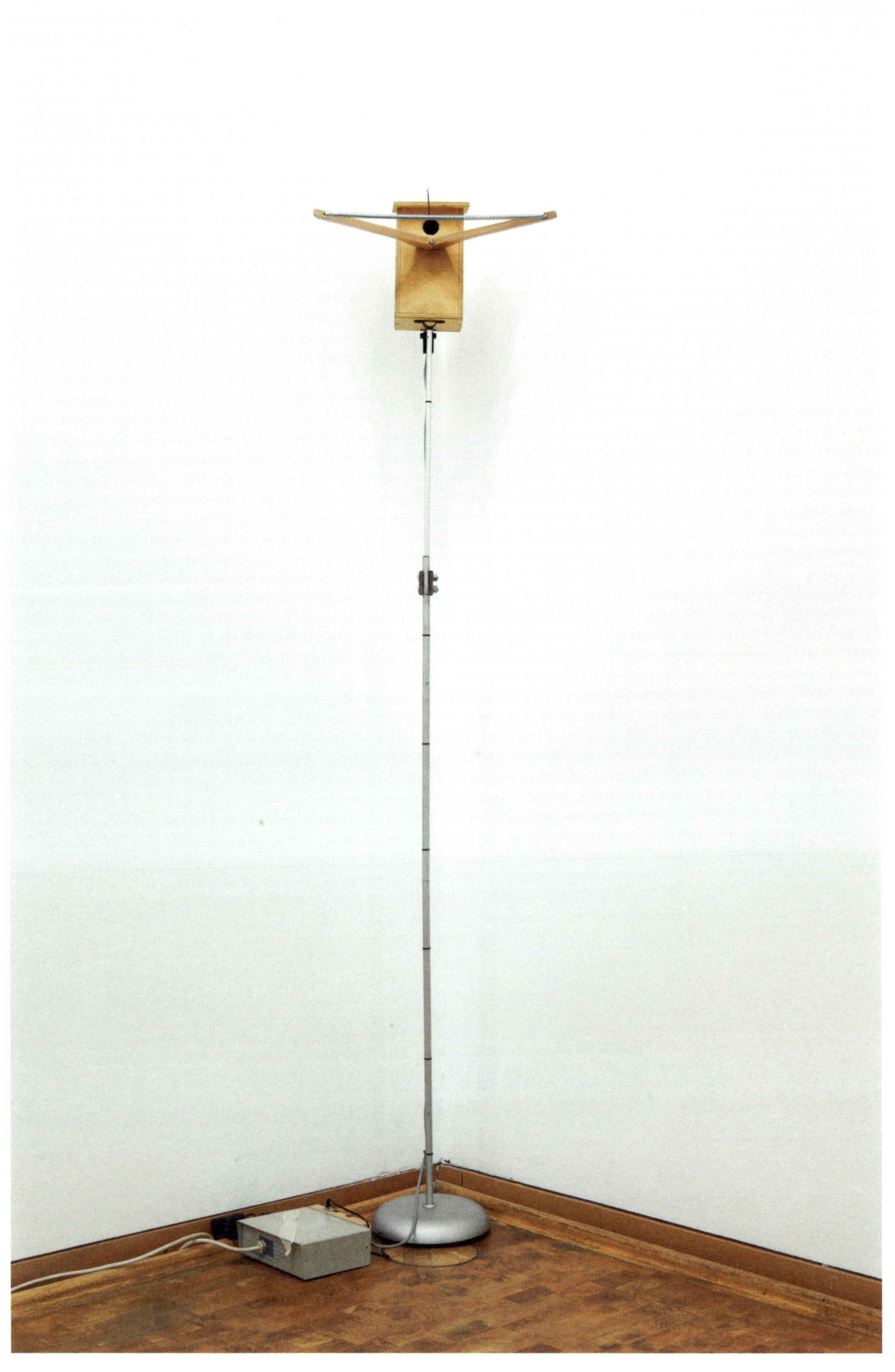

Vögelhaus, 2007
40 x 40 x 200 cm
Privatsammlung, Berlin

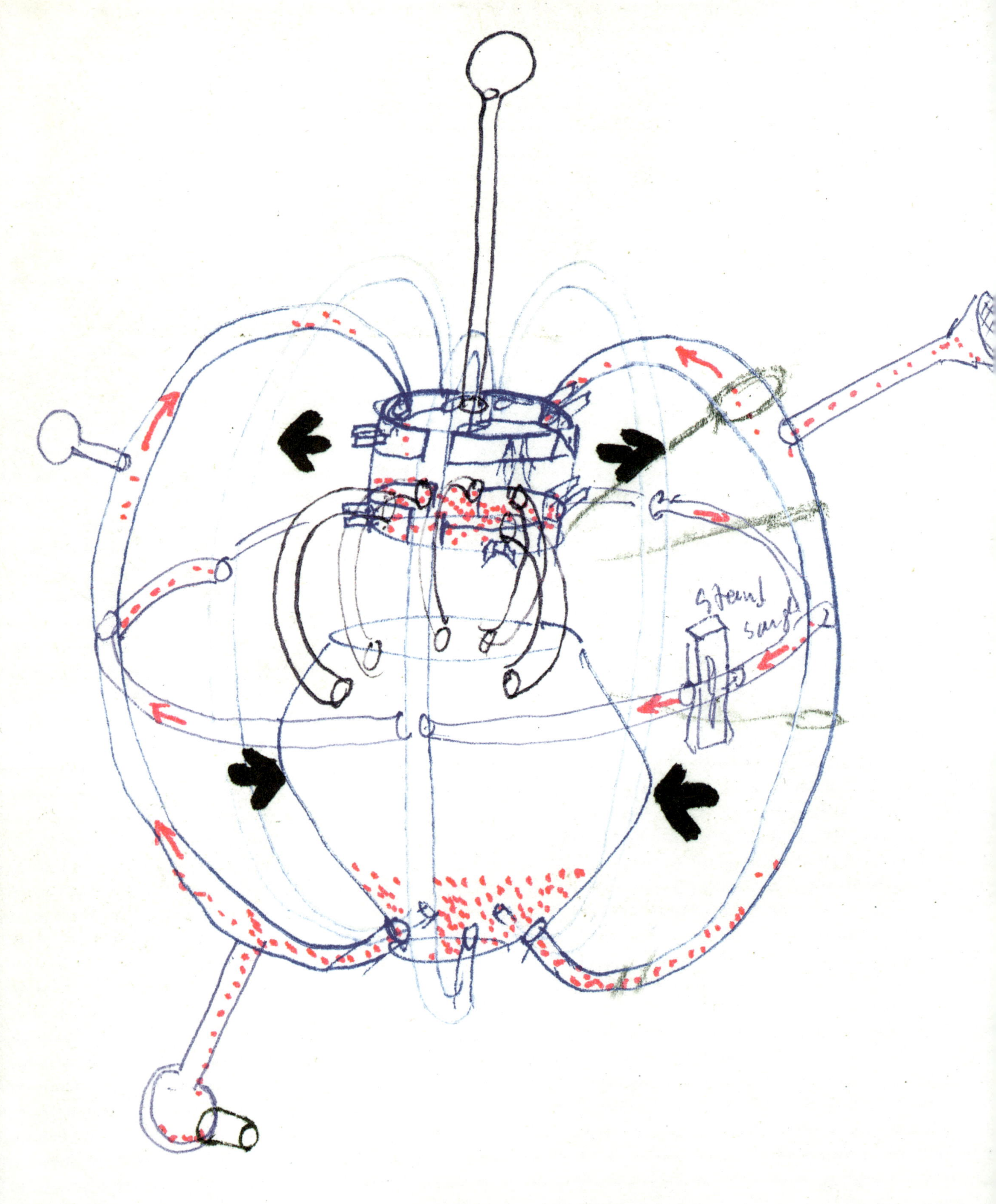

Steuer
saug

NOTZUCKER

Die sich selbst überlassenen Maschinen
des Andreas Fischer

von Petra Lange-Berndt & Dietmar Rübel

„Wenn sich die Kunst und die Maschine, beide als lebendig gedacht, eines Tages auf der Straße oder im Walde treffen, da grüßen sie sich nur gerade eben wie zwei Leute, deren ganzer Lebenszweck verschieden ist und deren Bekanntschaft aller inneren Wärme entbehrt."[1] So beginnt der Theologe und Politiker Friedrich Naumann 1908 sein Buch über *Die Kunst im Zeitalter der Maschine*. Allerdings verlief die Geschichte dann ganz anders. Anstelle eines unterkühlten bürgerlichen Grußes kam es zu einem ekstatischen Tanz, angetrieben von Revolution und Erotik: Das vergangene Jahrhundert kann als eines der Maschinenkunst beschrieben werden, von der Begeisterung der Futuristen, Konstruktivisten und Dadaisten über die kinetischen Skulpturen von László Moholy-Nagy und die optischen Apparaturen Marcel Duchamps bis zu den *Méta-Matics* des Jean Tinguely, der *Weltmaschine* von Franz Gsellmann oder Rebecca Horns mechanischen Passionen.[2] Innerhalb dieser analogen Welten gebauter Apparate sind zwei hauptsächliche Tendenzen auszumachen, die seit Beginn der industriellen Revolutionen bestehen und sich mitunter durchdringen. Es werden Mensch-Maschine-Hybride präsentiert, etwa der Roboter in *Metropolis*, Androiden bei Kraftwerk oder Cyborgs in den Videos von Björk und Chris Cunningham.[3] Daneben existieren in der Kunst von Man Ray, Nam June Paik oder Thomas Bayrle Maschinen als Maschinen. Doch mit all diesen mechanisierten Kunstkörpern und Apparaturen verbinden sich nicht nur Euphorie, sondern auch gleichermaßen Ängste vor Mechanisierung und Entfremdung – ganz nach dem Diktum des Medientheoretikers Vilém Flusser: „Wo der Apparat sich installiert, bleibt nichts mehr übrig als zu funktionieren."[4]

Animieren

Andreas Fischer operiert innerhalb dieser Gemengelage, doch hat er sich sein ganz eigenes Experimentierfeld geschaffen. Er ist vor allem ein großer Erzähler kleinster Dinggeschichten. Arbeiten wie *Rabenrohr* (S. 36) und *Liaison Lackmus* (S. 21 ff.) bestehen aus Schrott, den der Künstler am Straßenrand aufgelesen hat. Mit diesen alltäglichen Materialien bringt er eine Komponente ins Spiel, welche die Relation von Mensch und Maschine sowie eine „nackte" Maschinenästhetik verunsichert. *A good Deal* (S. 37), *Demut* (S. 52 ff.) oder *Operation Notzucker* (S. 30 f.) kehren die Ordnung von Mensch und Ding, Mittel und Zweck um, denn sobald sich diese

IT'S A GOOD DEAL

Machines Turning Adrift in the
Work of Andreas Fischer

by Petra Lange-Berndt & Dietmar Rübel

"If art and the machine, both imagined as being alive, were to meet one day on the street or in the woods, they would only greet each other just as two people whose whole purpose in life is different and whose acquaintance is devoid of all inner warmth."[1] With these words the theologian and politician Friedrich Naumann starts his book *Art in the Age of the Machine* from 1908. Yet this story then took a completely different turn. Instead of a highly reserved bourgeois greeting, an ecstatic dance took place, animated by revolution and eroticism. The past century can be described as one of the art of the machine: from the enthusiasm of the Futurists, Constructivists and Dadaists to the kinetic sculptures of László Moholy-Nagy and the optical apparatuses of Marcel Duchamp to the *Méta-Matics* of Jean Tinguely, the *World Machine* of Franz Gsellmann or Rebecca Horn's mechanical passions.[2] Within these analogous worlds of constructed apparatuses one can distinguish between two main tendencies that have been in place since the industrial revolutions and at times permeate each other. Human-machine hybrids are introduced, for instance the robot in the movie *Metropolis*, androids in the work of the Electronic music project Kraftwerk or cyborgs in the video clips of Björk and Chris Cunningham.[3] In addition, machines exist as machines in the art of Man Ray, Nam June Paik or Thomas Bayrle. But all these mechanized bodies and apparatuses have not only been evoking euphoria, but also fears of mechanization and alienation in equal measure – as media theorist Vilém Flusser has described it: "Where the apparatus installs itself there is nothing left but to function."[4]

Animating

Andreas Fischer operates within these spheres, but he has created his very own field of experimentation. Above all, he is a great narrator of the histories of the smallest things. Works like *Rabenrohr* (Raven's tube, p. 36) and *Liaison Lackmus* (Liaison litmus, p. 21 ff.) consist of junk that the artist collected from the side of the road. With these everyday materials he calls an element into play that alienates the relationship between human and machine as well as a "naked" machine aesthetic. *A good Deal* (p. 37), *Demut* (Humility, p. 52 ff.), or *Operation Notzucker* (Operation emergency sugar, p. 30 f.) reverse the order of person and thing, tool and function, because as soon as these machines are put into motion,

Maschinen in Bewegung setzen, beginnen die Dinge zu handeln. Zahlreiche Gegenstände wie Waschbecken, Motorradhelm oder Fernsehsessel orientieren sich am menschlichen Körper; gleichzeitig wird das nur allzu Bekannte fremd und unheimlich, wenn der Klang oder die Bewegung dieser Dinge einsetzen: Ausgeklügelte Steuerungseinheiten verbinden die einzelnen Komponenten, um sie – teilweise kombiniert mit Musikaufnahmen oder einer gesprochenen Erzählung – von ihrem Eigenleben berichten zu lassen.

Dabei gibt der Künstler konkrete Antworten auf theoretische Fragen der Kunst, insbesondere der Skulptur. So wird in vielen Arbeiten, vor allem bei den sogenannten *L-Themen* auch Schabernack mit dem phänomenologischen Überbau der Minimal Art getrieben. Denn im Unterschied zu den coolen, an der Idee einer autonomen Kunst orientierten Modulen, die sich optisch an der Ästhetik einer seriellen Massenfertigung orientieren, entstehen Fischers beredte Skulpturen gezielt als ausgetüftelte Assemblagen aus zuvor zerlegten Industrieprodukten – zudem können sie nicht stillhalten und streiten die meiste Zeit, etwa über den Klang der Gefühle. Oder eine kleine, verzweifelte *Flagge* führt die Versuche, eine Form in Zeit und Raum zu bilden, ad absurdum. Das aussichtslose Unterfangen des winzigen Wimpels – mehr ein Fetzen als ein Fähnchen –, seine Arbeit an der Unendlichkeitsschleife zu beenden, ist dabei symptomatisch für Fischers Kunst. Die Apparate kennen keinen Anfang und kein Ende, sie arbeiten gleichförmig immer weiter oder befinden sich in endlosen Loops. Dabei verfallen sie leicht in einen monomanen Rede-Flash und variieren fortwährend einzelne Wörter und Sentenzen. So schallt es den Betrachtern aus dem *Rabenrohr* entgegen: „Der Rabe raucht. Der Rabe raucht die ganze Nacht. Er raucht und raucht und raucht. Der Rabe raucht. Der Rabe raucht die ganze Nacht …" Hinzu kommt, dass Fischers bewusst wie gebastelt wirkende Kunstmaschinen auf den ersten Blick unbrauchbar und unsinnig anmuten. Zwar basieren diese Installationen auf hoher Präzision, mechanischer Taktung und Wiederholbarkeit, doch sind keinerlei zielorientierte Produktionsabläufe erkennbar, die auf Verbesserung, Erleichterung oder gar Fortschritt abzielen.

Vielmehr stellen die verwendeten Gegenstände, wie viele der eigensinnigen Dinge in der Literatur – von Robert Walser bis Nicholson Baker –, traumatisierte Objekte dar. Und diese Psychologisierung lässt die Dingwelt fremd werden: Selbst Sitzmöbel oder ein Haarföhn sind bei Fischer nicht notwendigerweise im Einklang mit dem Menschen. Mit dem Literaturwissenschaftler Roland Barthes gesprochen: „In unseren Augen erhält das Objekt sehr rasch den Anschein oder die Existenz einer Sache, die unmenschlich ist und eigensinnig, ein wenig *gegen* den Menschen existiert."[5]

things begin to act. Objects such as a sink, a motorcycle helmet, or a recliner are geared toward the human body; at the same time the overly familiar becomes strange and uncanny once the sound or the movement of these things is brought into action. Cleverly thought out control units connect individual components, combined in part with music recordings or spoken narration, allowing them to give accounts of their own lives.

In the process the artist is in tangible terms responding to questions posed by art theory, especially in relation to sculpture. In many works, especially in *L-Themen* (L-themes), practical jokes are being played on the phenomenological superstructure of Minimal Art. While the cool modules relate to the idea of art as being autonomous and the aesthetic of mass production, Fischer's silver-tongued sculptures are subtle assemblages, deliberately emerging out of previously dismantled industrial products. Moreover, his machines cannot keep still and are bickering most of the time, for instance about the sound of emotions. Or a little desperate flag is leading the attempts to create a stable form in time and space ad absurdum. The hopeless endeavor of the petty pennant – more a tatter than a streamer – to finish its work making a figure-8 loop of infinity is symptomatic of Fischer's art. His apparatuses are not aware of the concept of beginning and end; on the contrary, they are steadily continuing to function or are lost in endless loops. These machines easily lapse into monomaniacal utterings and continually vary single words and phrases. So it echoes from the *Rabenrohr*: "The raven smokes. The raven smokes the whole night. He is smoking and smoking and smoking. The raven smokes. The raven smokes the whole night …" Additionally, the deliberately home-made appearance of Fischer's art-machines at first glance seems to be impractical and even silly. These installations are grounded on high precision, mechanical timing and repeatability, but one cannot recognize any goal-oriented production flows aimed at improvement, facilitation, or even progress.

Rather the artifacts used, like many of the stubborn things in literature – from Robert Walser to Nicholson Baker – are traumatized objects. And this psychologization lets the world of things become alien: In the case of Fischer, furniture or a hairdryer do not necessarily conform to human beings. As literary scholar Roland Barthes puts it: "The object very quickly assumes in our eyes the appearance or the existence of a thing which is non-human and which persists in existing, somewhat *against* us […]."[5]

With their cold and rational inescapability Fischer's things let the uncanny effects of the lived-in world of the 21st century appear. An environment that is full of technological and media doublings, superimpositions, and

Mit ihrer kalt-rationalen Unausweichlichkeit bringen Fischers Dinge im Verbund die unheimlichen Effekte der gegenwärtigen Lebenswelt des 21. Jahrhunderts zum Erscheinen. Eine Umwelt, die voll ist von technischen und medialen Verdoppelungen, Überlagerungen und Wiederholungen. Als sich selbst überlassene Kunst-Objekte dienen die Apparate und ihre Abläufe nicht der Bestätigung vorhandenen Wissens, vielmehr eröffnen sie neue Felder des Möglichen – Widerspruch und Scheitern inklusive. Durch Fischers epistemische Anordnungen wird das Museum zum Labor, ein Ort des Selbstversuchs, an dem der *struggle for life* im Zeitalter digitaler Medien und neoliberaler Ökonomien examiniert wird. Und diese Auseinandersetzung ist nicht ein kulturpessimistischer Kampf gegen eine fortschreitende Technisierung, sondern es geht um die Thematisierung unseres Ringens in ihr. Indem Stehlampen, Ventilatoren oder Besen zu tanzen anfangen, wird deutlich, dass das Funktionieren mitunter erst da anfängt, wo etwas dysfunktional ist. Bei einer Kunst des Defekten – dies hat der Ökonom und Philosoph Alfred Sohn-Rethel schon 1926 treffend beschrieben – liegt „das Wesen der Technik im Funktionieren des Kaputten."[6] Der Sinn einer Maschine ist (auch) Unfall, Schaden, Reparatur – eben der Streik. Nach dem Studium der eigen-, ja mitunter hintersinnigen Apparaturen von Andreas Fischer ist einem alles Perfekte und Intakte zutiefst suspekt. Auf jeden Fall sollten wir der vermeintlichen Nutzlosigkeit dieser Installationen die gebührende Aufmerksamkeit zukommen lassen.

Austauschen

In der Kunst ist die Maschine seit den klassischen Avantgarden mit Männlichkeit gekoppelt. Entsprechende Erfindungen hat der Künstler Marcel Duchamp früh mit dem Begriff der sagenumwobenen Junggesellenmaschine beschrieben. Der Erfinder der Readymades bezieht sich dabei auf die Welt des Absurden in der Literatur. Bei diesen Apparaturen wird ein selbst geschaffener, geschlossener Kreislauf vorausgesetzt – wie ihn Duchamp 1913 mit seinem *Fahrrad-Rad* aus einem kaputten Schemel und einer alten Felge konstruiert hatte. Meistens existieren diese Apparaturen jedoch nur in Gemälden oder Papierarbeiten, etwa von Francis Picabia, Max Ernst oder Fernand Léger. Wie es Harald Szeemann, der in den 1970er Jahren eine Ausstellung zu diesem Thema kuratierte, im Anschluss an das von dem Schriftsteller Michel Carrouges systematisch formulierte Konzept beschreibt: „Wir sind mit dem Mythos in der Zeit von Freud, der Maschinen, der Horrorfiguren, der Entdeckung der vierten Dimension, des Atheismus, des militanten Junggesellentums [...]. In Erfindungen [...] wird eine sexuelle und erotische Konnotation herein gelesen [...]: so Alfred Jarry das Fahrrad und den elektrischen Stuhl in *Surmâle*, Duchamp das

repetitions. As art objects left to themselves, the apparatuses and their procedures do not serve to validate existing knowledge. They instead open up new fields of possibilities – contradiction and failure inclusive. Through Fischer's epistemic experimental set-ups the museum is transformed into a laboratory and becomes a place for self-experiments, where the *struggle for life* is examined in the age of digital media and neo-liberal economies. And this dispute is not a culturally pessimistic fight against an advancing mechanization, but the thing of concern is our struggle within this debate. As floor lamps, fans, or brooms start to dance, one realizes that sometimes functioning properly only starts where something is dysfunctional. In the art of the defect – as the economist and philosopher Alfred Sohn-Rethel described appropriately in 1926 – "the essence of technology lies in the operations of the broken."[6] The meaning of a machine is (also) breakdown, damage, repair – precisely the stoppage. After studying the self-willed – and occasionally cryptic – apparatuses of Andreas Fischer one is deeply suspicious of everything perfect and intact. In any case, we should pay due attention to the seeming futility of these installations.

Replacing

Since the early avant-garde the machine within the art world has been coupled with masculinity. The artist Marcel Duchamp described such inventions in terms of the myth-enshrouded Bachelor Machine early on. Here the inventor of the readymade is referring to the world of the absurd within literature, where an autonomously created, closed circuit is assumed – as the artist had constructed it with his *Bicycle Wheel* in 1913, made out of a broken stool and an old wheel rim. But most of the time these apparatuses only exist in the form of paintings or works on paper, for instance in the art of Francis Picabia, Max Ernst or Fernand Léger. As Harald Szeemann, who curated a show on this topic in 1975, notes in the catalog with reference to writer Michel Carrouges: "The myth of the Bachelor Machine has taken us into the era of Freud, the era of machines, of the discovery of the fourth dimension, of atheism, and of the militant bachelordom [...]. Sexual and erotic connotations are read into any invention of this period [...]: thus Alfred Jarry uses the bicycle and the electric chair in *Surmâle*; Duchamp the bicycle, the coffee mill, the chocolate grinder, and his optical devices; Kafka the printing machine; Villiers de l'Isle-Adam the android; and science fiction the computer and the rocket."[7]

In all these projects the concept of a virile creator is fused with the engineer of the machine age. But in the "me decade" of the 1970s the *Machines Célibataires* had obviously become a symptom of masculinity in

Fahrrad, die Kaffeemühle, die Schokoladenreibe und die optischen Apparate, Kafka die Druckmaschine, Villiers de l'Isle-Adam den Androiden, die Science-Fiction-Literatur den Computer und die Rakete."[7] In all diesen Projekten verbindet sich ein viriler Schöpferkünstler mit dem Ingenieur des Maschinenzeitalters. Doch in der Ich-Dekade der 1970er Jahre sind die *Machines Célibataires* unübersehbar zu Symptomen einer Männlichkeit in der Krise geworden, ohne dass die Erneuerer des Junggesellenmythos diesen Umstand reflektierten. Verzweifelt zogen sich viele der von Szeemann versammelten Positionen in esoterische Geheimwelten zurück, während Maschinen in der Kunst im Gegenteil immer mehr dazu genutzt wurden und werden, den Mythos des aus sich selbst heraus schöpfenden und autonome Kunst produzierenden Genies zu verabschieden.

Zwar gibt es bei Andreas Fischer durchaus Aspekte, die seine Maschinen mit berühmten Junggesellenkonstruktionen teilen – insbesondere seine Verwendung von Sprache als Material. Die Verkettung von Wörtern in *Liaison Lackmus* erinnert an das assoziative Schreibverfahren Raymond Roussels, zum Beispiel die rätselhafte, in *Locus Solus* beschriebene Maschine aus Zähnen.[8] So fordert auch die Stimme in *Liaison Lackmus* immer und immer wieder einen Schutzhelm auf, „seine Zähnchen zu zeigen". Die Sätze scheinen mitunter nach Klängen formiert, und es kommt zu Sprachkaskaden à la Thomas Bernhard. Die Worte wirken, als ob sie nach einem technischen Plan angeordnet wurden – sie wiederholen sich und klingen wie ein mechanisches Echo. In *A good Deal* sucht ein Wort das nächste – es gelingt der Maschine sogar „Angst" in „Liebe" zu verwandeln, ähnlich dem Prinzip der Bricolage, das in einer Werkstatt den dort versammelten Dingen zu ihrem Platz verhilft.

Allerdings stellen Andreas Fischers Apparate keine geschlossenen Systeme und vor allem keine erotischen Stellvertreter dar. Wenn überhaupt, erinnern sie an die Junggesellenmaschinen, die von den Philosophen Gilles Deleuze und Félix Guattari in den 1970er Jahren als Wunschmaschinen neu definiert wurden. Diese Versuchsanordnungen widersetzen sich mit verschiedenen Effekten dem Kapitalismus und seiner Ideologie der Gewinnmaximierung und des Wachstums. Und Wunschmaschinen stecken „nicht in unserem Kopf, sind keine Produkte der Einbildung, sondern existieren *in den technischen und gesellschaftlichen Maschinen selbst.*"[9] In Hinblick auf Fischer ist es entscheidend, dass bei diesen kaputten, sinnlosen, verzweifelten oder gar paranoiden Apparaturen selbst deren Fehlfunktionen noch funktional sind. Dies ist die entscheidende Differenz zu den Junggesellenmaschinen: Erst in dem Moment, in dem die Maschine nicht mehr in die Sphäre des Mythos transzendiert, sondern in ihren konkreten Eigenheiten

crisis. However, the revivers of the bachelor myth did not reflect this circumstance. Despairingly many of the positions Szeemann had assembled retired to esoteric and occult worlds, while in contemporary art production machines were increasingly used to dismiss the myth of the genius producing supposedly autonomous artworks.

Admittedly, one can spot aspects of Andreas Fischer's art that his machines share with famous bachelor constructions – above all his usage of language as material. The concatenation of words in *Liaison Lackmus* is reminiscent of the associative writing process of Raymond Roussel, especially the mysterious machine made out of teeth described in *Locus Solus*.[8] The voice in *Liaison Lackmus* also repeatedly summons a protective helmet to "show his denticles." Sometimes the sentences seem to be arranged by their sounds and one can experience linguistic cascades à la Thomas Bernhard. The words appear to be arranged by a technical plan – they are repeated and sound like a mechanical echo. For instance, in *A good Deal* one word searches for the next – the machine even manages to transform "fear" into "love" – a force similar to the principle of bricolage, which in the workshop helps the things assembled there to find their places.

Yet Andreas Fischer's apparatuses most certainly are neither closed systems nor erotic agents. If at all they are reminiscent instead of the bachelor machines that philosophers Gilles Deleuze and Félix Guattari redefined as desiring-machines in the 1970s. These experimental systems oppose capitalism and its ideology of profiteering and growth with diverse effects. And desiring-machines are "not in our heads, in our imagination, they are *inside the social and technical machines themselves.*"[9] With regard to Fischer it is crucial that in these broken, ineffectual, or desperate constructions even their failure is functional. This is the vital difference to earlier bachelor machines: Only when the concept of the apparatus is no longer transcended into the sphere of the myth but gets accepted with its concrete peculiarities can it become a medium amongst others – and at this point the artist is inserting his radical materialism. Now, in the digital age, the distrust of mechanization is unlearned. At the same time, Fischer's narrations are not devices to contemplate the artist's ego; an artistic bunker mentality is not the issue. These machines do not count but give account. Therefore one can spot an exchange with the numerous appliances and devices of the world outside the institutionalized art spaces.

Laughing
In *Rabenrohr* or *Zwanne* (p. 34 f.) things step forward as actors within artistic processes. This machine art is based on an efficacy of things that goes far beyond their

akzeptiert wird, kann sie – und an dieser Stelle setzt der
Künstler mit seinem radikalen Materialismus an – zu
einem Medium unter anderen werden. Hier legt jemand
in digitalen Zeiten das Misstrauen gegenüber Mechanisierung ab. Dabei sind Fischers Erzählungen keine
Selbstbespiegelungen, es geht nicht um eine künstlerische Bunkermentalität – seine Maschinen zählen nicht,
sie erzählen. Darüber hinaus ist ein Austausch mit den
zahllosen Vorrichtungen und Geräten der Welt außerhalb
der institutionellen Räume der Künste zu beobachten.

Auslachen

In *Rabenrohr* oder *Zwanne* (S. 34 f.) geben sich die Dinge
als entscheidende Akteure künstlerischer Prozesse zu
erkennen. Diese Maschinenkunst basiert auf einer Wirk-
macht der Dinge, die über ihre materielle Präsenz weit
hinausgeht. Zwar besitzt die Lebensmittelverpackung,
aus der das Sprachrohr des Raben gebaut wurde, noch
die Ästhetik eines Gegenstandes, der aus der Massenproduktion hervorgegangen ist. Doch wird sofort deutlich,
dass die Pappröhre die Grenze zum Abfall bereits über-
schritten hatte, bevor ihr Nachleben im ewigen Reich der
Kunst begann. Trotzdem weisen die verworfenen Dinge
noch jene Fähigkeiten auf, die sie einst in der Alltags-
welt besaßen; allerdings ist ihnen als einziger Zweck
die Kunst geblieben. Hier müssen sie nicht mehr dienen,
vielmehr folgen wir ihren Bewegungen und lauschen
ihren Dingsprachen, ihrem Klacken und Scheppern.[10] Es
können dabei zwei Formen der Artikulation unterschieden
werden: die materielle Kommunikation der Gegenstände
selbst, etwa wenn in *Lappenloch* (S. 89) eine lose Klappe
permanent an die Wand trommelt, sowie die von dem
Medium Andreas Fischer aufgezeichneten Dinggeschichten und gesprochenen Texte.

Seit Beginn des 20. Jahrhunderts haben anonyme und
abgelegte Dinge besondere Aufmerksamkeit erfahren
und werden als Träger inoffizieller Geschichte definiert,
um zu einem kritischen Dialog mit der aktiven Welt anzu-
regen: *Wirds Bald* (S. 46 ff.) oder *Operation Notzucker*
geben Auskunft über persönliche und gesellschaftliche
Konflikte. Dinge stellen bei Andreas Fischer keine Reprä-
sentationen oder Zeichen dar, sie sind keine Vehikel,
sondern die Kunst dieser Maschinen liegt in der Sphäre
der Handlungen, und wir bleiben mit ihren Wirkungen
verbunden – egal wie beunruhigend dieses relationale
Netz auch sein mag. So öffnen und durchdringen sich in
den Apparaten Außen und Innen, Eigenes und Fremdes,
Körper und Gegenstand, Sprache und Skulptur, Licht und
Ding oder Raum und Imagination. Heterogene Materialien und Medien gehen ineinander über, wodurch „eine
aus Spuren, Schrift, Distanz, Tele-graphie zusammenge-
fügte Erzählung" entsteht.[11] Denn die Materialität dieser
mechanischen Kunst – im Sinne einer „Epistemologie

material presence. Admittedly, the food packaging that
is transformed into the megaphone of the raven still pos-
sesses the aesthetic of an item originating from mass
production. But it immediately becomes clear that the
cardboard tube had already crossed the line into waste
before its afterlife in the eternal realm of art had begun.
Despite this the discarded things still display those
features that determined their previous life; however
the only purpose that is left to them now is within the art
world. In this new context they do not have to serve anymore, rather it is us who follow their movements and who
listen to their *Dingsprachen*, or languages of things.[10] In
this respect, one can describe two modes of articulation:
the material communication of their clicking and clank-
ing, for instance when in *Lappenloch* (cloth cavity, p. 89)
a loose hatch is constantly drumming on a wall; and the
stories of things that were written down and performed by
the medium Andreas Fischer.

From the beginning of the 20th century onwards anonymous and discarded things have been receiving special
attention, since they were defined as carriers of subal-
tern history in order to stimulate a critical dialog with the
active world: *Wirds Bald* (Ready yet?, p. 46 ff.) or *Operation Notzucker* provide information about personal and
societal conflicts. In the case of Andreas Fischer things
are neither representations nor signs; they have ceased
to be vehicles. Rather the art of these machines lies in
the sphere of actions and we stay connected to their
agency – regardless of how unsettling this relational web
might be. Thus outside and inside, self and other, body
and object, language and sculpture, light and thing, or
space and imagination open up and permeate each other
in the apparatuses. Heterogeneous materials and media
fuse, creating "a narrative formed out of traces, writing,
distance, tele-graphy."[11] The materiality of this mechanic
art – in the sense of an "epistemology of the concrete" –
is constituted only in the interaction of science, poetics,
economy, technology and everyday cultures.[12] These
narrations could be regarded as suppressed parts of the
order of technological societies; when they surface an
anarchic activity emerges. It is discomfiting that individual elements of installations such as *Demut* or *Beauty
Case* (S. 104) can swap places.

Things have a life of their own, as Peter Fischli &
David Weiss communicated with their film *The Way
Things Go* from 1987, and are tightly connected to the
cinematographic.[13] Already in early film with its embod-
ied spectacle, objects were strong actors. Above all
within so-called slapstick, which stages the insurrec-
tion of stuff, the performative movements of objects
are a central ingredient of climactic humor.[14] These
chaotic but controlled accidents point to the subjection
of humans to the world of things within an engineered

des Konkreten" – bildet sich nur im Zusammenspiel von Wissenschaft, Poesie, Ökonomie, Technologie und Alltagskultur.[12] Diese Geschichten können als verdrängter Teil der Ordnung technologischer Gesellschaften verstanden werden. Dabei entsteht eine anarchische Aktivität: Es erweckt beispielsweise Unbehagen, dass die einzelnen Elemente der Kunst-Maschinen wie in *Demut* oder *Beauty Case* (S. 104) ihre Plätze tauschen können.

Diese Eigenaktivität, das haben auch Peter Fischli und David Weiss mit ihrem Film *Der Lauf der Dinge* von 1987 gezeigt, ist eng mit dem Kinematografischen verbunden.[13] Bereits im Stummfilm mit seinem körperbezogenen Schauspiel waren Gegenstände starke Akteure. Vor allem im sogenannten Slapstick, der den Aufstand der Dinge inszeniert, sind die performativen Bewegungen der Gegenstände zentraler Bestandteil der sich steigernden Komik.[14] In all den chaotischen, aber kontrollierten Unfällen zeigt sich das menschliche Ausgeliefertsein an die Objektwelt in der technisierten Moderne. „Wir lachen immer dann", wie es Henri Bergson formuliert, „wenn eine Person uns an ein Ding erinnert."[15] Für den Philosophen überdeckt in diesem Fall etwas Mechanisches etwas Lebendiges. Jedoch zeichnen sich Dingwitze allgemein dadurch aus, dass dieses Verhältnis jedes Mal neu ausgehandelt werden muss. So resümiert der Architekturkritiker und Historiker Sigfried Giedion in seinem Buch *Mechanization Takes Command* die Arbeit von Charlie Chaplin mit und vor allem gegen die Maschinen anhand von dessen Fabrikfilm *Modern Times* aus dem Jahr 1936 folgendermaßen: „Der mechanisierte Individualist wird verrückt und verwandelt die Fabrik in das Irrenhaus, das sie in Wirklichkeit immer gewesen ist."[16] Doch geht es Chaplin nicht ausschließlich um die Mechanisierung des Körpers. Gleichzeitig führen diese Verwandlungen zu einem Axiom, welches in jedem guten Slapstick beobachtet werden kann. Es lautet: Wende die Maschinen gegen ihre eigene Logik, steigere den Wahnsinn des Maschinentakts bis zum allgemeinen Kollaps – eben bis zum Umschlagen in Anarchie.[17] Mit der deutschen Rockband Ton Steine Scherben gesprochen: „Maschinen laufen, Menschen schuften, / Fabriken bauen, Maschinen bauen, / Motoren bauen, Kanonen bauen. / Für wen? // Macht kaputt, was euch kaputt macht!"[18] Im Gegensatz zu den kunstvollen Arrangements, die Jean Tinguely in den 1960er Jahren schuf, zerstören sich Fischers Maschinen jedoch nicht selbst – sie fluchen höchstens über ihre sinnlosen Aufgaben, wie *o.T. (scheiße)* (S. 110). Dafür führt das zu einem Helikopter mit Rotorblättern umgebaute Küchenbuffet *Rollen & Gieren* (S. 40 ff.) vor, welche Aktionen im Rahmen des Möglichen liegen: Die Installation zeigt Filmaufnahmen, in denen die US-Armee 1975 nach dem Abzug aus Vietnam Hunderte von Kampfhubschraubern im Ozean versenkt.

modernity. "We laugh every time" – as philosopher Henri Bergson put it – "when a person gives us the impression of being a thing."[15] In these cases something mechanical is overlaying something living. And it is a feature of such thing-jokes, however, that this relationship has to be negotiated anew each time. The architecture critic and historian Sigfried Giedion, in his book *Mechanization Takes Command*, summarizes the work of Charlie Chaplin accordingly, using the factory film *Modern Times* of 1936 as an example: "The mechanized individualist goes mad and proceeds to turn the factory into the madhouse that it really always has been."[16] But Chaplin is not solely concerned with the mechanization of the body. At the same time these transformations lead to an axiom that can be spotted in every good slapstick: Turn the apparatuses against their own logic, step up the madness of the machine's rhythm until general collapse occurs – precisely until the switch to anarchy.[17] As expressed by the German Rock band Ton Steine Scherben: "Machines work, people toil / factories build, machines build, / engines build, cannons build. / For whom? // Destroy what destroys you!"[18] But contrary to the elaborate arrangements that Jean Tinguely created in the 1960s, Fischer's machines do not destroy themselves – they at most, as in *o.T. (scheiße)* (Untitled [shit], p. 110), curse their pointless tasks. But the wooden buffet converted into a helicopter with rotor blades called *Rollen & Gieren* (Rolling and yawing, p. 40 ff.) demonstrates possible actions: The installation displays documentary film in which the US Army, after pulling out its troops from Vietnam in 1975, sank hundreds of combat helicopters in the ocean.

Dissolving

Andreas Fischer's art-machines have bid farewell to the timed and uniform commodities-producing devices of the factory. It is symptomatic of these installations that hybridizations repeatedly take place and known categories are dissolved. In Fischer's multimedia networks quasi-objects can be experienced,[19] because human and non-human things are continuously configuring one another, as sociologist and philosopher Bruno Latour describes it: "No one has ever seen a technique, and no one has ever seen a human. We see only assemblies, crises, disputes, inventions, compromises and engage more and more elements."[20] This way relational artworks come into being that function either as discrete objects or through their productive affiliation to the audience. And it is notable that in Andreas Fischer's contradictory structures the machine age is by no means the exclusive point of reference. His apparatuses belong equally to the "age of electronics, and the remote-controlled object which substitutes optical and sound signs for sensorymotor ones. It is no longer the machine that goes wrong

Auflösen

Andreas Fischers Kunstmaschinen haben sich von den im Takt laufenden und unerlässlich gleichförmig warenproduzierenden Anordnungen der Fabriken verabschiedet. Bezeichnend für diese Apparate ist, dass immer wieder Hybridbildungen stattfinden und sich bekannte Kategorien auflösen. In Fischers Medienverbünden können Zwischendinge wahrgenommen werden,[19] denn hier formieren sich die menschlichen und nicht-menschlichen Dinge untereinander neu, wie es der Wissenschaftssoziologe und Philosoph Bruno Latour beschreibt: „Niemand hat je reine [Dinge] gesehen – und niemand je reine Menschen. Wir sehen Assemblagen, Krisen, Dispute, Erfindungen, Kompromisse, Ersetzungen, Übersetzungen und immer kompliziertere Gefüge.“[20] Auf diesem Weg entstehen relationale Kunstwerke, die sowohl als eigenständige Objekte wie auch über ihre produktiven Beziehungen zum Publikum funktionieren. Und es wird deutlich, dass es in Andreas Fischers gebauten Widerspruchsgefügen längst nicht mehr ausschließlich um das Maschinenzeitalter geht. Seine Apparate bewegen sich „in der Epoche des ferngesteuerten Objekts, das zur Ersetzung der senso-motorischen durch die akustischen und optischen Zeichen führt. Nicht mehr die Maschine gerät außer Kontrolle und spielt verrückt, [...] es ist die [...] Rationalität des sich selbst überlassenen technischen Objekts, das auf die Situation reagiert.“[21]

Arbeiten wie *Trouth Table* (S. 38 f.) oder *Der, der bis 3 zaehlt* (S. 81) erscheinen zunächst als eine Art Geisterbeschwörung, bei der die Technisierung des Alltags verwahrloste Dinge zum Tanzen bringt.[22] Gleichzeitig machen diese Kunstmaschinen ansonsten unsichtbare ökonomische, soziale, ästhetische und politische Kräfte wahrnehmbar: Sie erinnern an die von Edgar Allan Poe und Franz Kafka beschriebenen Foltermaschinen. Fischer thematisiert gesellschaftliche Normierungen, vor allem in Hinsicht auf Arbeitswelten – wiederholt finden sich etwa Büromöbel oder Schreibtischlampen in seinen Installationen. Diese Gegenstände verweisen nicht auf die Lohnarbeit der Fabrik, die einst Chaplin mit marxistischer Präzision analysierte. Zwar übernehmen Installationen wie *Wirds Bald* oder *Rabenrohr* die Taktungen des modernen Lebens und überführen Zeit in Dehnungen und Stauchungen oder fangen absurde Ereignisse in Wiederholungsschleifen ein. Doch erinnern sie das Publikum daran, dass im 21. Jahrhundert längst andere Strukturen vorherrschen. Heute ist die sogenannte immaterielle Arbeit der bestimmende Faktor. Es handelt sich um kommunikative und affektive Arbeitsprozesse, organisiert als soziale Netzwerke oder im Teamverbund, die kulturelle Standards definieren.[23] Die Geschichten, die mit und von Fischers Maschinen erzählt werden, stehen im Zusammenhang mit diesem neoliberalen

and goes mad, [...] it is the cold rationality of the autonomous technical object which reacts to the situation and ravages the set.”[21]

Works like *Trouth Table* (p. 38) or *Der, der bis 3 zaehlt* (The one who counts to 3, p. 81) at first glance appear to be some sort of necromancy where the mechanization of the everyday has unkempt things perform a dance.[22] At the same time these installations reveal otherwise invisible economic, social, aesthetic, and political power structures. They are reminiscent of the mechanical instruments of torture described by Edgar Allan Poe and Franz Kafka. Fischer addresses societal standardizations, especially concerning the working environment – one is repeatedly confronted with office furniture or desk lamps. These artifacts are not pointing to the wage labor of the factory, a place that once was analyzed by Chaplin with Marxist precision. Indeed installations like *Wirds Bald* or *Rabenrohr* adopt the cycle of modern life and transform time into distensions and compressions, or capture absurd incidents in iterating loops. Yet they remind the audience that other structures have long been predominant. Today so-called immaterial labor is the determining factor. This term describes communicative and affective modes of production, organized as social networks or in teams, that are defining cultural standards.[23] The stories told through and by Fischer's machines stay connected to this neo-liberal project of the consistent exhaustion of commercial potential – from the gentrification of urban living areas to legislation dealing with unemployment. Abiding by the catchphrase “drive, change, and communication are everything,” human beings as well as things should be fit, slim and mobile. It is a paradox that this liquidation of social structures is paired with the reformulation of reality. Indeed communicative processes are substituting rigid categories, dualistic figures of thought and transcendence thinking. But the price for this change is high – the ontological restructuring of the world involves economic and societal transformations and one could claim that power structures are not being abolished but internalized and converted into self-motivation. What remain are, among others, the non-competitive and non-efficiency-oriented things. The machines of Andreas Fischer tell stories with and about this superfluous stuff. This way they oscillate between resistance and assimilation, prosthesis and instrument of torture or things of knowledge and nonsense. Above all his machines infect our hopes with discomfort since in the world of immaterial labor, with its networks and digital flows, participation is a central form of control. Why should it be different in the art museum? But, hey, it's *A good Deal*: “Ladies and gentlemen, there is somebody in the room who can handle your deepest fears … who just takes your fear away and puts

Projekt des konsequenten Ausschöpfens wirtschaftlicher Potenziale – von der Gentrifizierung innerstädtischer Wohnbereiche bis zur Hartz-IV-Gesetzgebung. Unter den Schlagworten Dynamik, Wandel und Kommunikation soll alles, Menschen wie Dinge, fit, schlank und beweglich werden. Das Paradox hierbei ist, dass diese Liquidierung sozialer Strukturen einhergeht mit der relationalen Neufassung der Wirklichkeit: Zwar treten kommunikative Prozesse an die Stelle von starren Kategorien, dualistischen Modellen und Transzendenzdenken. Doch ist der Preis dafür hoch. Denn die ontologische Neuordnung der Welt geht mit ökonomischen und sozialen Transformationen einher. Machtstrukturen werden nicht abgeschafft, sondern internalisiert und in Selbstmotivation verwandelt. Zurück bleiben unter anderem die nicht-wettbewerbsfähigen und nicht-leistungsorientierten Dinge. Die Maschinen von Andreas Fischer erzählen die Geschichten dieses überflüssigen Zeugs. Und so oszillieren seine Installationen zwischen Widerstand und Anpassung, Prothese und Folterinstrument oder Wissensding und Unsinn. Vor allem infizieren seine Maschinen unsere Hoffnungen mit Unbehagen, denn Partizipation ist in der Welt immaterieller Arbeit mit ihren Netzwerken und digitalen Wolken eine zentrale Form der Kontrolle. Warum sollte es im Kunstmuseum anders sein? But, hey, it's *A good Deal*: „Ladies and gentlemen, there is somebody in the room who can handle your deepest fears … who just takes your fear away and puts it in a bag … and the bag is closed. We open it again. And what's coming out of the bag? It's just a warm … a full-warm load of … love! Ladies and gentlemen, that's what we do! We will transform your fears … and that is a good thing. We take all your fear, put it in a bag and transform it into a beautiful moment of … love! We are transforming this for you. And that is a good deal."

it in a bag … and the bag is closed. We open it again. And what's coming out of the bag? It's just a warm … a full-warm load of … love! Ladies and gentlemen, that's what we do! We will transform your fears … and that is a good thing. We take all your fear, put it in a bag and transform it into a beautiful moment of … love! We are transforming this for you. And that is a good deal."

1   Friedrich Naumann: *Die Kunst im Zeitalter der Maschine*, (Berlin, 1908), p. 3.
2   See exh. cat. *The Machine as Seen at the End of the Mechanical Age*, The Museum of Modern Art, New York, 1968; Peter Frieß: *Kunst und Maschine. 500 Jahre Maschinenlinien in Bild und Skulptur*, Munich 1993; exh. cat. *Zeitreise. Bilder, Maschinen, Strategien, Rätsel*, Museum für Gestaltung, Zurich, 1993; exh. cat. *Wunschmaschine – Welterfindung*, Kunsthalle Vienna, 1996 and exh. cat. *Art Machines Machine Art*, Schirn Kunsthalle, Frankfurt/Main, 2007.
3   Exh. cat. *Puppen, Körper, Automaten. Phantasmen der Moderne*, Kunstsammlung Nordrhein-Westfalen, Düsseldorf, 1999.
4   Vilém Flusser: "Jenseits der Maschinen", in: Ibid.: *Gesten. Versuch einer Phänomenologie*, (Bensheim / Düsseldorf, 1993), pp. 19–31, here p. 29.
5   Roland Barthes: "Semantics of the Object" (1966), in: Ibid.: *The Semiotic Challenge*, (Berkeley, Los Angeles, 1994), pp. 179–190, here p. 180; and generally Dorothee Kimmich: *Lebendige Dinge in der Moderne*, (Konstanz, 2011).
6   Alfred Sohn-Rethel: *Das Ideal des Kaputten* (1926), (Bremen, 1992), p. 34.
7   Harald Szeemann: "The Bachelor Machines", in: exh. cat. *Le Macchine Celibi / The Bachelor Machines*, Kunsthalle Bern et al., 1975, pp. 5–14, here p. 7.
8   See Raymond Roussel: *How I Wrote Certain Of My Books*, ed. by Trevor Winkfield, (New York, 2005).
9   Gilles Deleuze / Félix Guattari: "Balance-Sheet for 'Desiring-Machines'" (1972), in: Félix Guattari: *Chaosophy: Texts and Interviews 1972–1977*, ed. by Sylvère Lotringer, (Los Angeles, 2007), pp. 90–118, here p. 105.
10 Walter Benjamin: "On Language as Such and on the Language of Man" (1916), in: Ibid.: *Selected Writings*, Volume 1: *1913–1926*, Marcus Bullock / Michael W. Jennings (eds.), (Cambridge, Mass., 1996), pp. 62–74, here p. 73.
11 Jacques Derrida: "Living On" (1979), in: Harold Bloom et al. (eds.): *Deconstruction and Criticism*, (London & New York, 2004), pp. 62–142, here p. 111.
12 Hans-Jörg Rheinberger: *An Epistemology of the Concrete. Twentieth-Century Histories of Life*, (New York, 2010) and Lorraine Daston (ed.): *Things That Talk. Object Lessons from Art and Science,* (New York, 2004).
13 Andreas Fischer documents his machines via digital films that are posted on his website (www.andreasfischermachines.de). Occasionally these clips accompany installations.
14 See Dietmar Rübel: "Dinge werden Kunst – Dinge machen Kunst. Über das Verhalten eigensinniger Objekte", in: Katharina Ferus / Dietmar Rübel (eds.): *"Die Tücke des Objekts" – Vom Umgang mit Dingen*, (Berlin, 2009), pp. 128–157.
15 Henri Bergson: *Laughter. An Essay on the Meaning of the Comic*, (London, 1911), p. 58.
16 *Herald Tribune*, New York, 7th February 1936, as quoted by Sigfried Giedion: *Mechanization Takes Command. A Contribution to Anonymous History,* (New York, 1948), p. 126.
17 See exh. cat. *Smile Machines. Humor, Art, Technology*, Akademie der Künste, Berlin, 2006.
18 Ton Steine Scherben: *Macht kaputt, was Euch kaputt macht*, single, 1970.

1   Friedrich Naumann: *Die Kunst im Zeitalter der Maschine*, Berlin 1908, S. 3.
2   Siehe *The Machine as Seen at the End of the Mechanical Age*, Ausst.-Kat. The Museum of Modern Art, New York 1968; *Zeitreise. Bilder, Maschinen, Strategien, Rätsel*, Ausst.-Kat. Museum für Gestaltung, Zürich 1993; *Wunschmaschine – Welterfindung*, Ausst.-Kat. Kunsthalle Wien 1996 und *Kunstmaschinen Maschinenkunst*, Ausst.-Kat. Schirn Kunsthalle, Frankfurt am Main 2007.
3   *Puppen, Körper, Automaten. Phantasmen der Moderne*, Ausst.-Kat. Kunstsammlung Nordrhein-Westfalen, Düsseldorf 1999.
4   Vilém Flusser: „Jenseits der Maschinen", in: Ders.: *Gesten. Versuch einer Phänomenologie*, Bensheim/Düsseldorf 1993, S. 19–31, hier S. 29.
5   Roland Barthes: „Semantik des Objekts" (1966), in: Ders.: *Das semiologische Abenteuer*, Frankfurt am Main 1988, S. 187–198, hier S. 188, und allgemein Dorothee Kimmich: *Lebendige Dinge in der Moderne*, Konstanz 2011.
6   Alfred Sohn-Rethel: *Das Ideal des Kaputten* (1926), Bremen 1992, S. 34.
7   Harald Szeemann: „Junggesellenmaschinen", in: Ausst.-Kat. *Junggesellenmaschinen* (1975), erweiterte Neuausgabe hrsg. von

Hans Ulrich Reck/Harald Szeemann, Wien 1999, S. 57–67, hier S. 59.

8   Siehe Raymond Roussel: *Locus Solus* (1914), Berlin 2012, S. 30ff. und S. 316–321.

9   Gilles Deleuze/Felix Guattari: *Anti-Ödipus. Kapitalismus und Schizophrenie I* (1972), Frankfurt am Main 1974, S. 512.

10 Walter Benjamin: „Über die Sprache überhaupt und über die Sprache des Menschen" (1916), in: Ders.: *Gesammelte Schriften*, hrsg. von Hermann Schweppenhäuser/Rolf Tiedemann, Frankfurt am Main 1980, Bd. II.1, S. 140–157, hier S. 156.

11 Jacques Derrida: „Überleben" (1979), in: Ders.: *Gestade*, hrsg. von Peter Engelmann, Wien 1994, S. 119–217, hier S. 180f.

12 Hans-Jörg Rheinberger: *Epistemologie des Konkreten. Studien zur Geschichte der modernen Biologie*, Frankfurt am Main 2006, und Lorraine Daston (Hrsg.): *Things That Talk. Object Lessons from Art and Science*, New York 2004.

13 Andreas Fischer dokumentiert seine Maschinen durch digitale Filme, die auf seiner Homepage (www.andreasfischermachines.de) eingesehen werden können und teilweise auch gemeinsam mit den Installationen ausgestellt werden.

14 Siehe Dietmar Rübel: „Dinge werden Kunst – Dinge machen Kunst. Über das Verhalten eigensinniger Objekte", in: Katharina Ferus/ Dietmar Rübel (Hrsg.): *„Die Tücke des Objekts" – Vom Umgang mit Dingen*, Berlin 2009, S. 128–157.

15 Henri Bergson: *Das Lachen. Ein Essay über die Bedeutung des Komischen* (1900), Frankfurt am Main 1988, S. 44.

16 *Herald Tribune*, New York (7. Februar 1936), zit. nach Sigfried Giedion: *Die Herrschaft der Mechanisierung. Ein Beitrag zur anonymen Geschichte* (1948), hrsg. von Henning Ritter, Hamburg 1994², S. 151.

17 Siehe *Smile Machines. Humor, Kunst, Technologie*, Ausst.-Kat. Akademie der Künste, Berlin 2006.

18 Ton Steine Scherben: *Macht kaputt, was euch kaputt macht*, Single 1970.

19 Bruno Latour: *Wir sind nie modern gewesen. Versuch einer symmetrischen Anthropologie* (1991), Frankfurt am Main 2008, S. 70ff.

20 Bruno Latour: „Porträt von Gaston Lagaffe als Technikphilosoph", in: Ders.: *Der Berliner Schlüssel. Erkundungen eines Liebhabers der Wissenschaften*, Berlin 1996, S. 16–27, hier S. 21.

21 Gilles Deleuze: *Kino 2: Das Zeit-Bild* (1985), Frankfurt am Main 1991, S. 92.

22 Siehe allgemein Diedrich Diederichsen: „Beseelung, Entdinglichung und die neue Attraktivität des Unbelebten", in: Irene Albers/ Anselm Franke (Hrsg.): *Animismus. Revisionen der Moderne*, Berlin 2012, S. 289–302.

23 Maurizio Lazzarato: „Immaterielle Arbeit. Ästhetisierung der Politik und der Produktion unter den Bedingungen des Postfordismus", in: Antonio Negri/Maurizio Lazzarato/Paolo Virno (Hrsg.): *Umherschweifende Produzenten. Immaterielle Arbeit und Subversion*, Berlin 1998, S. 39–52.

19 Bruno Latour: *We Have Never Been Modern*, (Cambridge, Mass., 1993), p. 51.

20 Ibid.: "A Door Must Be Either Open or Shut. A Little Philosophy of Techniques", in: Andrew Feenberg and Alastair Hannay (eds.): *Technology and the Politics of Knowledge*, (Indianapolis: Bloomington, 1995), pp. 272–281, here p. 277.

21 Gilles Deleuze: *Cinema 2: The Time-Image* (1985), (London, 2000), pp. 65f.

22 See generally Diedrich Diederichsen: "Beseelung, Entdinglichung und die neue Attraktivität des Unbelebten", in: Irene Albers and Anselm Franke (eds.): *Animismus. Revisionen der Moderne*, (Berlin, 2012), pp. 289–302.

23 Maurizio Lazzarato: "Immaterial Labor", in: Paolo Virno / Michael Hardt (eds.): *Radical Thought in Italy. A Potential Politics*, (Minneapolis, 1996), pp. 132–146.

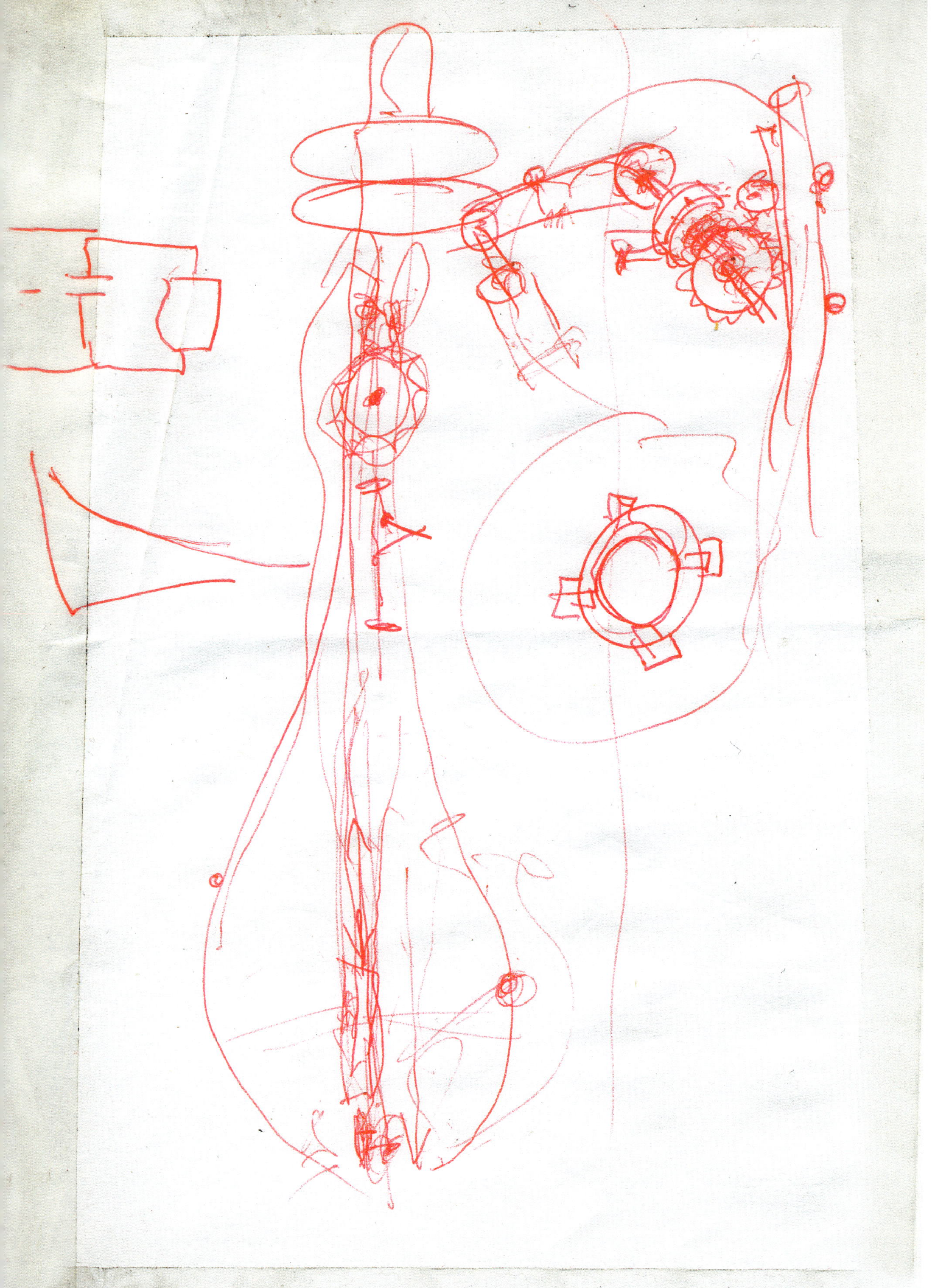

DIE MASCHINE ALS EIN BILD
DES MENSCHLICHEN

von Friedrich Wolfram Heubach

Es gibt da etwas an so manchen Maschinen Fischers, das mich derart gegen sie aufbringt, dass mir das doch zu denken gibt.

Denn eine Unmittelbarkeit, eine solche Spontaneität wie die, in der mir da etwas an ihnen zuwider ist, erscheint mir allemal eher verdächtig und zur Frage nötigend, ob sich in dieser Reaktion nicht womöglich weniger eine Bedingung der Sache niederschlägt, welche sie hervorruft, als vielmehr eine Bedingung im Subjekt, das diese Reaktion zeigt. Sollte also meine Reaktion in ihrer Vehemenz nicht so sehr irgendeinem Konkretum an diesen Maschinen-Objekten Fischers geschuldet sein, als vor allem das ganze Ausmaß einer bei mir wirksamen Abwehr anzeigen? – Könnte da bei mir irgendeine fixe, ganz allgemein das Thema „Maschine" betreffende Vorstellung vorliegen und sich eben dieses Credo in puncto Maschine von einigen der Objekten Fischers genauso gründlich verletzt erfahren, wie es diese abwehrt?

Aber was genau ist es denn eigentlich an diesen Maschinen, womit ich da meine Not habe? Nun, damit, dass – wie in Fischers jüngeren Arbeiten immer häufiger – seine mechanischen Objekte das Wort ergreifen und sich vor mir aussprechen! – Und das eben nicht mehr nur per Schrift beziehungsweise Laufschrift wie in anderen Arbeiten, nein, jetzt machen sich mir diese Maschinen in einer menschlichen Stimme vernehmbar! – Und dazu noch in einer, die nicht von dieser neutralen, ausdrucklosen Art ist, wie man sie von Navigationsgeräten, Telefon-Ansagen, Einparkhilfen et cetera gewohnt ist. Im Gegenteil, von diesen Maschinen Fischers werden sehr deutlich Gefühle und Stimmungen zum Ausdruck gebracht, da wird persönliches Erlebnis laut – wird drängend gefragt, insistiert oder gefordert, wird lamentiert, gedroht oder appelliert, ja es wird sogar auch schon mal so etwas wie eine lyrische Anwandlung vernehmbar.

Und warum kann ich an diesen nicht nur irgendwelche mechanische Ereignisse und Effekte vorführenden, sondern auch mit gewissen Seelenlagen und Affekten beziehungsweise mit deren bewegten stimmlichen Ausdruck aufwartenden Geräten, – warum kann ich an diesen sozusagen menschelnden Maschinen Fischers (wie beispielsweise *Lohn* [S. 80] oder *Liaison Lackmus* [S. 21ff.]) so gar nicht den Gefallen finden, den ich an vielen anderen von ihm sehr wohl finden kann? Warum stoßen mich jene derart ab, während ich vor anderen, wie zum Beispiel jener *Flagge, die versucht, eine 8 zu winken* (S. 50f.) genannten Maschine, gebannt verweile, halb gerührt und halb ergriffen?

THE MACHINE AS AN IMAGE
OF THE HUMAN

by Friedrich Wolfram Heubach

There is something about so many of Fischer's machines that provokes such hostility in me that it gets me thinking.

For the immediacy and spontaneity with which something about them repels me strikes me as suspicious and forces me to ask if what expresses itself in that reaction may be less a condition of the object that provokes it than one in the subject that exhibits it. Could it be that, in its vehemence, my reaction is due not so much to some concrete characteristic of Fischer's machines/objects but rather points to the magnitude of a resistance operating in me? Could it be that there is in me some fixed idea about "machines," and could this credo regarding machines be deeply offended by some of Fischer's objects, and could that be why it rejects them?

But what exactly is it, then, about these machines that I have such a difficult time with? It is the fact that – as happens more and more frequently in Fischer's recent work – his mechanical objects take the floor and speak their mind in front of me! And the fact that they no longer do so in writing or scrolling text, as in other works; no, now these machines demand my attention in a human voice! And not the kind of neutral and expressionless voice we encounter in GPS devices, telephone announcements, parking sensors, etc. On the contrary, these machines of Fischer's clearly express feelings and moods; they air personal experience, urgently asking, insisting, or demanding, lamenting, threatening, appealing ... indeed, now and then there is even a burst of lyricism.

And why is it that I cannot enjoy these devices that do not just present mechanical events and effects of various kinds but also offer up certain mental states and affects or their animated vocal expression? Why do I find it so impossible to enjoy these machines with their "humanisms" (for example, *Lohn* [Reward p. 80] or *Liaison Lackmus* [Liaison litmus, p. 21ff.]) the same way I do so many of Fischer's other works? Why do these works repel me like this, whereas I stand mesmerized, half touched and half shaken, in front of others, for example the machine called *Flagge, die versucht, eine 8 zu winken* (Flag, that attempts to wave a figure of 8, p. 50f.)?

Could it be that, because these objects bring together mechanical processes and events with the animated expression of experiences and moods, they bring uncomfortably close to each other two things that – according to the prevailing view – must absolutely be distinguished as clearly as possible: machines and human beings? So that here the boundaries are blurred between the worlds

Sollte das daran liegen, dass, indem in den besagten Objekten Fischers mechanische Vorgänge, apparative Ereignisse parallelisiert werden mit bewegt verlautbarten Erlebnissen und Gemütslagen, damit also etwas in eine beunruhigende Nähe zueinander gerät, wozwischen man – nach allgemeinem Dafürhalten – doch unbedingt größte Unterschiede zu erkennen hat: die Maschine und der Mensch? Dass also sich hier jene Welten in ihren Grenzen verwischen, die man gerne als die des lebendigen menschlichen Fühlens und die des seelenlosen mechanischen Funktionierens benennt und weit, weit auseinanderliegen sieht?

Ist es also dieses Schwinden der Differenz zwischen Mensch und Maschine – von dem ja heute angesichts gewisser technischer Fortschritte so viel und zumeist mit Gruseln und Schrecken verbunden die Rede ist und das man in den besagten Arbeiten Fischers künstlerisch anekdotisch verhandelt sehen könnte –, welches meine Aversion gegen diese Arbeiten weckt?

Ich glaube es nicht, denn nach allem, was man dazu empirisch vorfindet, scheint es mir um diese Differenz nie so bestellt gewesen zu sein, dass ihr Schwinden einen denkenden, dem eigenen Verhalten gegenüber nicht blinden Menschen wirklich nur hätte schrecken können. Auch spricht einiges dafür, dass diese Differenz lange nicht so groß ist, wie sie in der Angst vor ihrem Schwinden ausgemalt wird. Wovon später noch die Rede sein wird.

Auf jeden Fall ist diese Angst so neu nicht. Die bange Sorge, die heute viele Menschen angesichts der ihnen nicht mehr so fernliegend erscheinenden Möglichkeit einer menschengleichen Maschine umtreibt, trieb die Menschen immer schon um, lange bevor es unter ihren Fabrikationen irgendwelche Maschinen gab, die den Verdacht wecken konnten, mehr als nur solche zu sein: Es ist die große und ganz alte Sorge um die Differenz von Mensch und Ding, zwischen Subjekt und Objekt, die sich in der aktuellen Diskussion um „Künstliches Leben", „bionische Roboter", „Androiden", „Humanomaten" und Ähnliches mehr zu Wort meldet.

Versteht man derart das Thema „Mensch-Maschine" als anekdotische Variante dessen, was von alters her als die Frage nach der Differenz von Mensch und Ding gehandelt wurde, so ist da eine Entwicklung auszumachen, die viel komplexer ist, als es in deren populärer Gleichsetzung mit dem speziellen Ingenieurs-Projekt einer menschengleichen Maschine erscheint: Vergegenwärtigt man sich Erscheinungen wie die Fertigungs- und neuerdings auch die Service- und Pflegeroboter, die Diagnose- und Therapiecomputer und sonstwelche sogenannt „intelligenten Maschinen" (die „smart weapons", also die selbst ihr Ziel suchenden, rückmeldungsgesteuerten Raketen inklusive), so ließe sich argumentieren, dass der Mensch erhebliche Fortschritte gemacht hat in Richtung darauf,

we tend to regard as those of living human feeling on the one hand and of soulless, mechanical functionality on the other, and regard as lying far far apart?

Is it, then, this disappearance of the difference between humans and machines that is so much discussed today in view of certain technological advances (and as a rule with fear and trembling), and that might be seen as treated in an artistic and anecdotal manner in these works of Fischer's, that causes my aversion to them?

I don't think so, for based on all the empirical data, it seems to me that the nature of this difference was never such that its disappearance could really have frightened a thinking person who isn't blind to his or her own behavior. There is also some evidence to suggest that this difference is not nearly as great as the fear of its disappearance imagines it to be. About which more later.

In any event, this fear is nothing new. The anxiety that gnaws at many today when they confront the – apparently no longer so very remote – possibility of a human-identical machine, gnawed at people long before there were any machines capable of arousing the suspicion that they were more than just that, machines. What finds expression in the current discussion surrounding "artificial life," "bionic robots," "androids," "Humanomaten" etc. is the great, age-old anxiety about the difference between humans and things, between subject and object.

If we take this view of the topic "humans and machines," regarding it as an anecdotal variant of what has been treated since time immemorial as the question of the difference between humans and things, we become aware of a development that is much more complex than it seems to be in its popular equation with the specialized engineering project of a human-identical machine. If we think of such phenomena as manufacturing and now service and care-providing robots as well as diagnosis and therapy computers and other so-called "intelligent machines" (including "smart weapons," feedback-guided missiles that seek their own targets), it might be argued that humanity has made considerable progress toward creating a human-like thing – on the one hand. If, on the other, we see to what extent, beginning with devices like hearing aids, contact lenses, crutches, walkers, etc., things have now invaded our corporeality, with pacemakers, IUDs, artificial arteries and joints, chemical mood lifters, etc., then it might be argued, conversely, that humanity has already made considerable progress toward creating an object- or machinelike human being.

If we recognize that a single logic is at work in both of these trends – that of human beings' increasing self-replacement with objects, in the sense that, in the bodily and physical functions of which they themselves consist as well as in those they perform for others, they are increasingly replacing themselves with things or

ein menschenähnliches Ding zu schaffen – einerseits. Sieht man andererseits, wie weit die Dinge über Gerätschaften wie Hörgerät, Kontaktlinsen, Krücke, Rollator et cetera inzwischen schon in die Leiblichkeit des Menschen eingedrungen sind: Herzschrittmacher, Spirale, synthetische Arterien und Gelenke, chemische Stimmungsaufheller et cetera –, dann ließe sich umgekehrt argumentieren, dass der Mensch schon erhebliche Fortschritte gemacht hat in Richtung darauf, einen objektgleichen beziehungsweise einen maschinenähnlichen Menschen zu schaffen.

Erkennt man in diesen beiden Entwicklungslinien dieselbe Logik einer zunehmenden gegenständlichen Selbstersetzung des Menschen am Werk, in dem Sinne, dass sich der Mensch sowohl in den körperlichen und psychischen Funktionen, die ihn selbst ausmachen, wie in denen, die er anderen Menschen gegenüber erfüllt, zunehmend durch Dinge beziehungsweise Maschinen ersetzt, – und denkt man in dieser Logik ein Stück weiter, dann wird folgendes vorstellbar: Dass der Mensch in diesen Funktionen – also sowohl in seinen organischen wie in seinen interaktiven Kompetenzen – irgendwann, dank ihnen funktional äquivalenter Apparate, eine derartige Prothetisierung beziehungsweise Armierung erfahren haben wird, dass da die Grenze zwischen Mensch und Ding beziehungsweise Maschine schließlich verschwimmt, sie eine symbiotische Einheit bilden.[1] Also sich da Verhältnisse auftun und Ereignisse abspielen werden, die nicht mehr eindeutig als *entweder* gegenständlicher *oder* menschlicher Natur bestimmbar sein werden. – Wie das heute etwa schon im Falle eines apparativ am Leben erhaltenen Gehirntoten gegeben ist, wo das Umlegen eines Schalters das Ausschalten einer Maschine und das Töten eines Menschen zugleich ist; oder anders gesagt: wo damit genauso der Maschine das Leben genommen wird, in dessen Unterhalt ihre *raison d'être* liegt, wie da der Mensch abgestellt wird – als dieser Apparat, der er seinem physischen Funktionieren nach ist und für den die Maschine gewisse Servo-Leistungen erbrachte.

Angesichts der beschriebenen beiden Entwicklungslinien im Schwinden der Differenz zwischen Mensch und Maschine wäre es also noch sehr die Frage, wodurch diese letzten Endes am ehesten aufgehoben sein wird: durch die Fortschritte in der Entwicklung immer menschenähnlicherer Maschinen oder durch die Fortschritte in der Maschinisierung des Menschen. Die ja nicht nur in der Substitution seiner organischen oder interaktiven Funktionen durch mechanisch oder elektronisch arbeitende Apparate, in der assessment-technischen Kalibrierung seiner personalen Eigenschaften oder in dem Justieren und Optimieren seines Gemütslebens mithilfe der Chemie zu erkennen ist, sondern etwa auch in der Stratifi-

machines – and if we carry this logic a bit further, then it becomes possible to imagine the following: that at a certain point, humanity will have experienced in these functions – that is, in its organic as well as its interactive capacities – thanks to machines that are functionally equivalent to them, such a degree of prosthetization or "reinforcement" that the line between person and thing or machine finally becomes blurred and the two come to constitute a single symbiotic entity.[1] That is, circumstances will arise and events will occur which it will no longer be possible to identify as unambiguously *either* objective *or* human in nature. As is already the case today, for example, with a brain-dead person on life support, where flipping a switch means turning off a machine as well as killing a human being, or to put it another way, where the machine "loses its life" – the life that it is its *raison d'être* to sustain – while the person is switched off as this machine that, based on its physical functioning, it is and for which the life-support equipment performed certain servo-assistive functions.

Given the existence of these two different trends in the vanishing of the difference between people and machines, it is very much an open question which of them will be first to eliminate that difference: advances in the development of increasingly human-like machines or advances in the mechanization of human beings. A mechanization that does not just consist in the replacement of their organic or interactive functions with mechanical or electronic machines, an assessment-based calibration of their personal attributes, or the "alignment" and optimization of their emotional life with the help of chemistry, but also in the stratification of that emotional life[2] by Muzac, the tabloid press, advertising, and the entertainment media.[3]

However it happens, one thing is certain: as machines become more and more human-like and differ less and less from actual human beings, the latter will lose something critical with that difference: a role model. That is, the machine as this material metaphor for a functioning that humanity could take as a model in so many respects.[4] Consider, for example, how the machine, with no moods to derail it, does what there is to be done and makes no more fuss than is absolutely necessary for its operation; how in order to stay in good working order it only needs energy and certain lubricants and, unlike humanity, does not mobilize a Higher Purpose; how it never does more than, and never departs from, what it is designed and equipped to do, whereas people, as we know, all too often overestimate their abilities. And then go on to heroize their failure, which is rooted in their stupid ambitiousness, as "burnout," passing it off as the result of a superhuman challenge and not their own arrogance… And I could go on… But I am already

kation dieses Gemütslebens,[2] wie das durch die *musac*-Beschallung, in der „yellow press", durch die Werbung und von den Medien der Unterhaltung betrieben wird.[3]

Egal wie, eines ist gewiss, dass in dem Maße, wie die Maschinen immer menschenähnlicher werden – und sich immer weniger von ihm unterscheiden sollten, dem Menschen mit diesem Unterschied etwas gründlich verloren gehen wird: ein Vorbild. Sprich, die Maschine als diese materielle Metapher für ein Funktionieren, an dem sich der Mensch doch in so mancher Hinsicht ein Vorbild hatte nehmen können:[4] Wie da die Maschine beispielsweise von keiner Stimmung angefochten erledigt, was es zu erledigen gilt, dabei kein lauteres Aufhebens darum machend, als zu ihrem Betriebe unerlässlich, – wie sie zur Aufrechterhaltung ihres Betriebes nicht mehr als einer Energie und gewisser Schmiermittel bedarf, und sie dabei nicht, wie der Mensch, auch noch einen höheren Sinn strapaziert, – wie sie da nie mehr oder anderes als das tut, wozu sie ausgestattet und imstande ist, während der Mensch doch bekanntermaßen nur allzu oft seine Fähigkeiten überschätzt. – Um dann auch noch das in seiner blöden Ambitioniertheit begründete Versagen als „burn-out" zu heroisieren, – es auszugeben als einer übermenschlichen Anforderung und nicht der eigenen Verstiegenheit geschuldet … die Liste der Vorbildlichkeiten ließe sich fortsetzen … – aber ich beginne schon zu begreifen:

Genau das ist es wohl, was mich so ärgert an jenen, sich bewegter Stimme zu Wort meldenden und in ihrer Betriebsamkeit keinem Zwecke dienlichen Maschinen in Fischers Œuvre: Dass sie mit dieser ihrer nichtsnutzigen, erlebnisklebrigen Leutseligkeit etwas Allzu-Menschliches demonstrieren – sprich eine Menschlichkeit, die einem schon an Menschen zu viel ist – und also diese Maschinen damit die einzige über alle Zweifel erhabene Funktion schnöde verraten, welche Maschinen für Menschen haben können, sozusagen ihre *raison d'être*: ihm bei der Verbesserung seiner Menschlichkeit vorbildhaft zur Seite zu stehen.

Aber immerhin, in Fischers Œuvre gibt's ja auch sehr andere Maschinen. Wie beispielsweise jene schon erwähnte, die stumm und unsäglich ungelenk versucht, mit ihrem Fähnchen eine Acht zu winken, und die, so wenig ihr das auch gelingen will, davon dennoch nicht ablässt und es erneut versucht, immer und immer wieder … – Bietet diese ansonsten technisch doch eher etwas schlichte Maschine ihrem Betrachter damit nicht eben jenes ungemein anspruchsvolle Bild eines Menschlichen, das Camus mit seinem Appell „Il faut imaginer Sisyphe heureux" zeichnet (zu Deutsch: „Wir müssen uns Sisyphos als einen glücklichen Menschen vorstellen")?[5]

Bedenkt man zudem, was Kleist in seinem Aufsatz zum Marionetten-Theater sagt,[6] dass uns im Mechanischen ein Bewegungsglück, das er Anmut nennt, ansichtig werden

beginning to realize: This is precisely what bothers me so much about these machines in Fischer's œuvre that make themselves heard with quavering voice and serve no purpose with all their busyness: that with their useless, sentimental affability they exhibit an all-too-human trait – a humanity that we already find excessive in human beings – so that these machines flagrantly betray the only absolutely indisputable function that machines can have for human beings, as it were their *raison d'être*: to stand by them as an example in the improvement of their humanness.

And yet Fischer's œuvre also includes very different machines. Such as the one already mentioned that makes mute and unspeakably clumsy attempts to wave a figure eight with its flag and fails every time and yet doesn't give up but tries again and again … Doesn't this machine, which from a technical perspective is relatively rudimentary, offer its viewer precisely that extraordinarily exacting image of the human that Camus invokes when he writes: "il faut imaginer Sisyphe heureux" (in English, "one must imagine Sisyphus happy")?[5]

If we also consider what Kleist says in his essay on the puppet theater,[6] that the mechanical world can offer us a glimpse of a joy in movement that he calls grace and that human beings, conscious and inhibited, all too easily spoil, then we might say that in this machine we see clumsiness and awkwardness accede to genuine greatness. A greatness that human beings, who are unwilling to accept themselves so simply in their uncoordination, cannot achieve and in which that uncoordination loses all of its ridiculousness and where, in the heroically devoted action for which this flailing, imperturbable machine supplies an image, something appears before us that might be called dignity.[7]

And that actually completes the description of what Fischer's works set me thinking about. But there was also this claim: that the difference between humans and machines or things was never as great as the fear of its disappearance, and that the latter contains more for human beings than the terror with which it is generally associated. Of course this disappearance can fill people with terror, but primarily in the opinion they have of themselves or the self-conception urged on them by philosophers, religious exponents, and other similarly dubious experts on "man, the spiritual being." In practice, however, this disappearance is and has always been as much a source of pleasure for people as of fear, and it takes no great psychological acumen to observe that it largely causes them *conscious* fear because it fulfills certain *unconscious* wishes.

In other words, as offensive as it may be to humanity in its consciousness, which likes to see itself as rational, that it can no longer realize itself clearly and distinctly

könne, das sich der bewusstseinsbefangene Mensch nur allzu leicht verstelle, so wird man im Falle dieser Maschine sagen können, dass man an ihr das Linkische, das Ungelenke wahre Größe gewinnen sieht. Eine Größe, zu der es ein Mensch, unwillig, sich in seiner motorischen Not so einfach hinzunehmen, nicht bringen kann, und in der diese Not all ihr Lächerliches verliert und uns in dem heroisch ergebenen Handeln, dem diese unangefochten vor sich hin fuchtelnde Maschine ein Bild gibt, etwas entgegentritt, das Würde genannt werden kann.[7]

Damit wäre eigentlich gesagt, was mir die Arbeiten Fischers zu denken gaben. Aber da war ja noch die Behauptung, so groß wie die Angst vor ihrem Schwinden sei diese Differenz zwischen Mensch und Maschine beziehungsweise Ding nie gewesen, und in diesem Schwinden liege nicht nur dieser Schrecken für den Menschen, der darin gemeinhin gesehen wird. Selbstverständlich kann dieses Schwinden einen Menschen mit Schrecken erfüllen, aber doch vornehmlich in der Meinung, die er von sich hat, beziehungsweise in dem Selbstverständnis, das ihm von Philosophen, Religionsvertretern und anderen ähnlich dubiosen Experten in Sachen „der Mensch, das geistige Wesen" angetragen wird. In praxi dagegen ist und war dieses Schwinden dem Menschen immer schon ebenso viel Angst wie Lust verschaffend, und es bedarf keines psychologischen Scharfsinns zu der Feststellung, dass es ihm nicht zuletzt in dem Maße bewustermaßen Angst bereitete, wie sich ihm darin gewisse unbewusste Wünsche erfüllen.

Mit anderen Worten, so kränkend es dem Menschen in seinem sich gern rational gebenden Bewusstsein sein mag, sich nicht mehr klar und eindeutig (clare et distincte) in diesem Entweder-Oder von Subjekt und Sache realisieren zu können, so bereitwillig gab er sich – in vivo – schon immer dem Schwinden dieser Differenz hin, – so entlastend wie lustvoll ließ er sich Sache sein oder auch Subjekt und Sache zugleich. Das Geschlechtsleben ist dafür zwar gewiss der beredtste Zeuge, aber beileibe nicht der einzige. Denn schon beim Radfahren beispielsweise freut sich das Mensch doch, die blinde, zuverlässig rackernde Muskelmaschine zu sein und zugleich deren weitblickender Pilot, gefällt es sich als dieses strampelnde Geschoss – schon beim Wiener Walzer depersonalisiert sich doch das Mensch freudig in seinem großen Schwung, um planetengleich die festliche Bahn zu ziehen, – und begegnet das Mensch nicht der tagtäglichen Zumutung des Aufstehens – sich ihrer und seiner selbst in all diesen Routinen an Wasserhahn, Zahnbürste, Kamm wie auch in seinen Ritualen um Toaster, Marmelade und Ei gründlichst enthebend – als wie ein bewusstseinsfreier, griffsicherer Automat?

Um's kurz zu machen: Eine Maschine zu sein, war nie nur Schreckbild, sondern immer auch eine Wollust und

(clare et distincte) in this either-or of subject and thing, *in vivo* it has always willingly given itself over to the disappearance of this difference; it has always experienced great relief and taken great pleasure in letting itself be a thing, or subject and thing at once. While sex is certainly the most compelling example, it is far from the only one. For instance, simply when riding a bicycle, people enjoy being this blind, reliably slogging muscle-machine and at the same time its far-seeing pilot; they enjoy being this pedaling projectile. Already in the Viennese waltz, they are joyously depersonalized in their impetus and describe their festive trajectories like planets. And doesn't humanity confront the daily challenge of waking up like a smoothly operating, consciousness-free automaton, thoroughly discharging the task and circumventing the self in all these routines involving faucet, toothbrush, and comb as well as the rituals of toaster, marmalade, and egg?

In short: the idea of being a machine has never been only a terrifying prospect; it has also always been an erotic experience and a dream.[8] And in the same way, the notion of being an object, a thing, has never been just a nightmare but has always, for example, been the cardinal principle of many games (and not just children's games) and also the model for so many religious practices and fantasies of redemption. And precisely because there is so much relief and/or pleasure for the subject in its self-mechanization and self-reification (and even more usefulness for society!), it becomes shrouded in this reasonable incomprehension. That is: a consciousness which so longs to be that of a higher being only deludes itself that much more resourcefully and obsessively into believing that humans and machines are worlds apart – for example, presenting itself as the big difference between them.

The anxiety that generally colors the discussion of the possibility of humanoid machines may also have certain rational bases, but it serves above all to maintain a narrow-minded image of humanity as a spiritual being, that is, to deny its pleasure in self-mechanization, which is present in every person and without which there would be no dance, no military, no habits or virtuosity, no procreation or play.

But back to Fischer's objects for a moment after all, for now, at the very end of this text, it occurs to me to wonder whether this might be the meaning of these machines that I find so maddening with their all-too-human-ness: that they move the viewer to be embarrassed about his or her own, which he or she recognizes in them. A question that can be left open here, since visitors to this exhibition will answer it for themselves.

ein Traum,[8] und genauso war dieses Eine-Sache-, Ein-Ding-zu-sein nie nur Albtraum, sondern beispielsweise immer schon kardinales Prinzip vieler und nicht nur kindlicher Spiele und seit alters her übrigens auch das Muster so mancher religiöser Erlösungs-Phantasien und Praktiken. Und gerade weil für das Subjekt so viel Entlastung und/oder Lust in seiner Selbstmechanisierung und Selbstverdinglichung steckt (und nochmal mehr Nutzen für die Gesellschaft!), herrscht darüber dieses vernünftige Unverständnis. Will sagen: macht sich ein Bewusstsein, welches doch so gerne das von einem höheren Sein wäre, nur um so (zwangs-)ideenreicher vor, zwischen Maschine und Mensch lägen Welten, – beispielsweise sich als das ausgebend, worin da der große Unterschied liege.

Die Ängstigung, die weitgehend die Diskussion bestimmt, die um die Möglichkeit menschengleicher Maschinen geführt wird, mag auch gewisse vernünftige Gründe haben, aber vor allem dient sie der Erhaltung eines bornierten Bildes vom Menschen als eines geistigen Wesens, nämlich der Verleugnung der Lust an der Selbstmechanisierung, welche in jedem Menschen wirksam ist und ohne die es keinen Tanz, kein Militär, weder eine Gewohnheit noch die Virtuosität, nicht die Fortpflanzung und auch kein Spielen gäbe.

Aber doch noch einmal zurück zu Fischers Objekten, denn jetzt, ganz am Ende, tut sich mir der Gedanke auf, ob das nicht vielleicht der gute Sinn jener mir so ärgerlichen Maschinen Fischers mit ihrer Allzu-Menschlichkeit sein könnte: dass sich der Betrachter der seinen, die er darin erkennt, doch etwas zu genieren beginnt?

Eine Frage, die hier offen bleiben kann, der Besucher dieser Ausstellung wird sich die Antwort selber geben.

1 Vgl. dazu das Kapitel über den „bio-adapter" in: Oswald Wiener: *Die Verbesserung von Mitteleuropa*, Reinbek 1985.

2 Der Begriff „Stratifikation" bezeichnet in der Botanik gewisse, bei Saatgut zum Einsatz kommende Techniken der Keimhilfe.

3 Hätte man in einem derart getunten Menschen nicht – wenn auch mit völlig anderen, mit den Mitteln eines avancierten kapitalistischen Systems erreicht – etwas vor sich, worauf der Begriff passen würde, mit dem man einstens meinte, die ganze Ungeheuerlichkeit eines durch-ideologisierten, à la Pawlow kommunistisch konditionierten Sowjet-Menschen zu treffen: den Apparatschik, – ein Neutrum, das nicht mehr lebt, sondern nur mehr seiner Partei-Programmierung gemäß funktioniert?

4 Freilich könnte man hier einwenden, dass die Menschen, sollten sie wirklich immer maschinen-gleicher werden, ja eines solchen Vorbildes auch gar nicht mehr bedürfen würden.

5 Albert Camus: *Der Mythos des Sisyphos*, Reinbek 2000.

6 In: Heinrich von Kleist: *Über das Marionettentheater*, Frankfurt am Main 1980.

7 Vgl. dazu Friedrich Schiller: „Ueber Anmuth und Würde", in: *Sämtliche Werke*, Bd. V, München 1972.

8 Und das nicht erst in James Browns „Like a sex machine" oder in der Begründung, die Andy Warhol für seine Malerei gibt: „I want to be a machine" (in: Andy Warhol: „What is Pop Art?", Interview mit Gene Swenson, in: *Art News* 62, November 1963).

1 For more on this, see the chapter on the "bio-adapter" in Oswald Wiener, *Die Verbesserung von Mitteleuropa* (Reinbek, 1985).

2 In botany, the term "stratification" refers to certain techniques that facilitate the germination of seeds.

3 Wouldn't we have, in a person who had been "tuned up" in this way – albeit achieved by completely different means, in this case those of an advanced capitalist system – something corresponding to the term once used to capture the monstrousness of the thoroughly ideologized "Soviet man," that product of Pavlovian Communist conditioning: the "apparatchik," a neutered entity that no longer lives but merely functions in accord with its party programming? [German *Apparat* means apparatus as well as machine – Translator's note]

4 Of course, one might object here that if human beings really became more and more like machines they wouldn't need their example anymore.

5 Albert Camus, *The Myth of Sisyphus and Other Essays,* trans. Justin O'Brien (New York: Vintage Books, 1991).

6 See Heinrich von Kleist, "The Puppet Theater," in *Heinrich von Kleist: Selected Writings,* trans. and ed. David Constantine (Indianapolis, IN: Hackett Publishing Co., 2004).

7 See Friedrich Schiller, "On Grace and Dignity," trans. Jane V. Curran, in *Schiller's "On Grace and Dignity" in Its Cultural Context: Essays and a New Translation,* ed. Jane V. Curran and Christophe Fricker (Rochester, NY: Camden House, 2005).

8 And this was the case long before James Brown's "Sex Machine" or Andy Warhol's explanation of his paintings: "I want to be a machine" (in Andy Warhol, "What is Pop Art?", interview with Gene Swenson, *Art News* 62 [November 1963]).

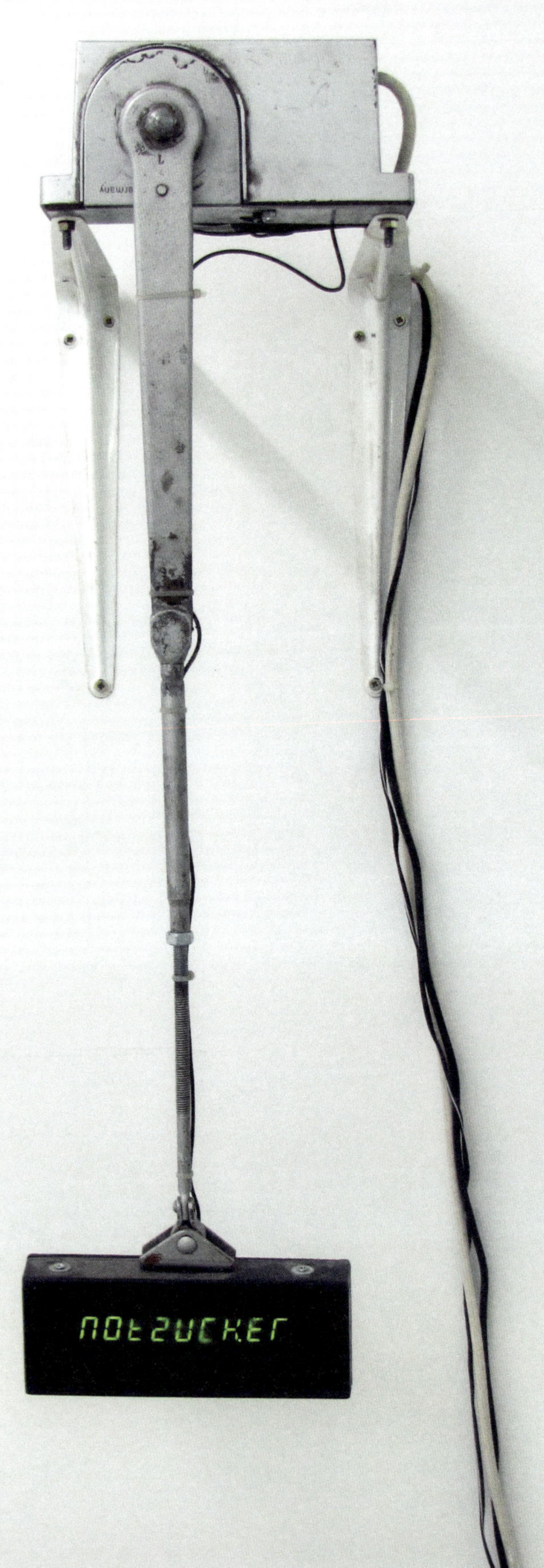

notzucker

Notzuckerl, 2010
29 x 25 x 75 cm
Andreas Fischer

Fehltaufe, 2011
20 x 25 x 54 cm
Privatbesitz, Köln

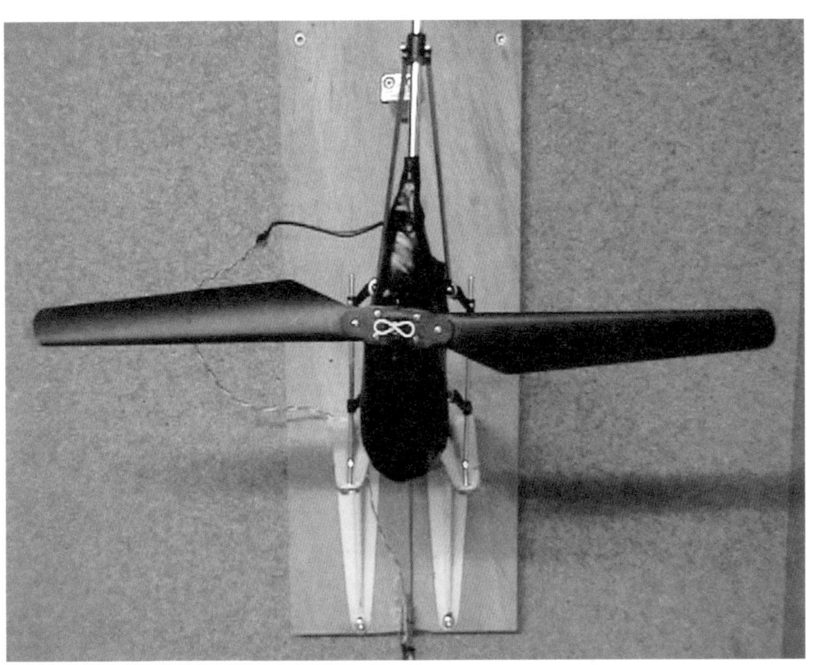

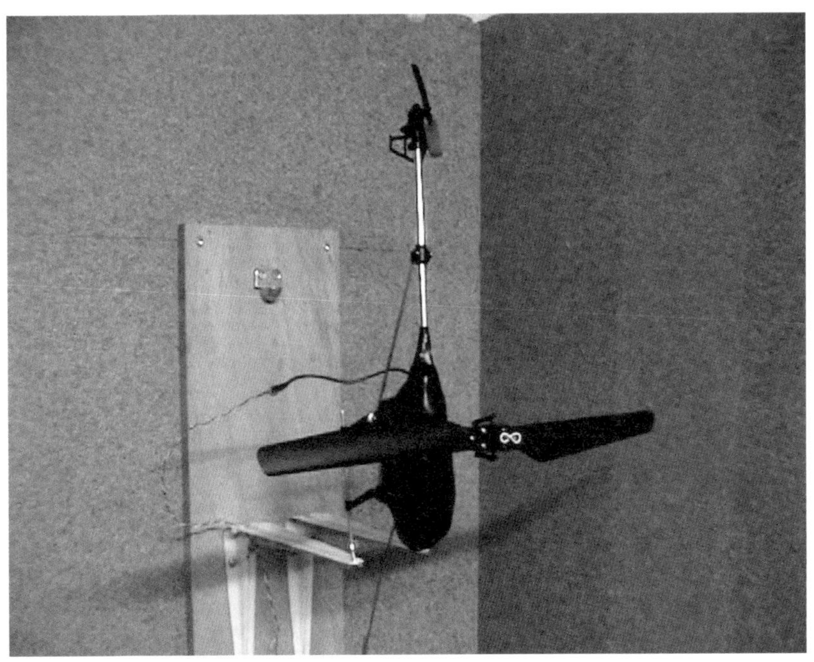

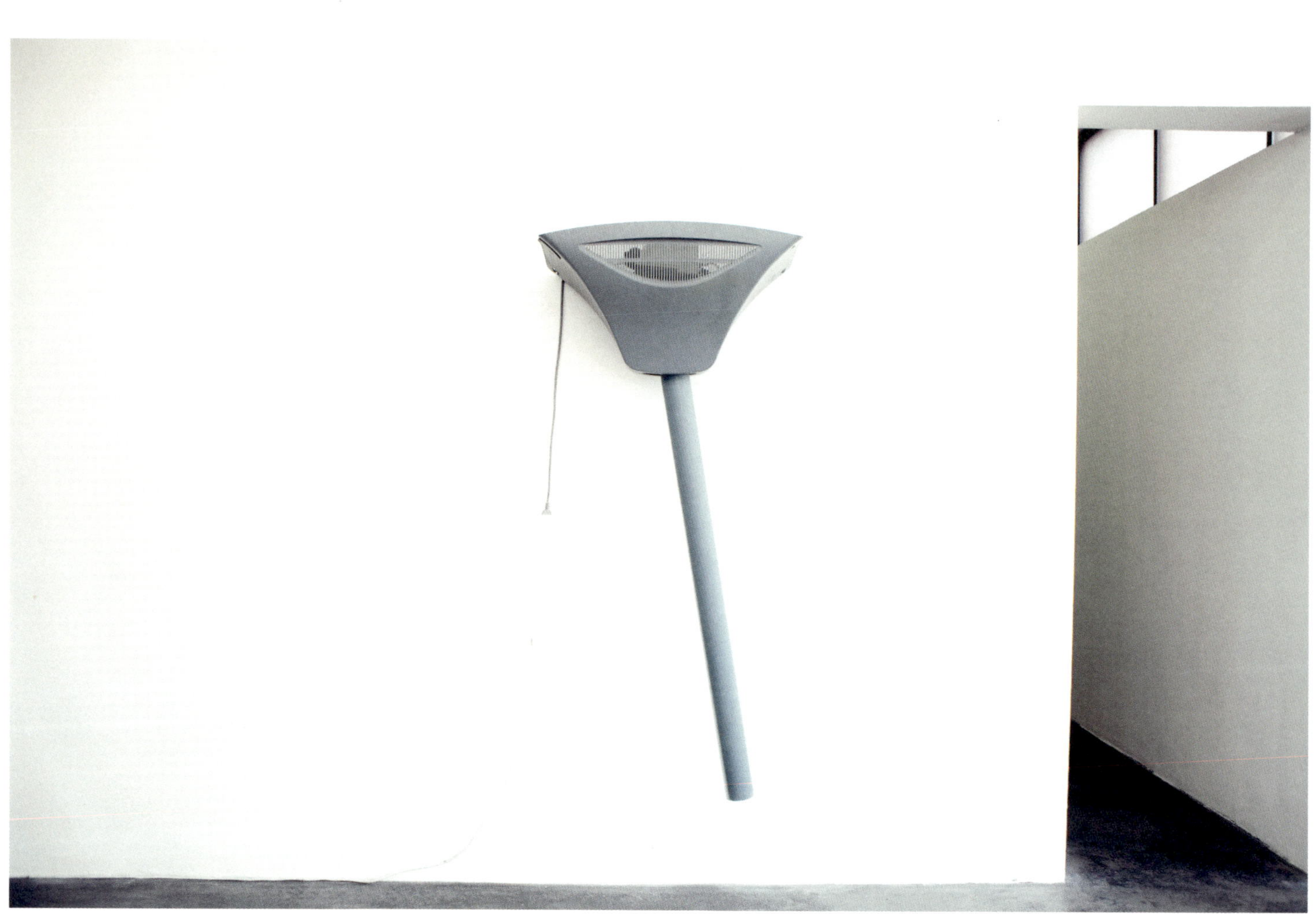

Sicht nicht, 2011
150 x 270 x 50 cm
Andreas Fischer / Courtesy
Galerie Vera Gliem, Köln

Kaiman Krücke, 2011
150 x 30 x 150 cm
Andreas Fischer / Courtesy
Galerie Vera Gliem, Köln

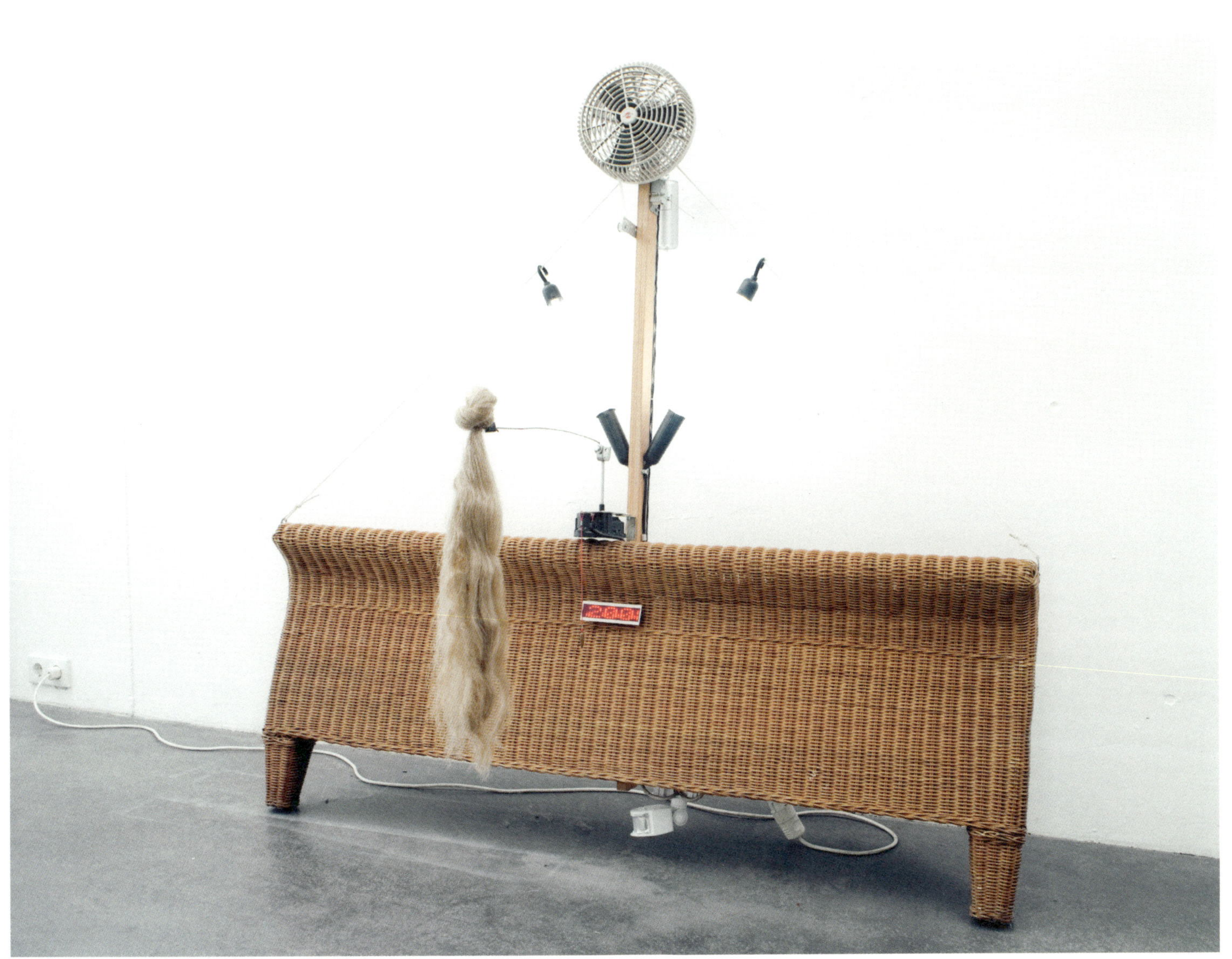

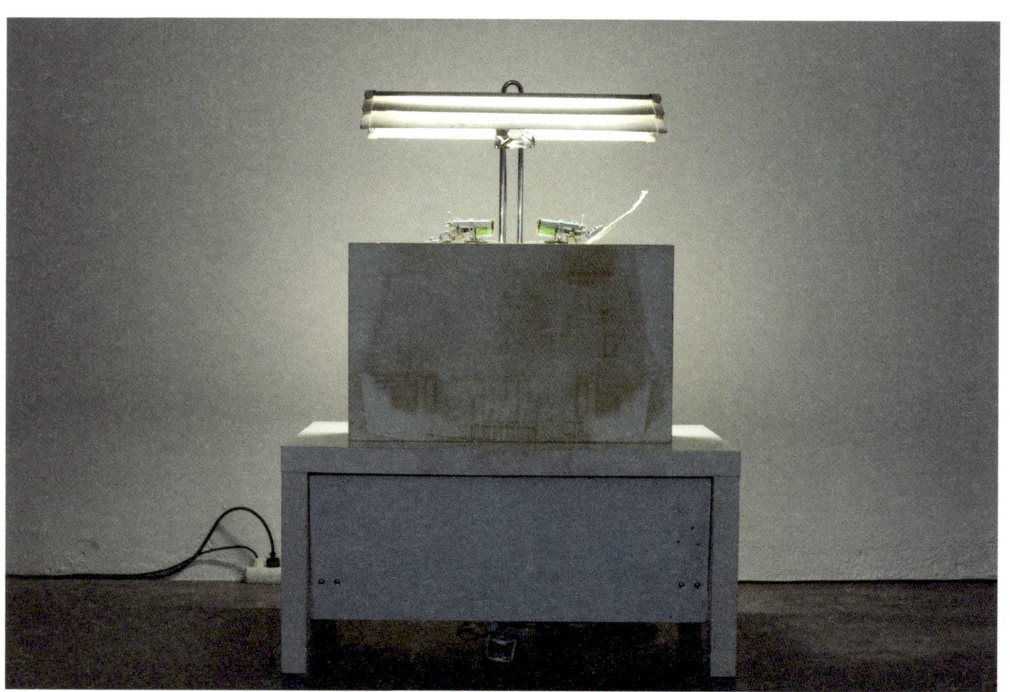

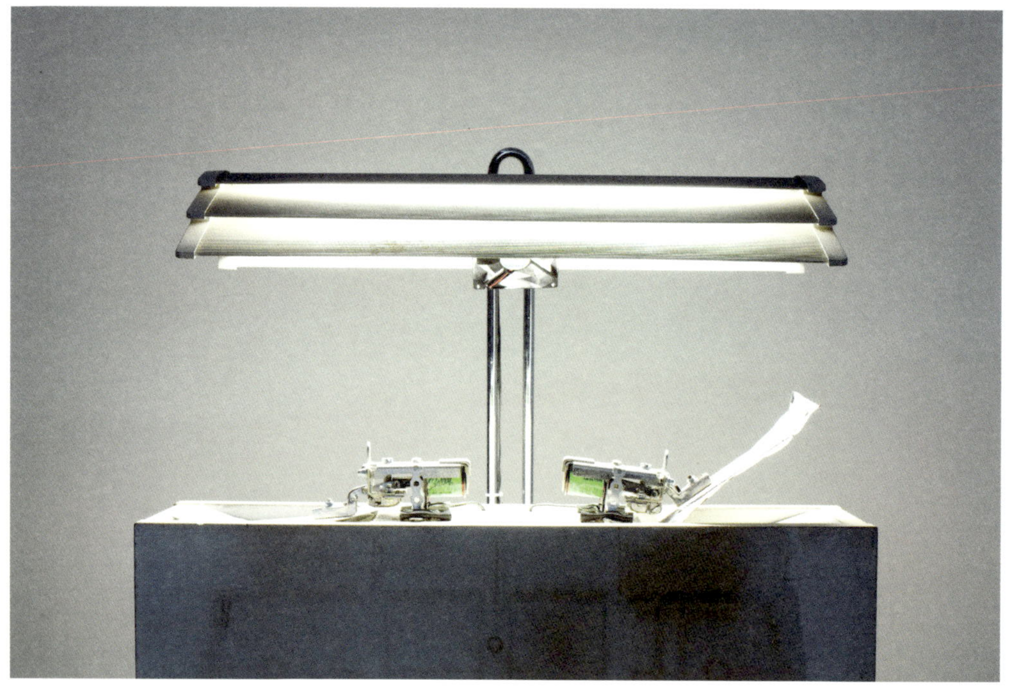

Lohn, 2010
110 x 90 x 85 cm
Andreas Fischer / Courtesy
Galerie Vera Gliem, Köln

Der, der bis 3 zaehlt, 2010
75 x 110 x 175 cm
Andreas Fischer / Courtesy
Galerie Vera Gliem, Köln

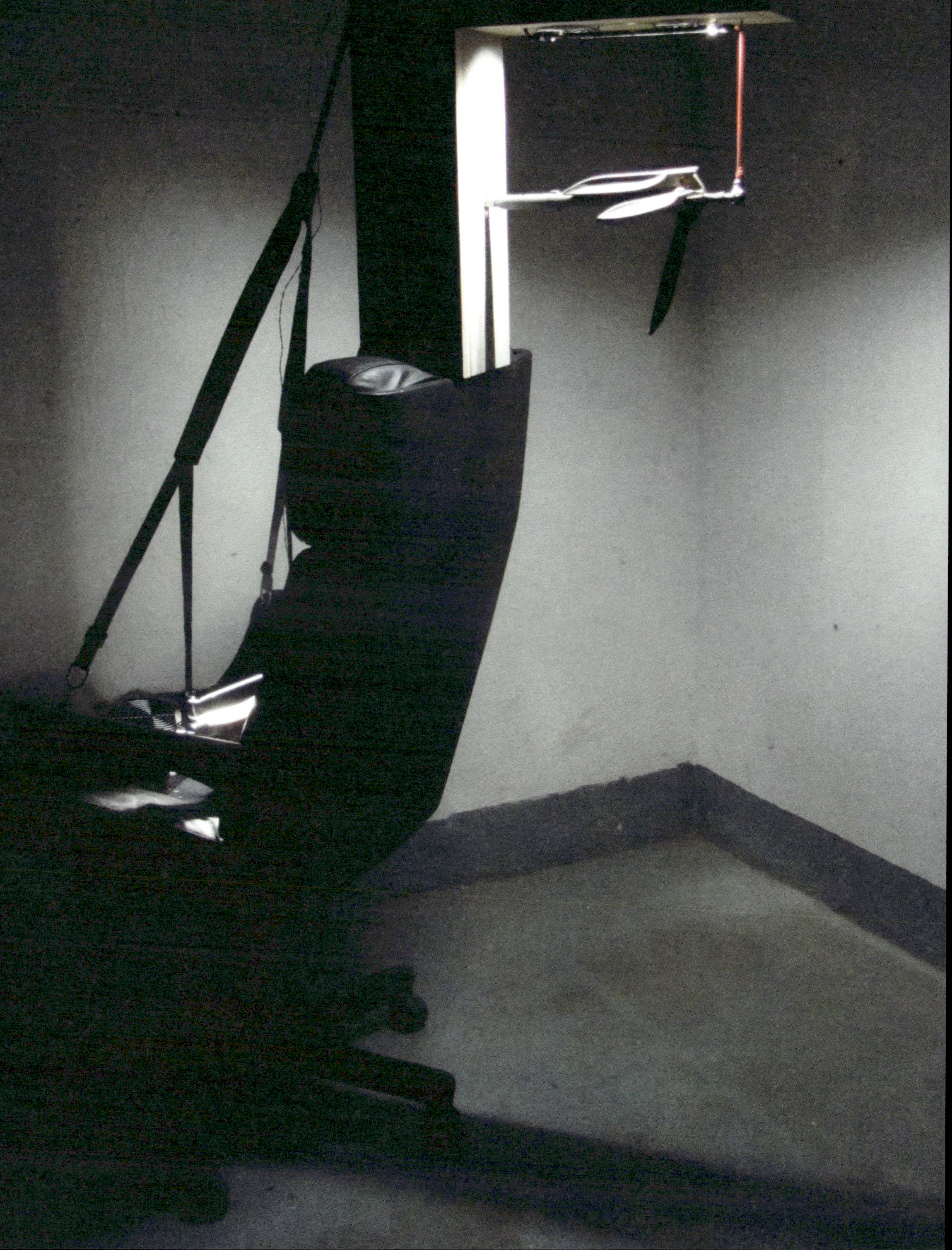

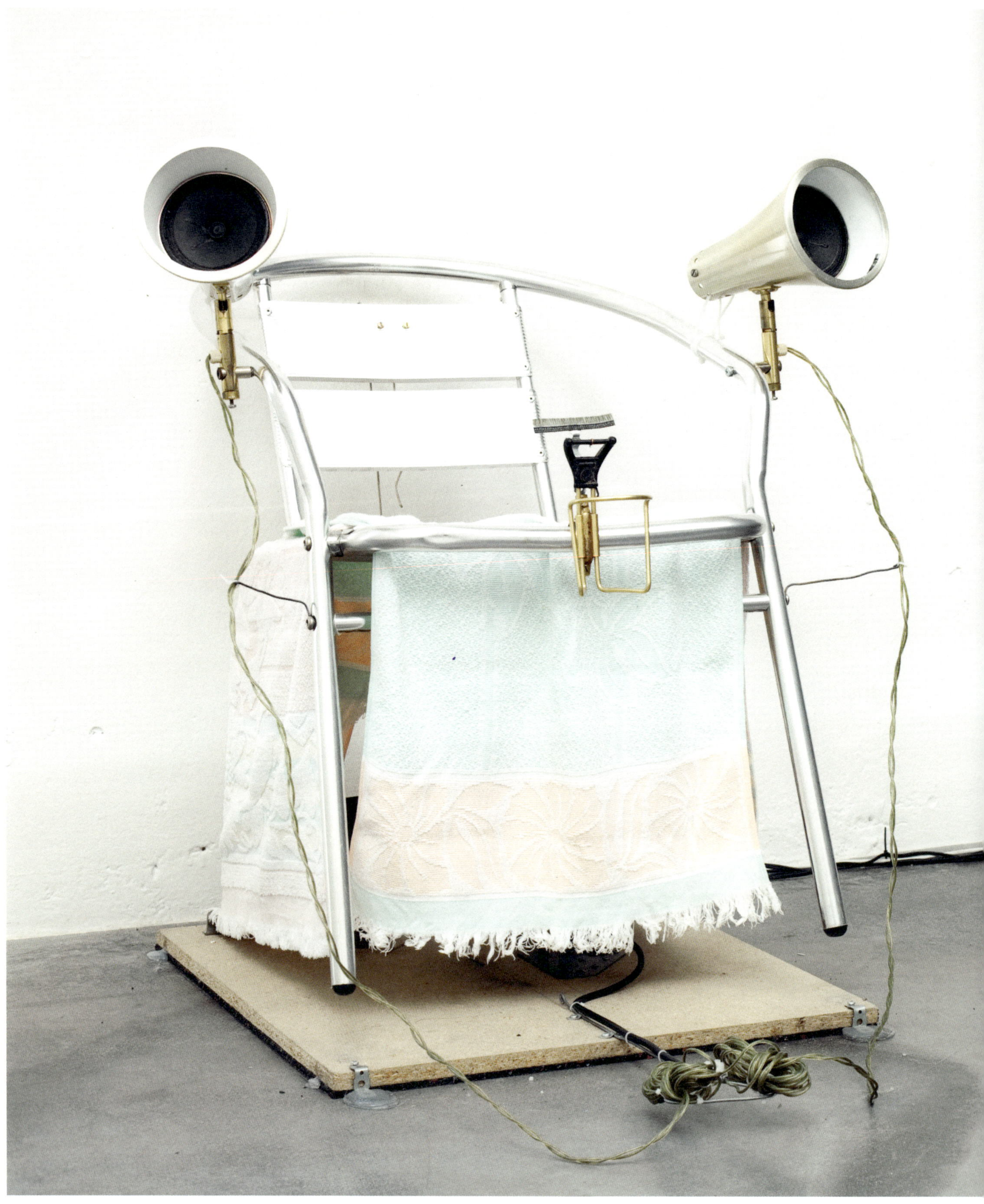

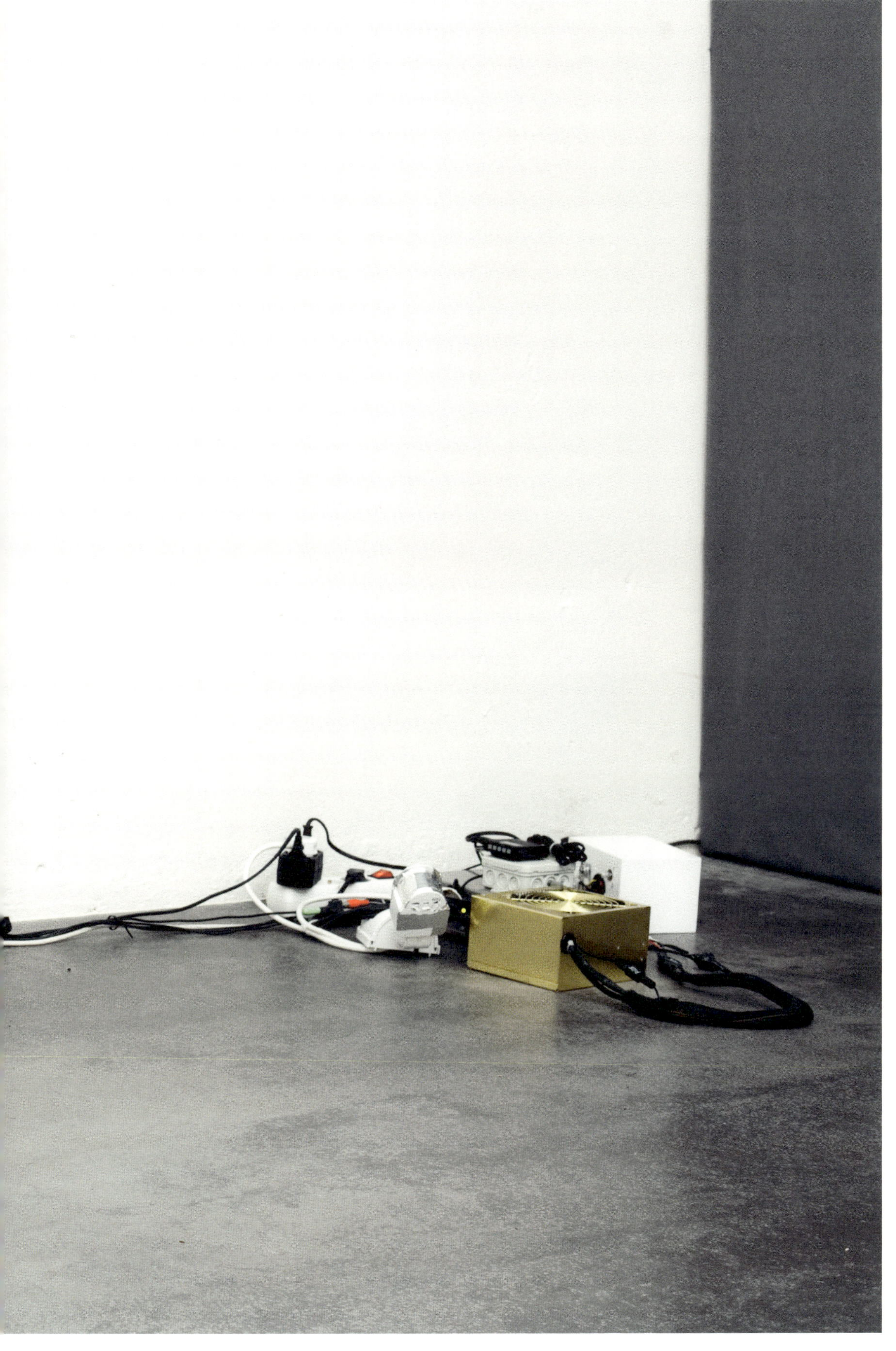

Maria, 2010
87 x 79 x 100 cm
Privatsammlung, Köln

One Cord & the Trouth-Tree, 2009
300 x 300 x 15 cm
Andreas Fischer / Courtesy
Galerie Vera Gliem, Köln

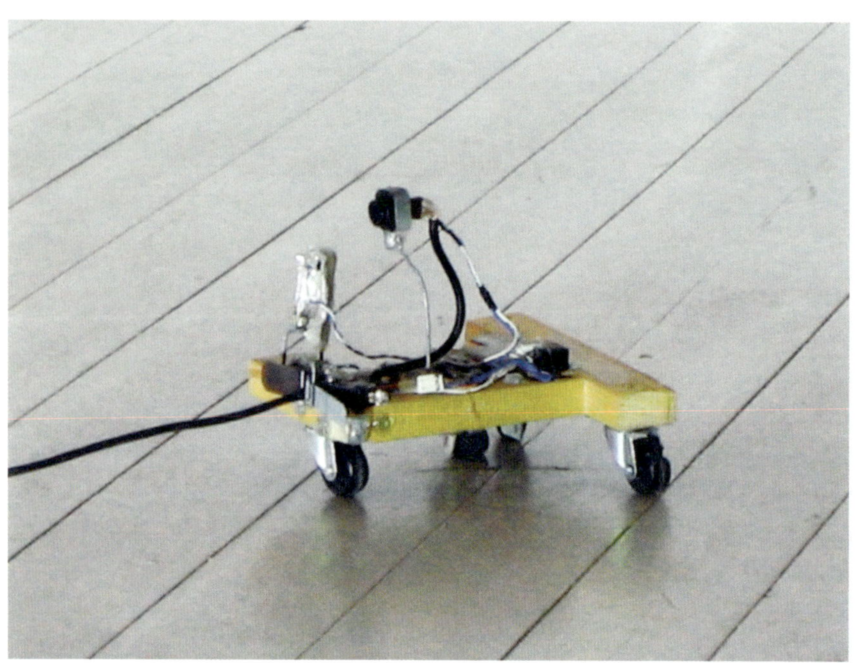

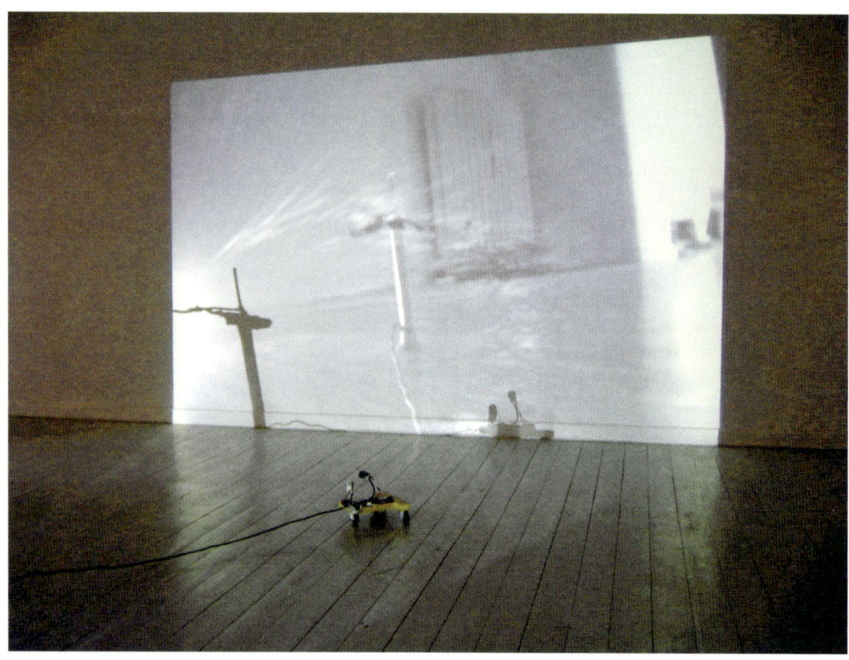

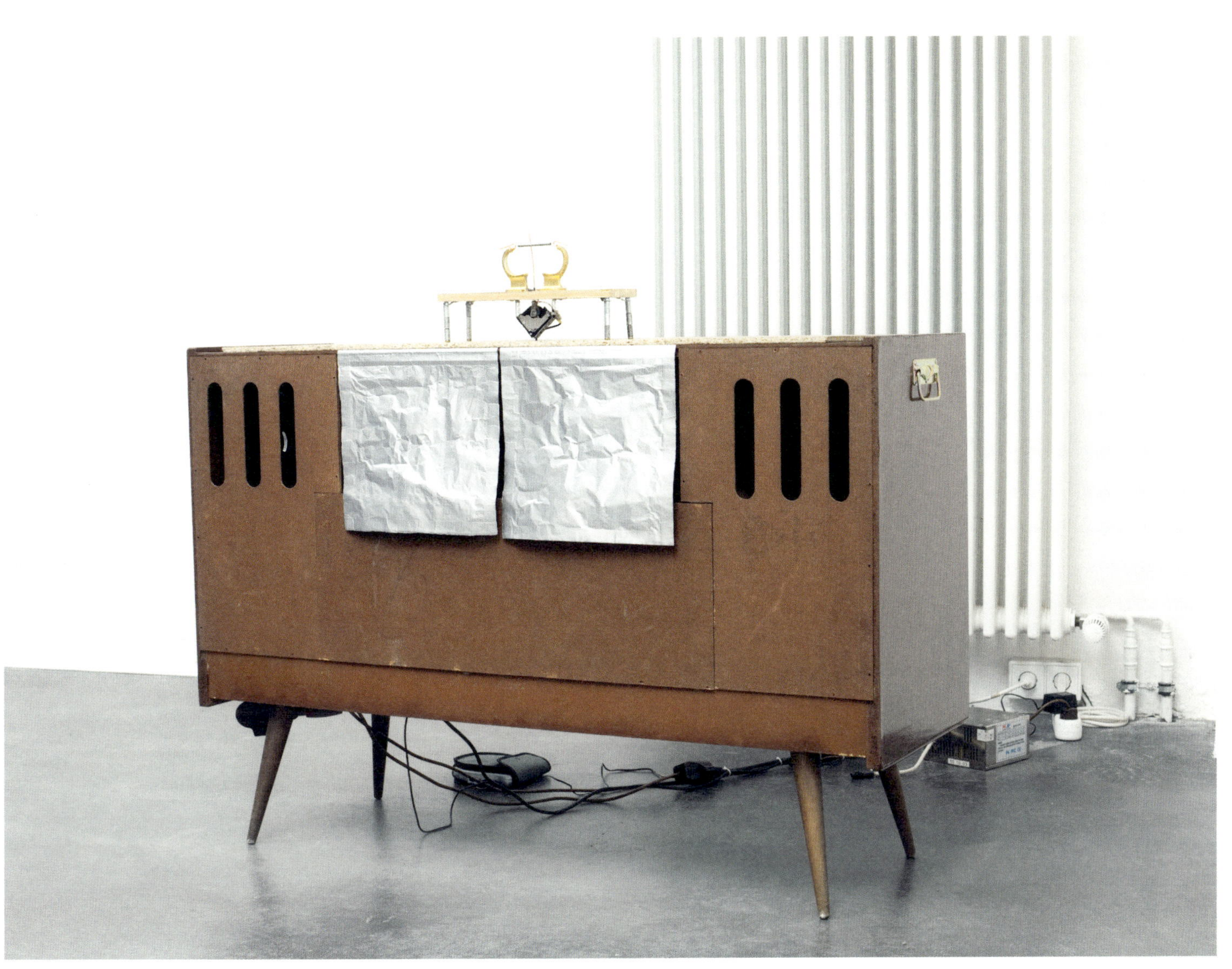

Erdmörtel, 2010
170 x 39 x 80 cm
Andreas Fischer / Courtesy
Galerie Vera Gliem, Köln

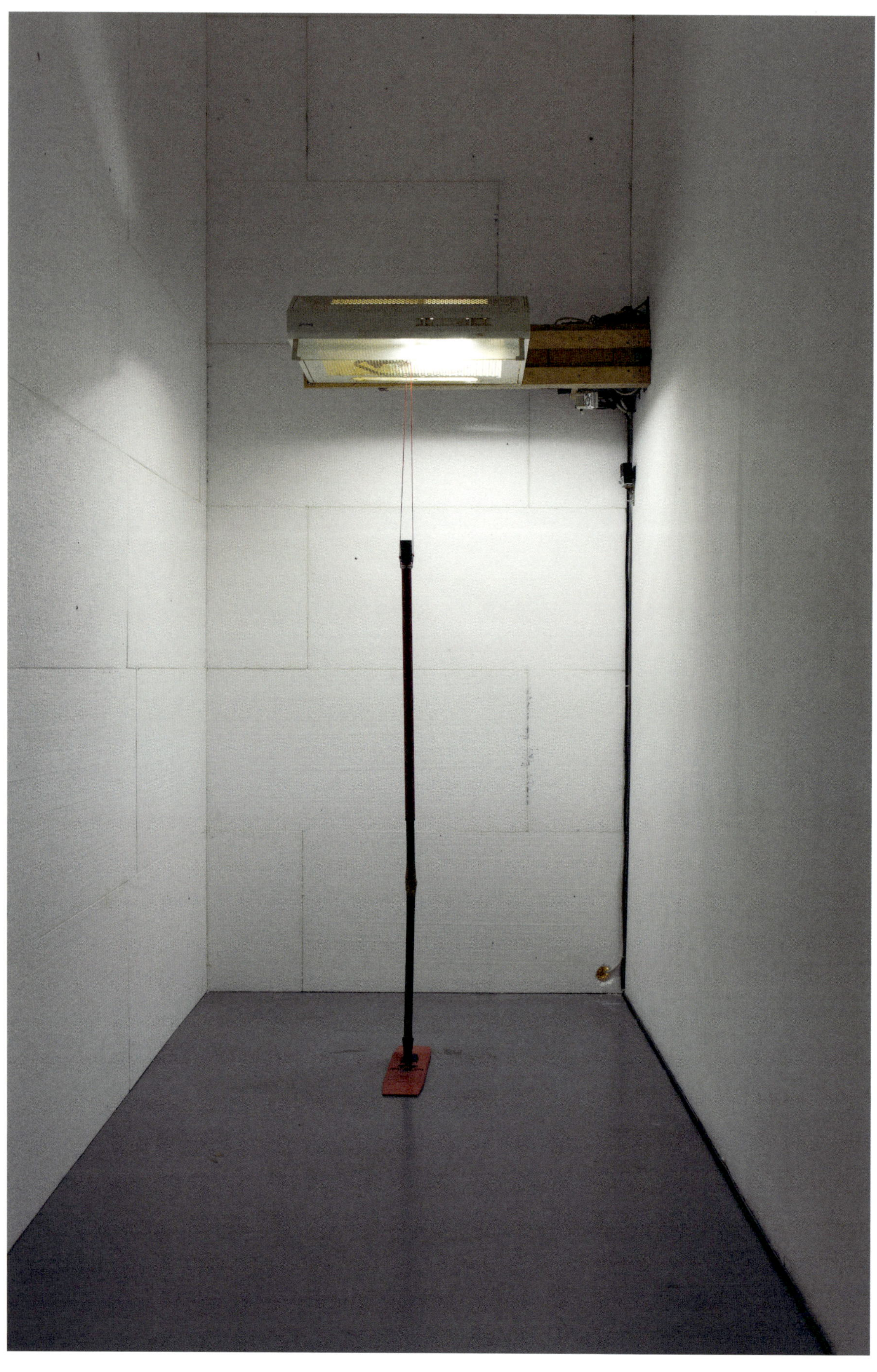

Good night and good luck, 2008
80 x 100 x 200 cm
Andreas Fischer / Courtesy
Galerie Vera Gliem, Köln

OLYMP II, 2009
120 x 1200 x 300 cm
Andreas Fischer / Courtesy
Galerie Vera Gliem, Köln

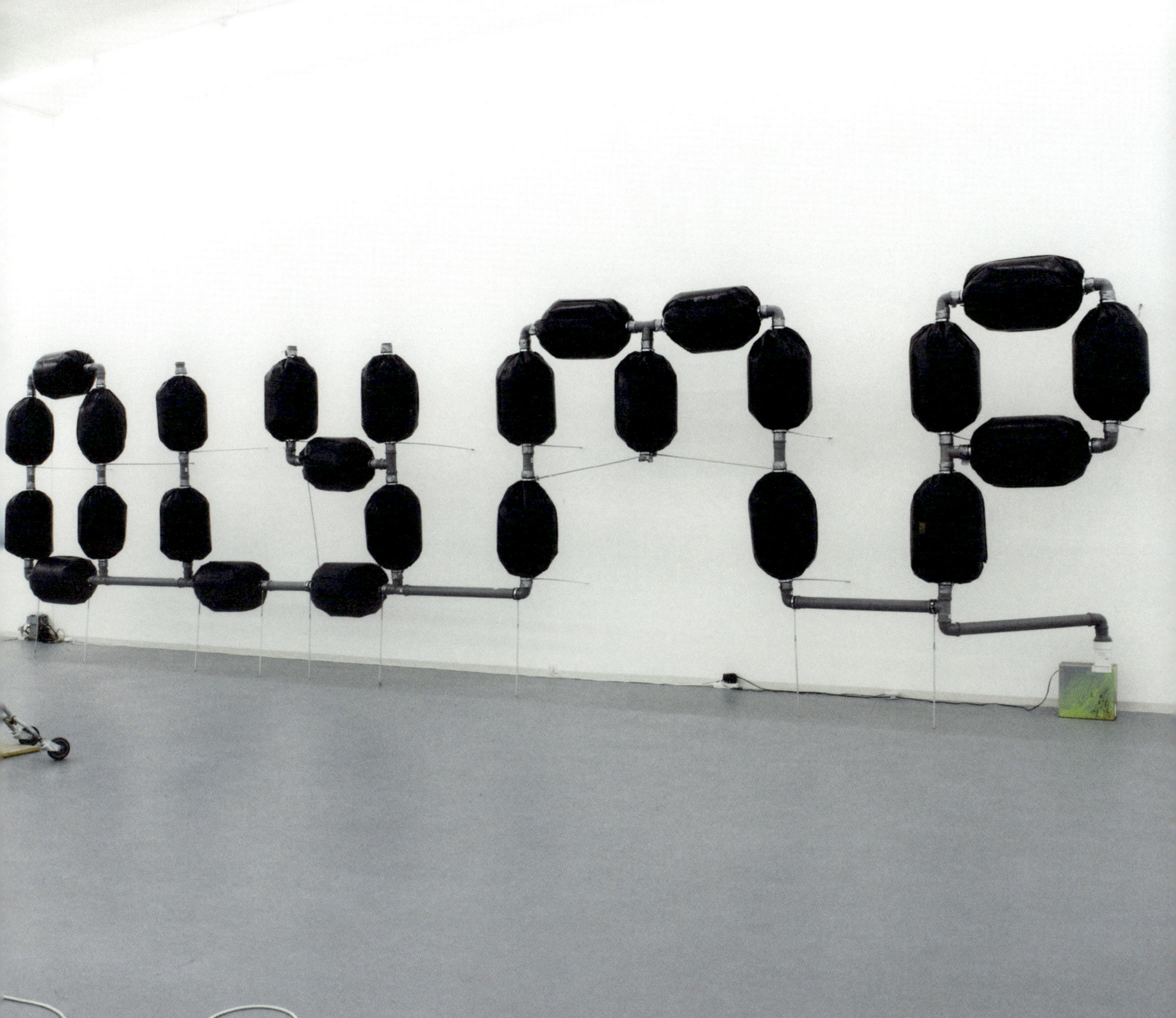

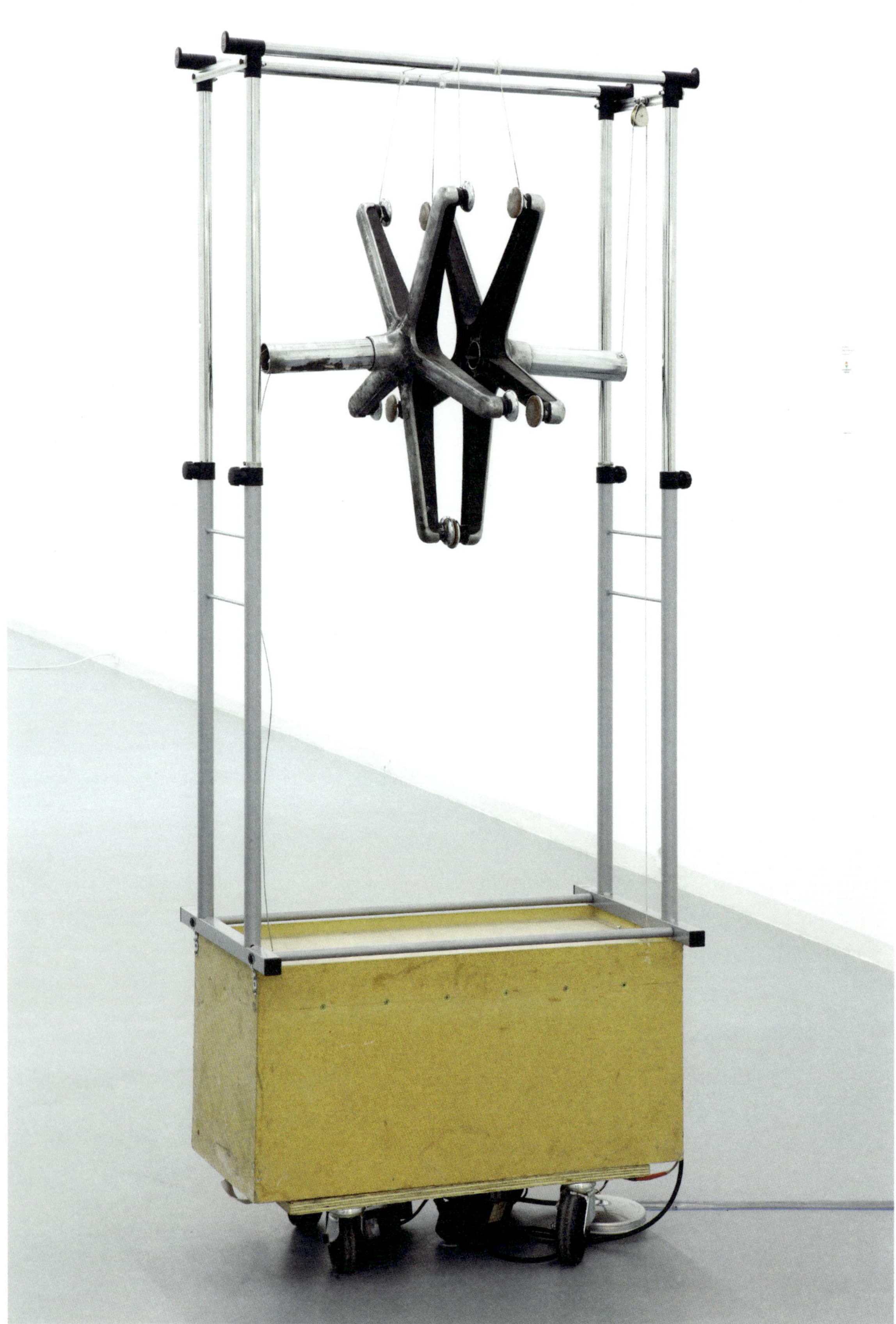

Dampfsperre Claudia, 2009
80 x 30 x 190 cm
Andreas Fischer / Courtesy
Galerie Vera Gliem, Köln

Lappenloch, 2009
80 x 30 x 120 cm
Museum Ludwig, Köln

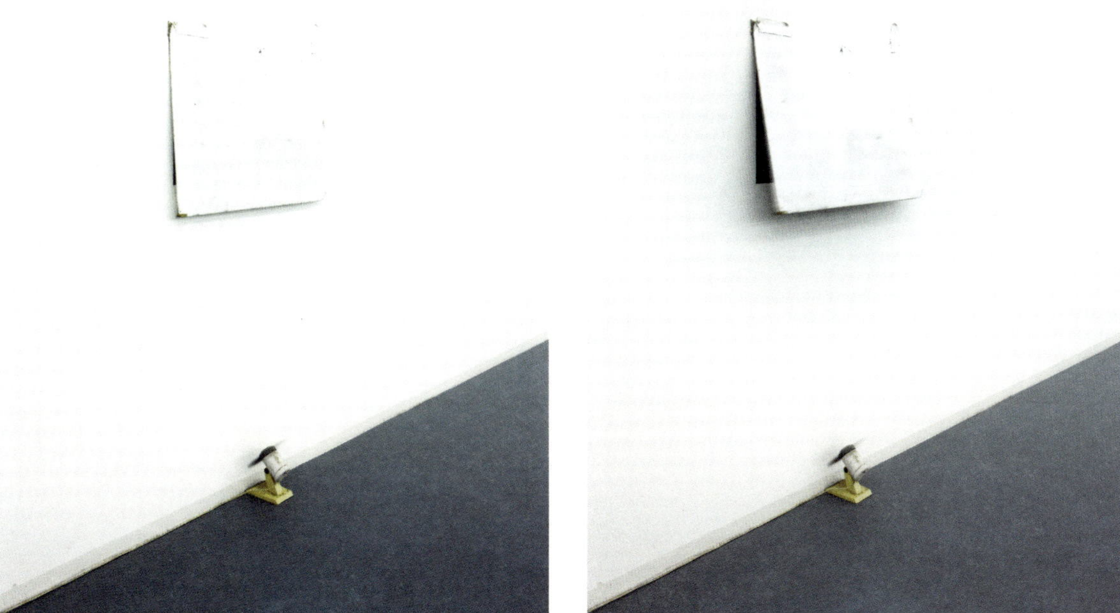

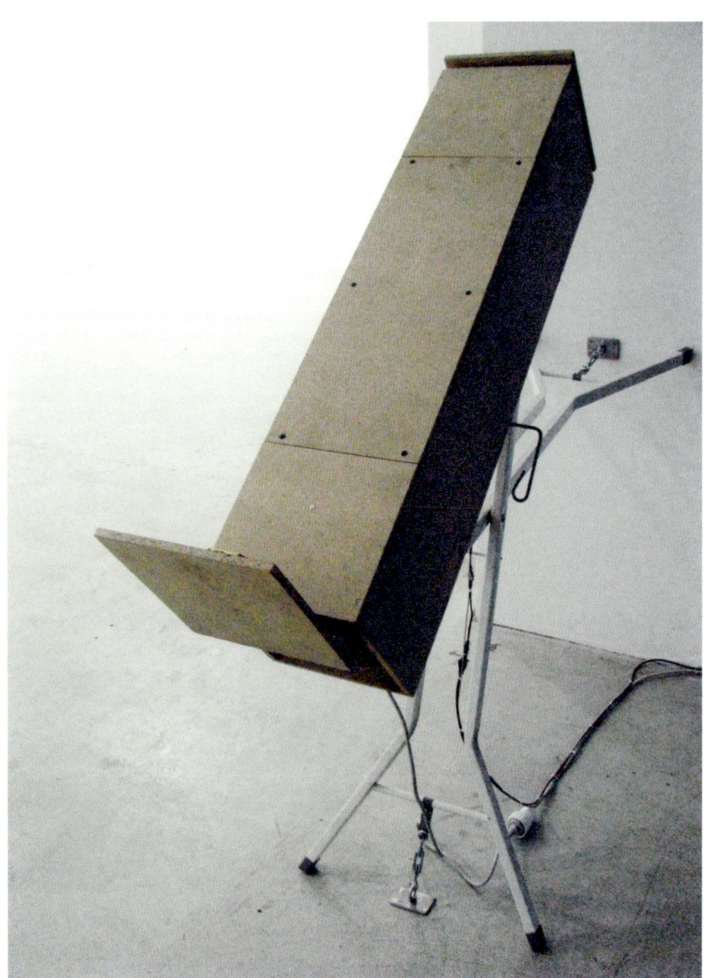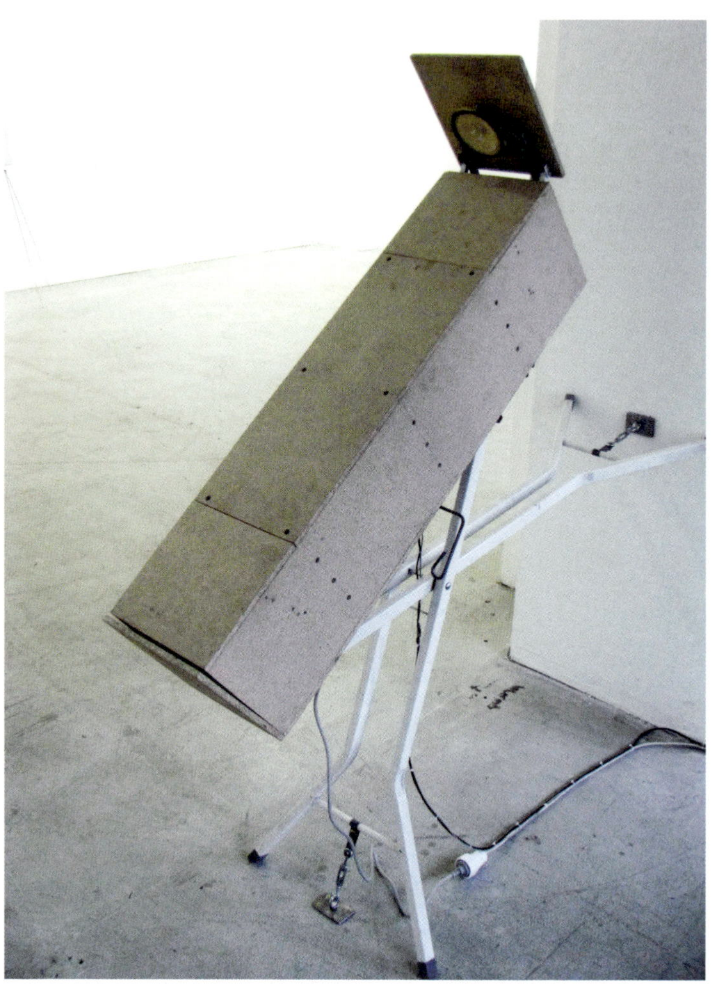

Doppel-L-Thema II, 2008
40 x 120 x 150 cm
Andreas Fischer / Courtesy
Galerie Vera Gliem, Köln

Lobeslappen, 2008
100 x 100 x 300 cm
Andreas Fischer / Courtesy
Galerie Vera Gliem, Köln

Hotel Kerberos, 2007
8000 x 10000 x 220 cm
Andreas Fischer / Courtesy
Galerie Vera Gliem, Köln
→

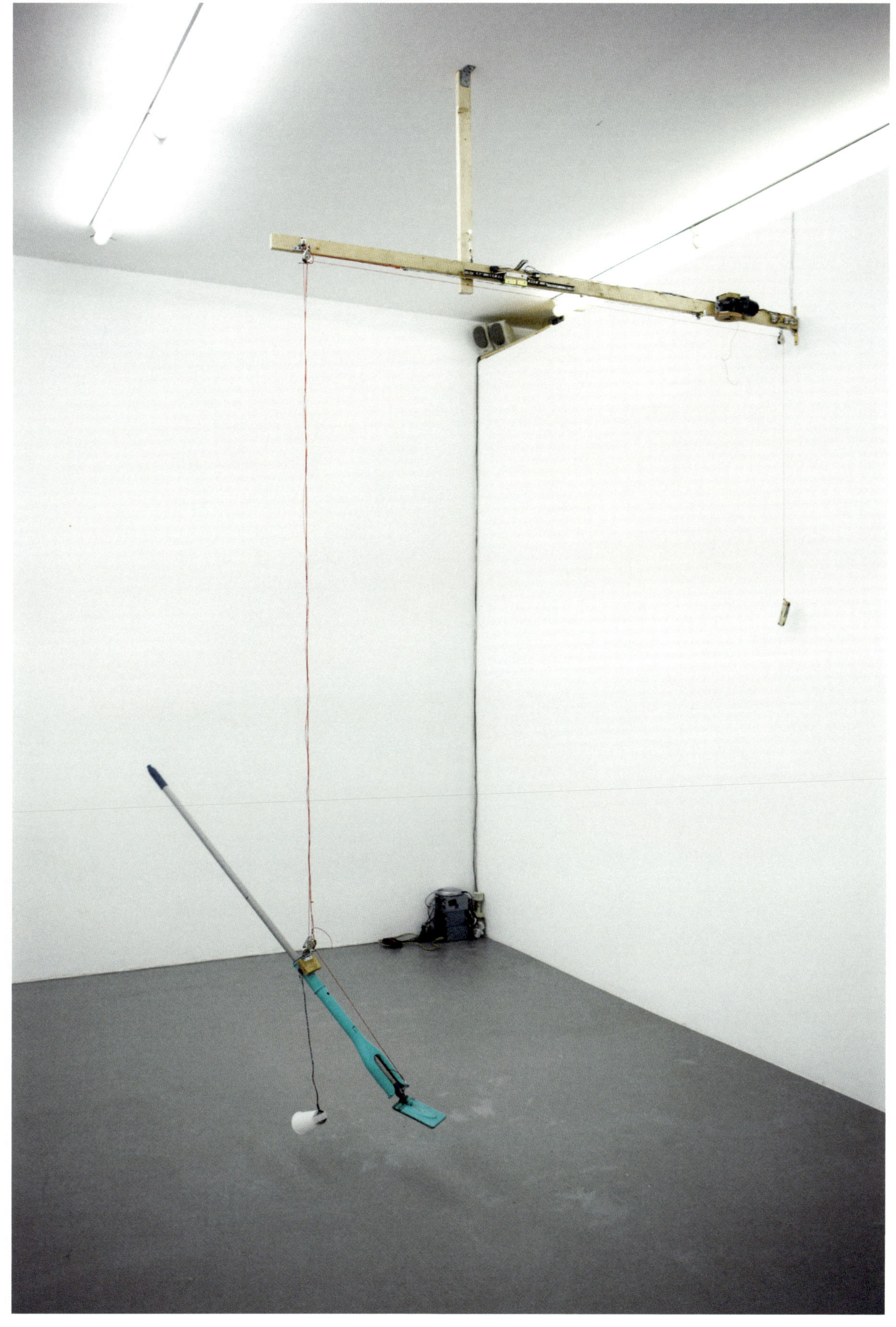

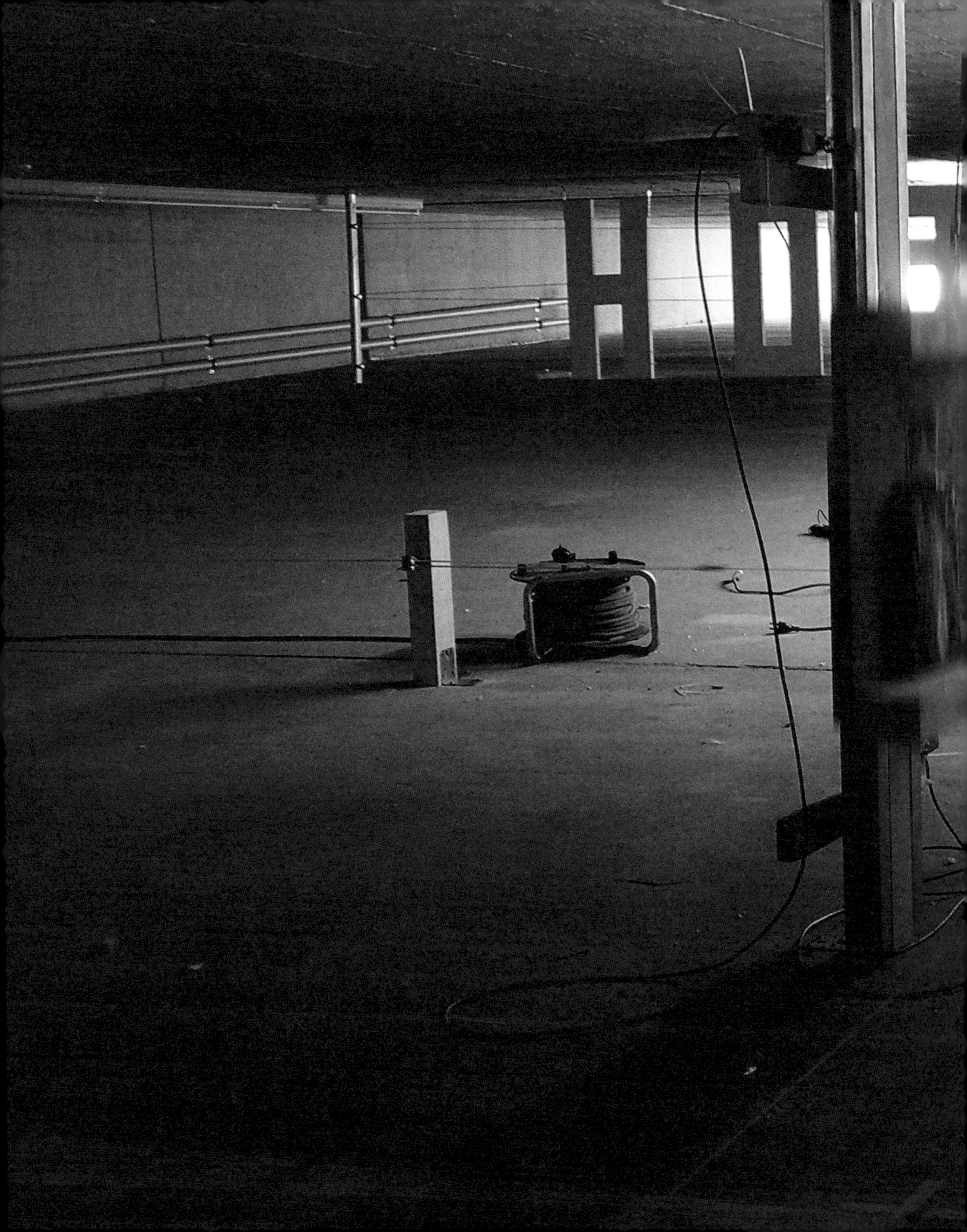

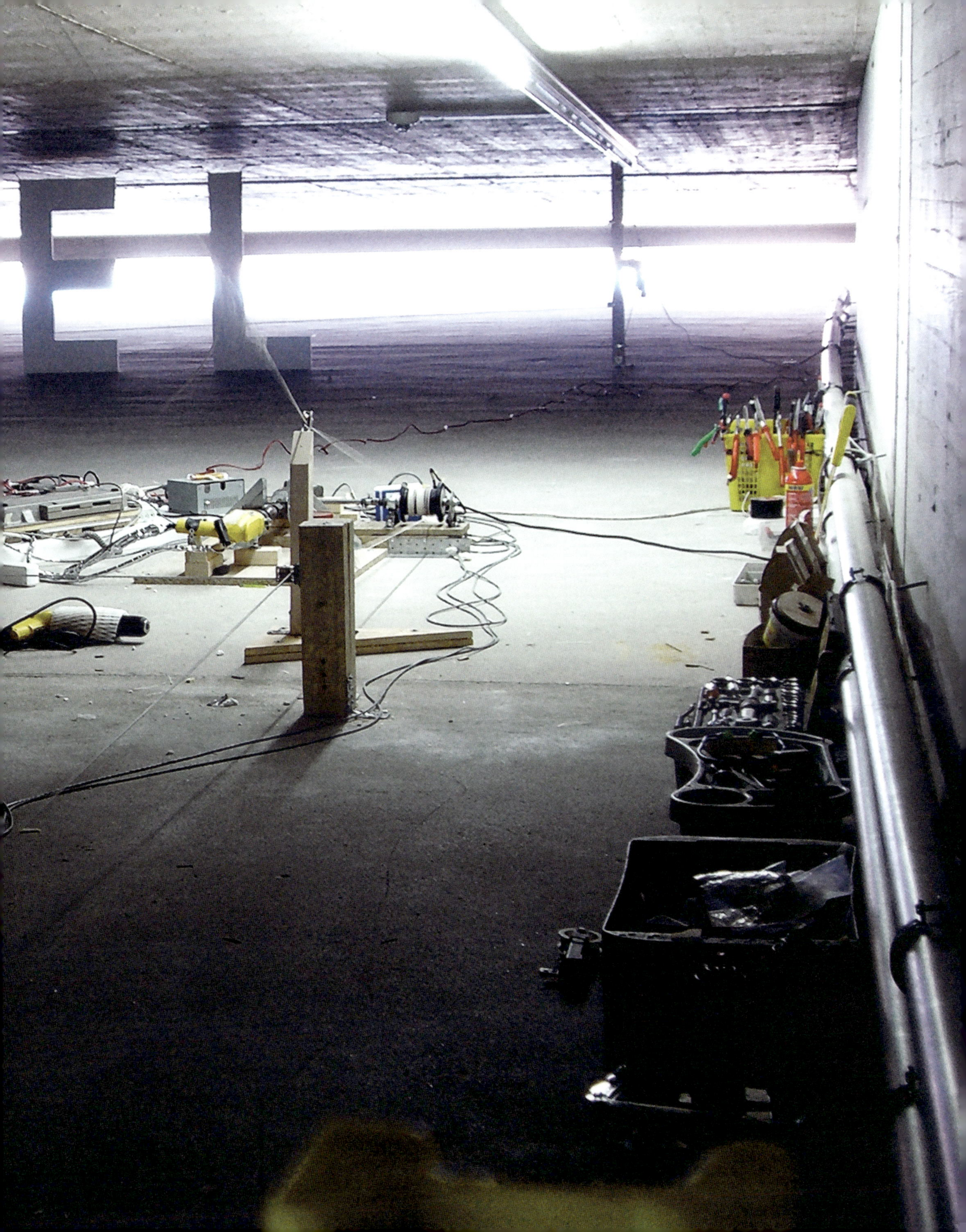

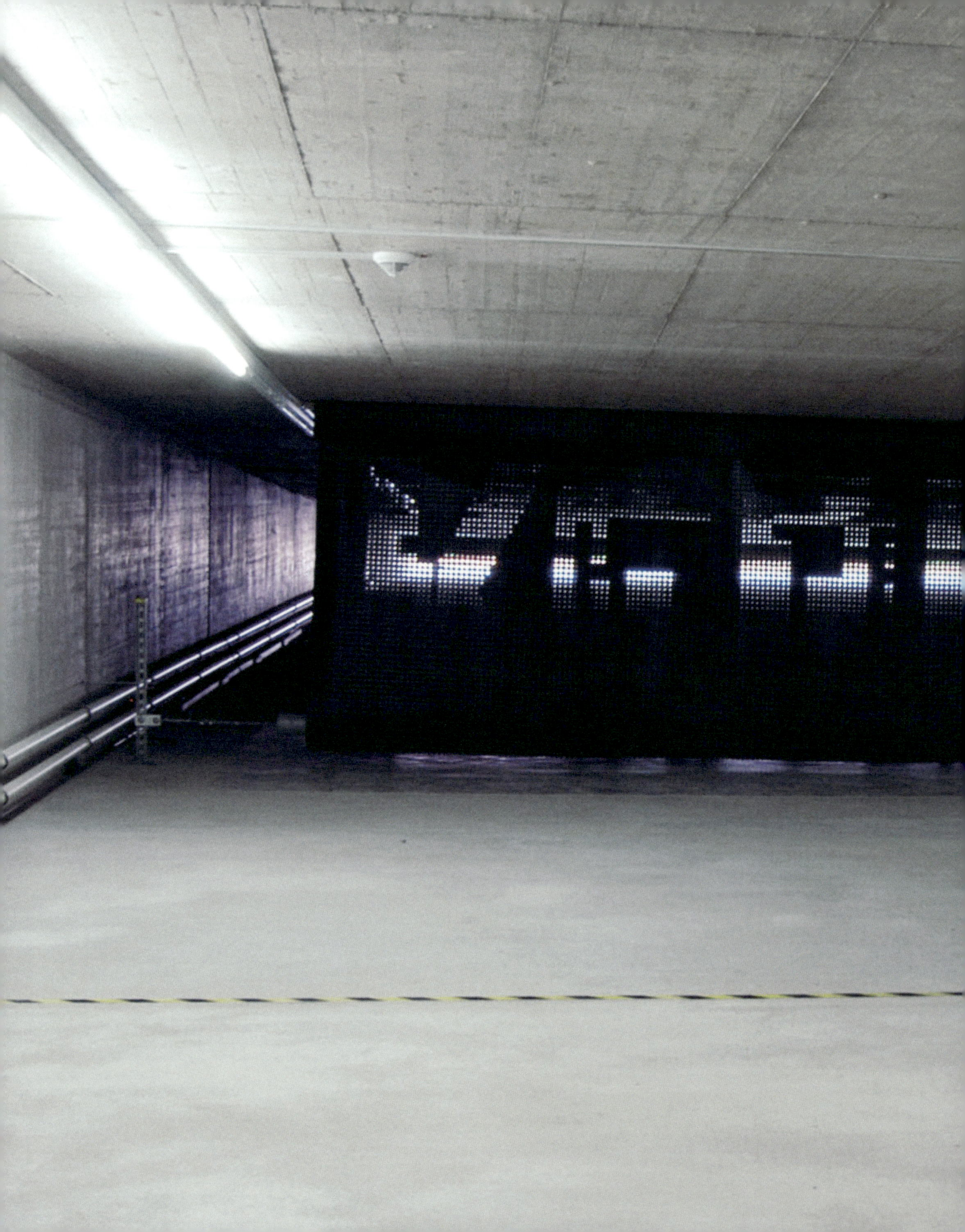

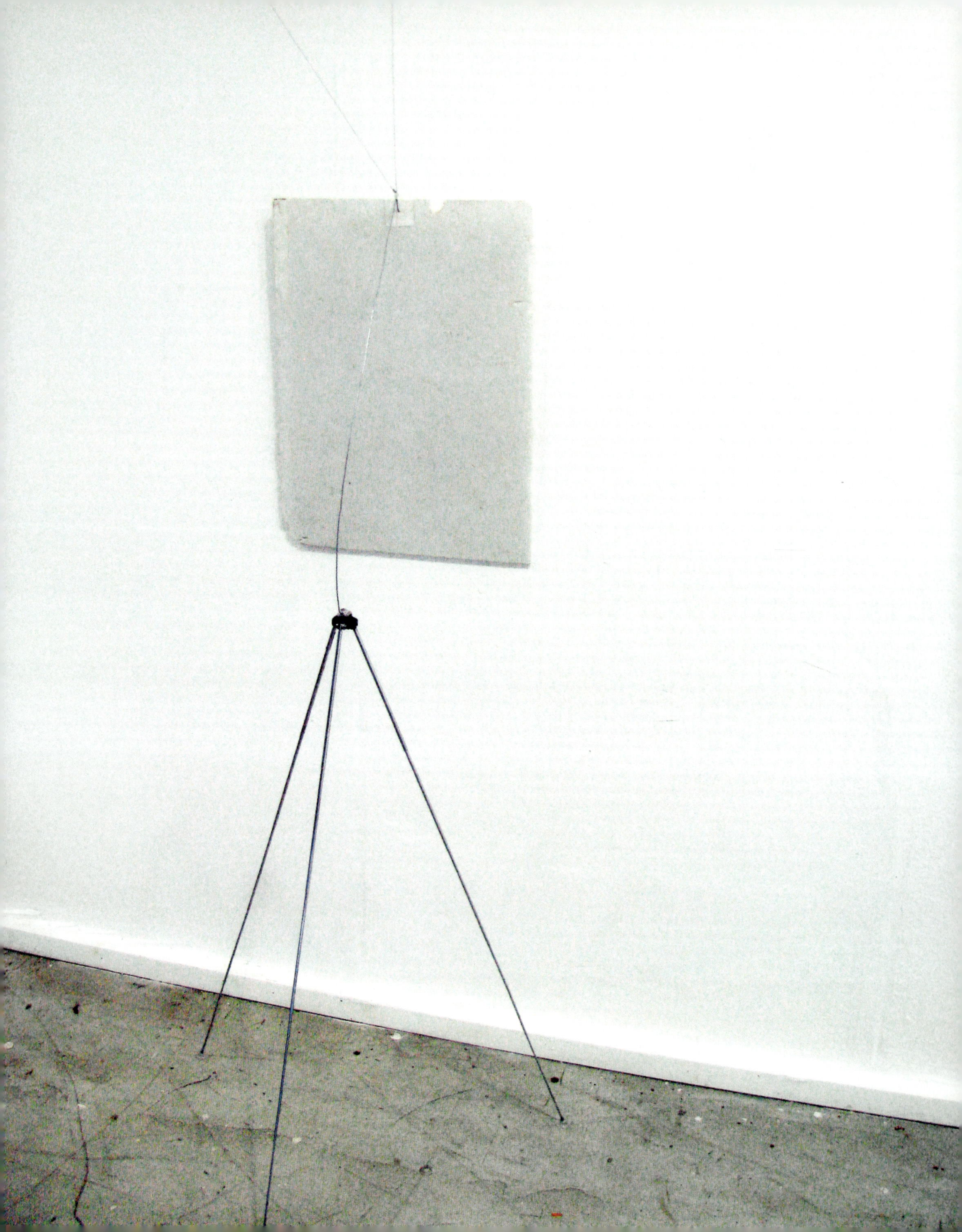

Wandheizung Jorge, 2008
100 x 100 x 300 cm
Kunst aus Nordrhein-Westfalen,
ehemalige Rechtsabtei
Aachen-Kornelimünster

Der Zaunzeisig
muß Downsizen, 2008
30 x 30 x 160 cm
Museum Ludwig, Köln

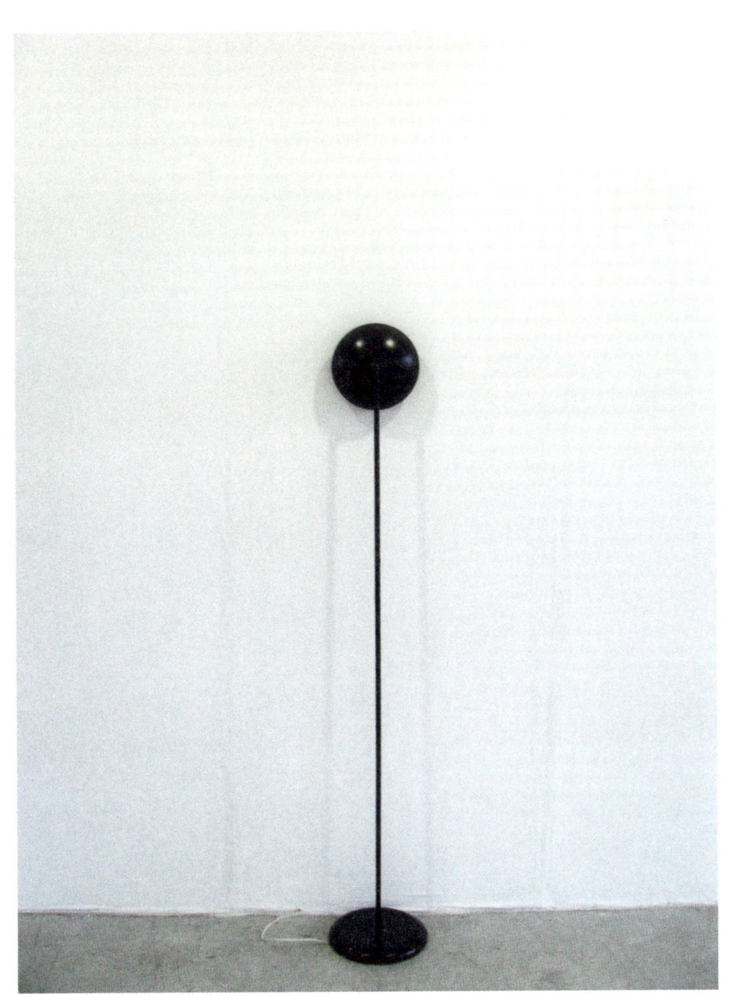

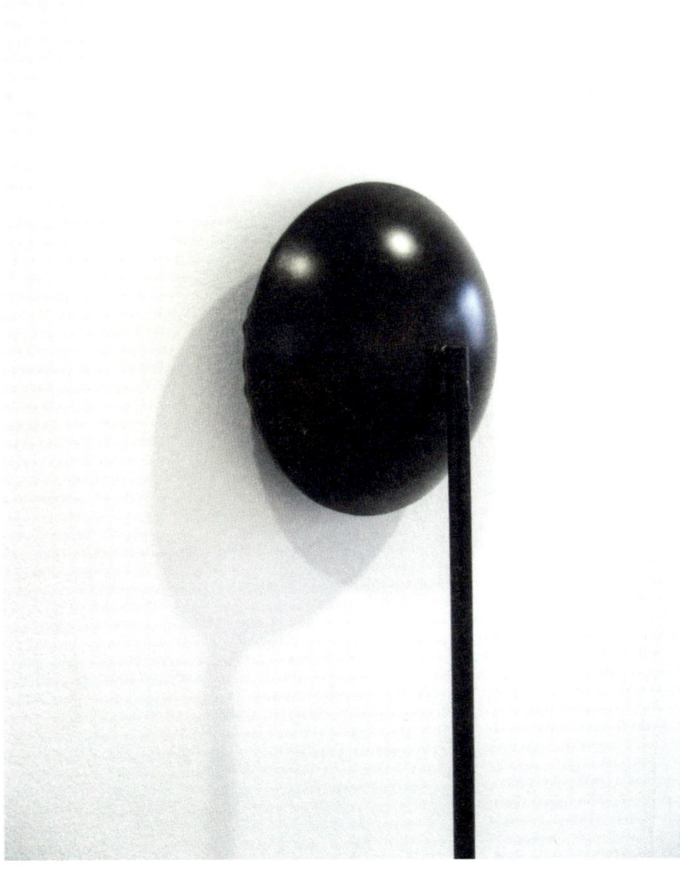

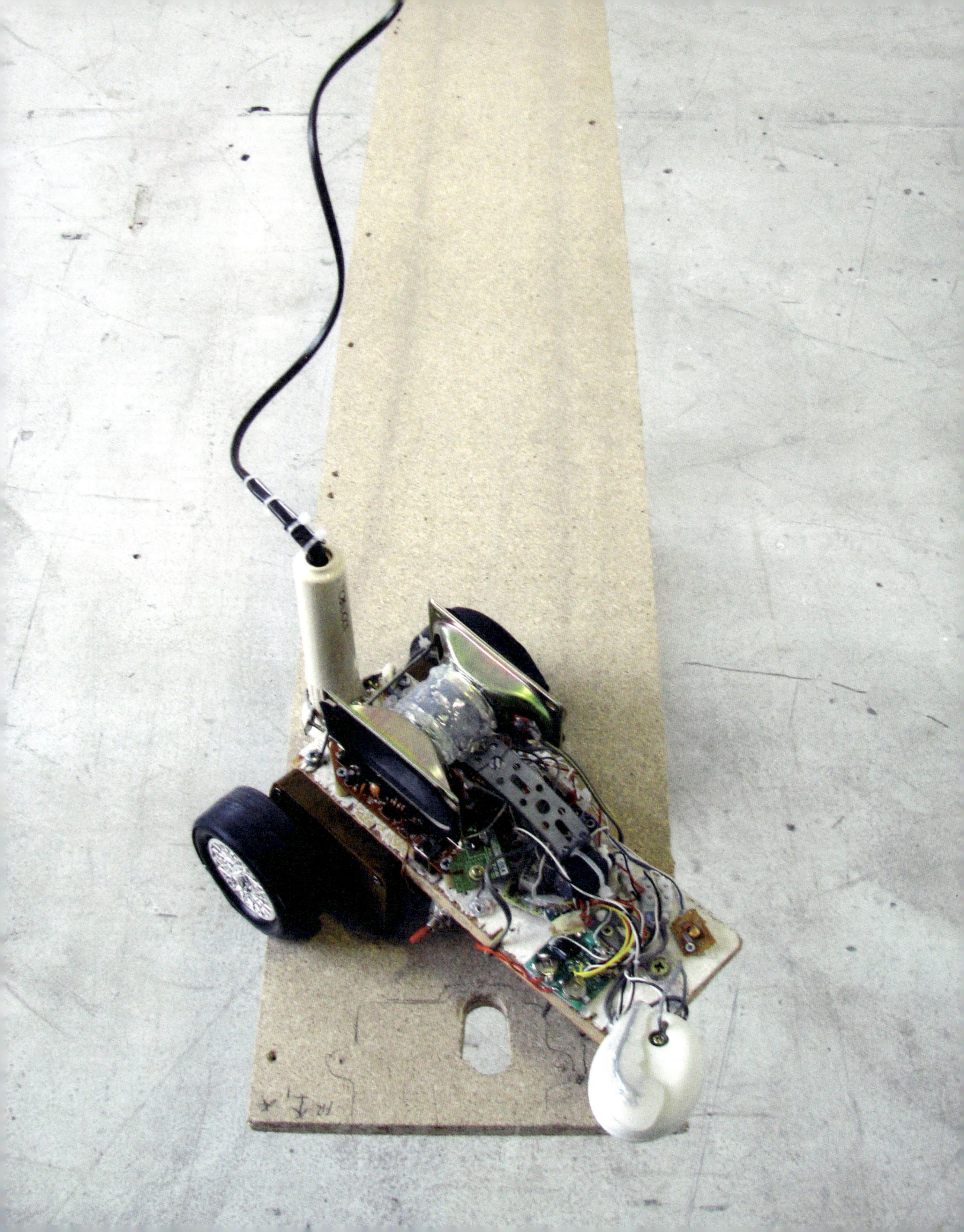

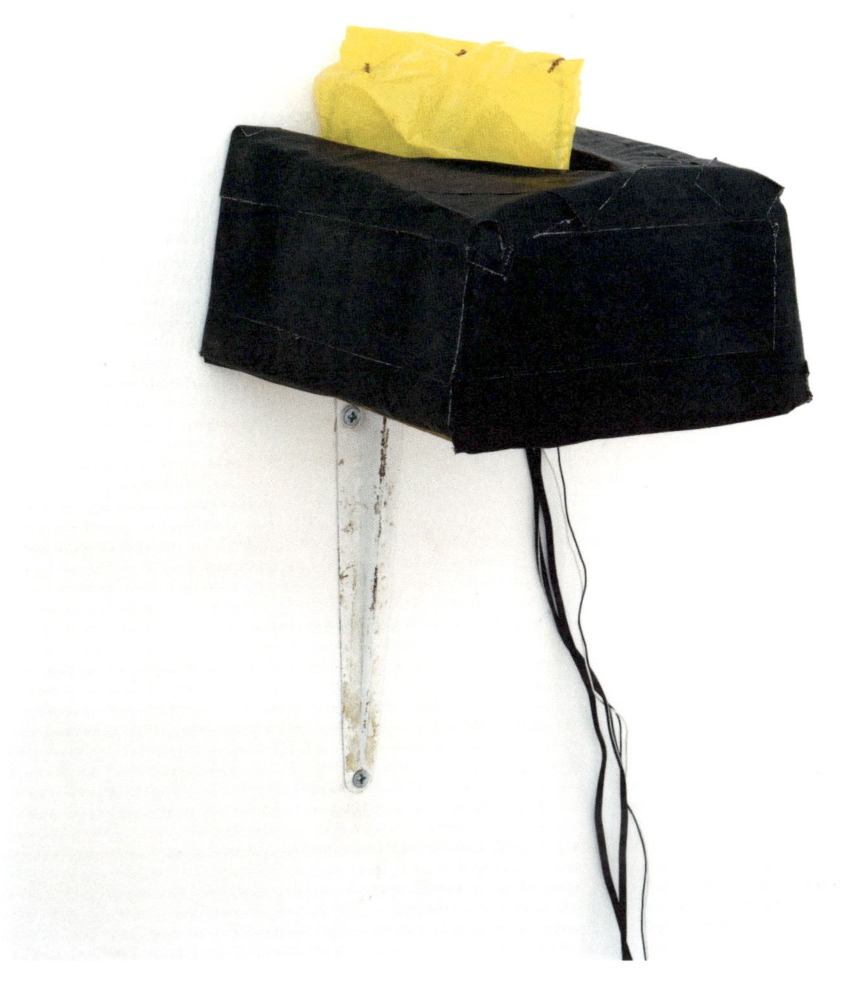

Brett-Cowboy, 2008
220 x 30 x 120 cm
Andreas Fischer / Courtesy
Galerie Vera Gliem, Köln

Tente Jalouse, 2003
40 x 25 x 20 cm
Andreas Fischer / Courtesy
Galerie Vera Gliem, Köln

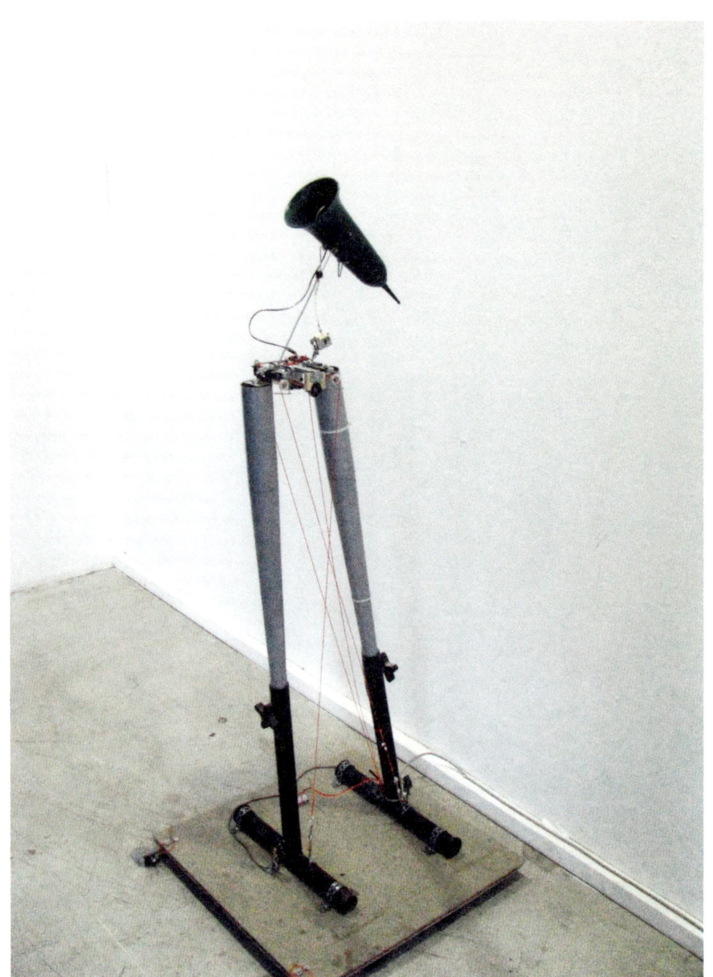 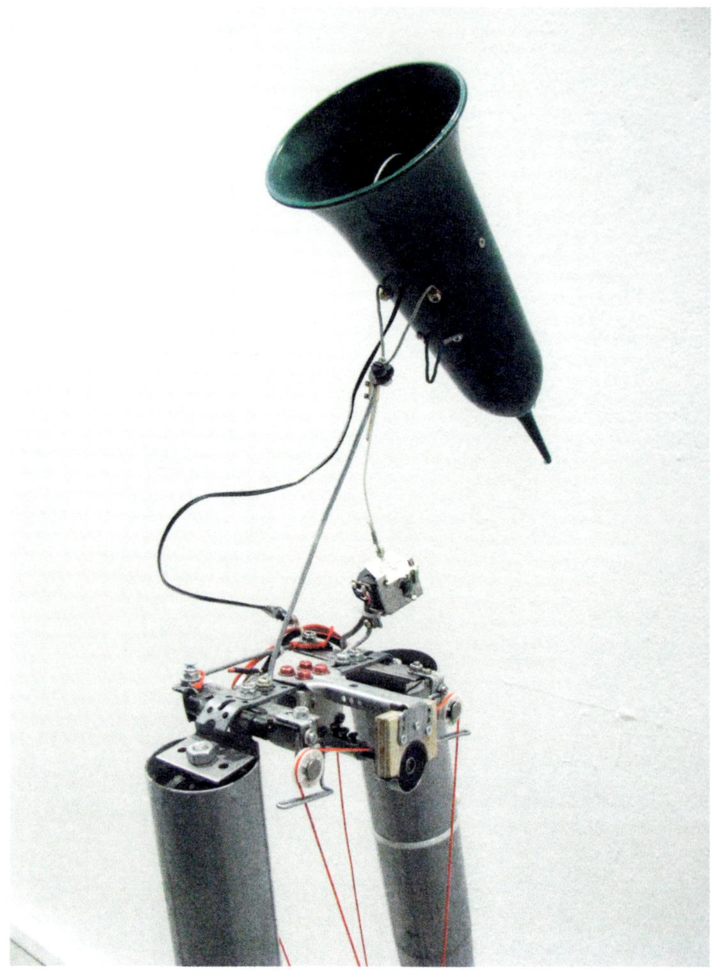

Bahnwärters Kuh, 2008
100 x 100 x 150 cm
Andreas Fischer / Courtesy
Galerie Vera Gliem, Köln

1NSB (one night stand by), 2008
40 x 80 x 120 cm
Andreas Fischer / Courtesy
Galerie Vera Gliem, Köln

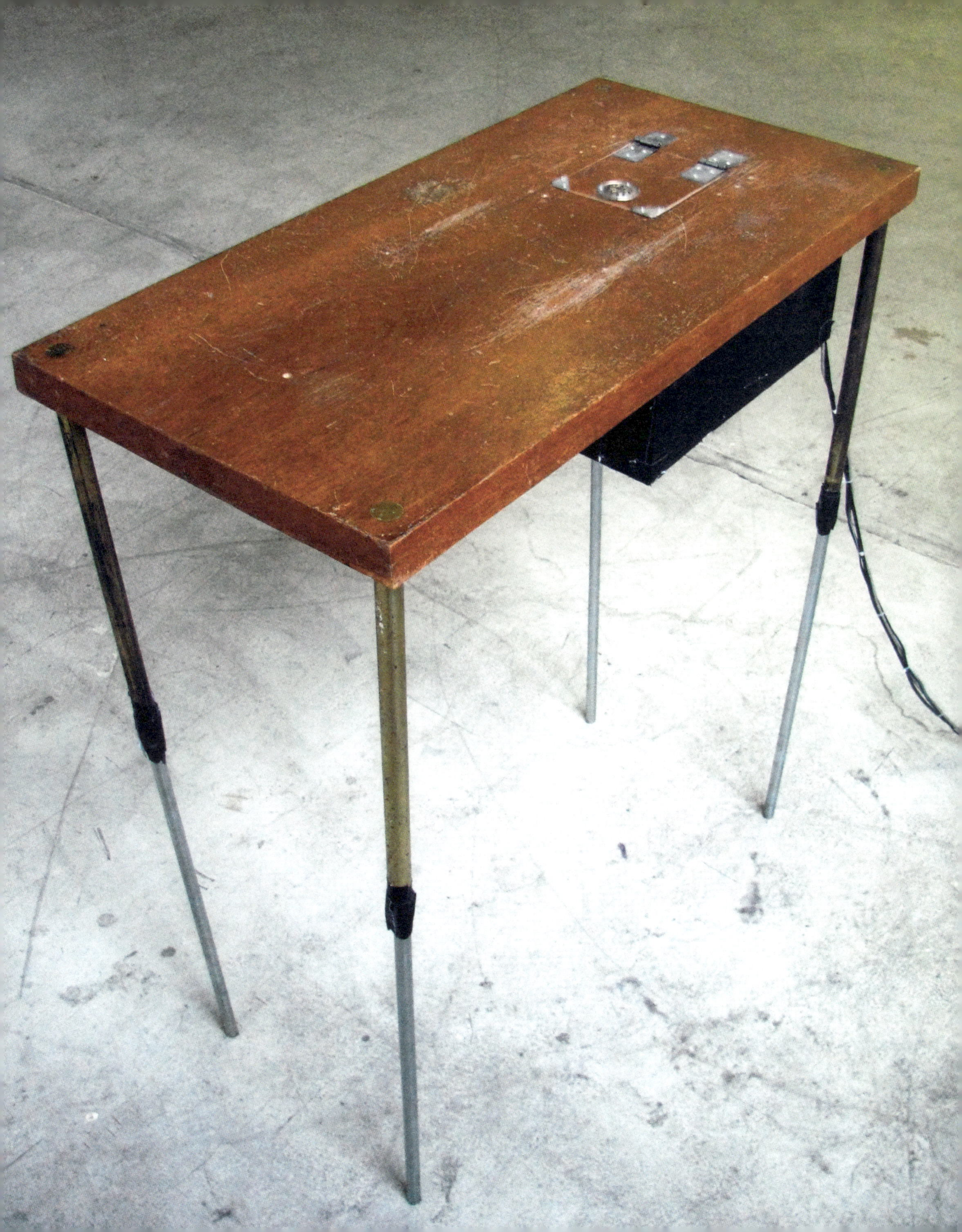

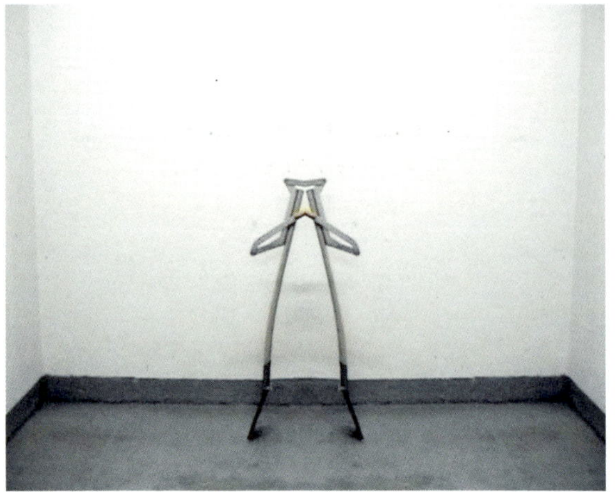

Arbeit frisst Scheiße, 2006
100 x 50 x 220 cm
Andreas Fischer / Courtesy
Galerie Vera Gliem, Köln

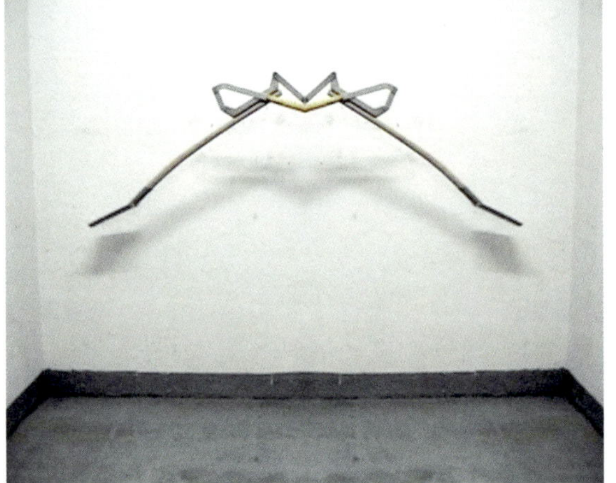

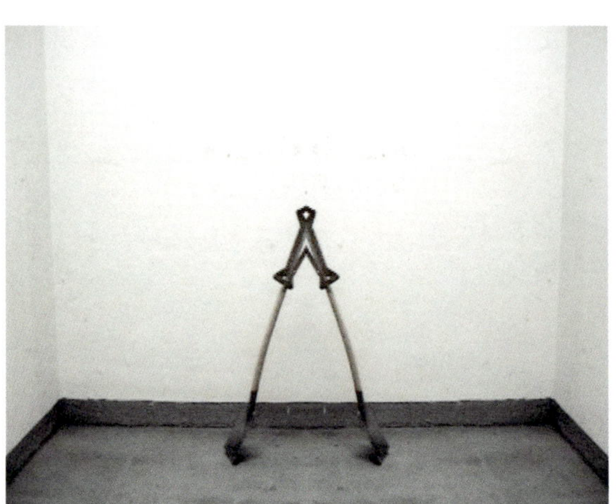

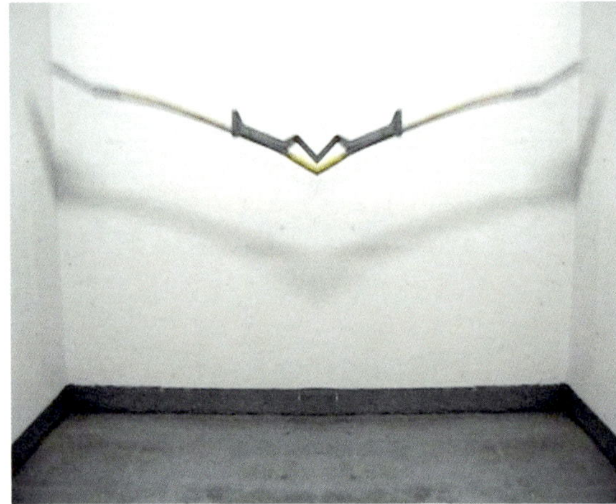

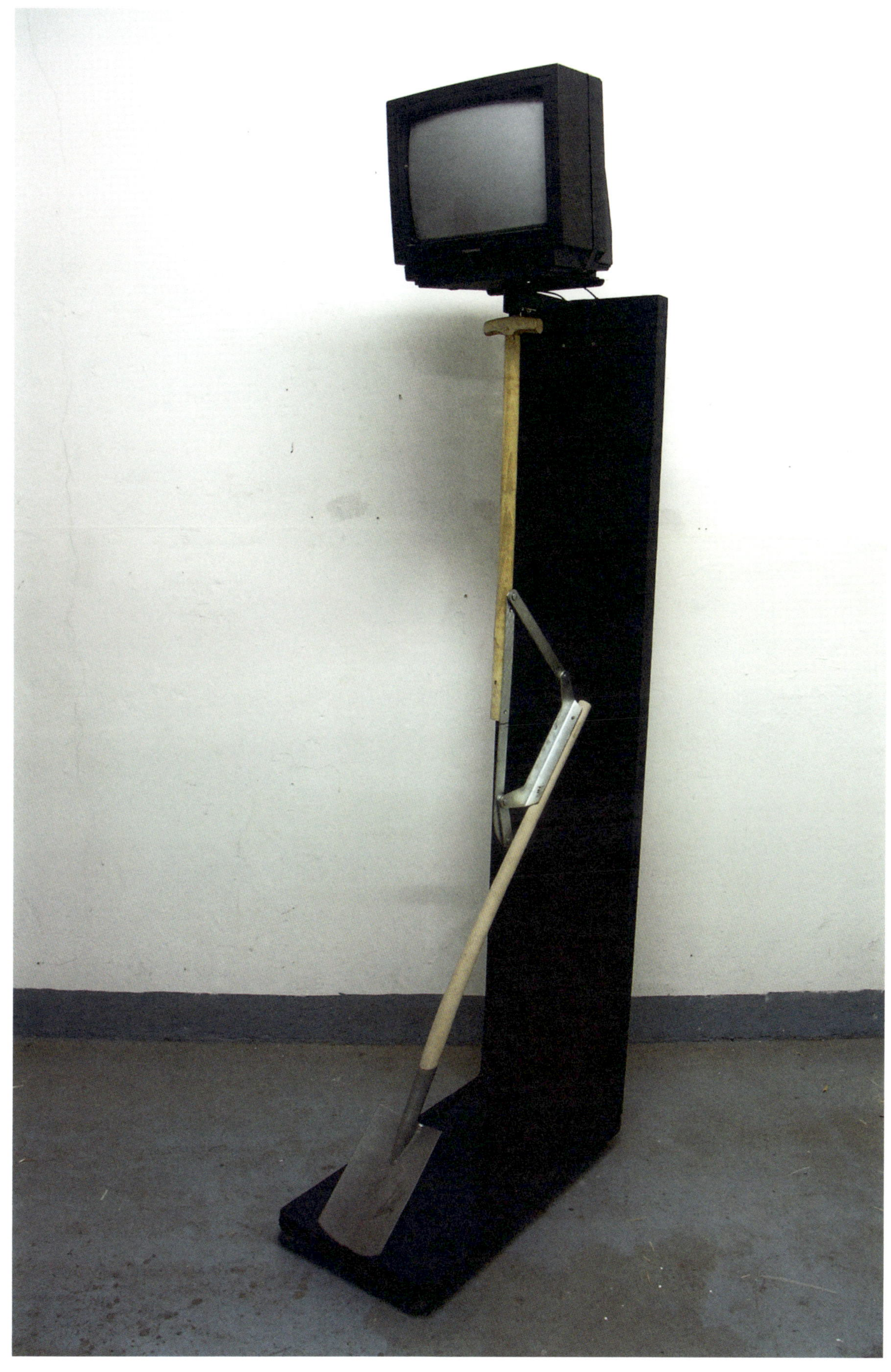

Beauty Case, 2007
40 x 49 x 32 cm
Privatsammlung, Köln

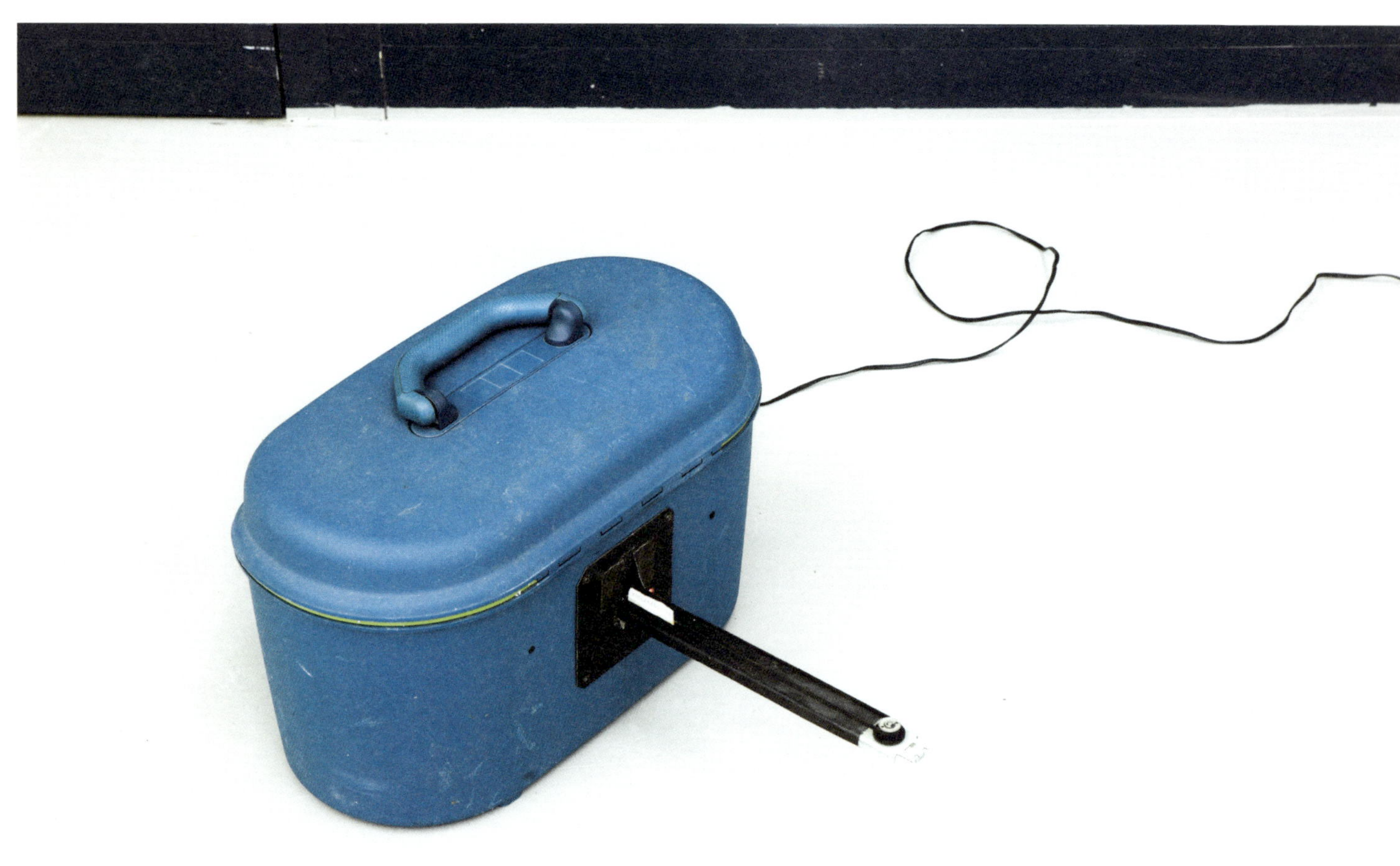

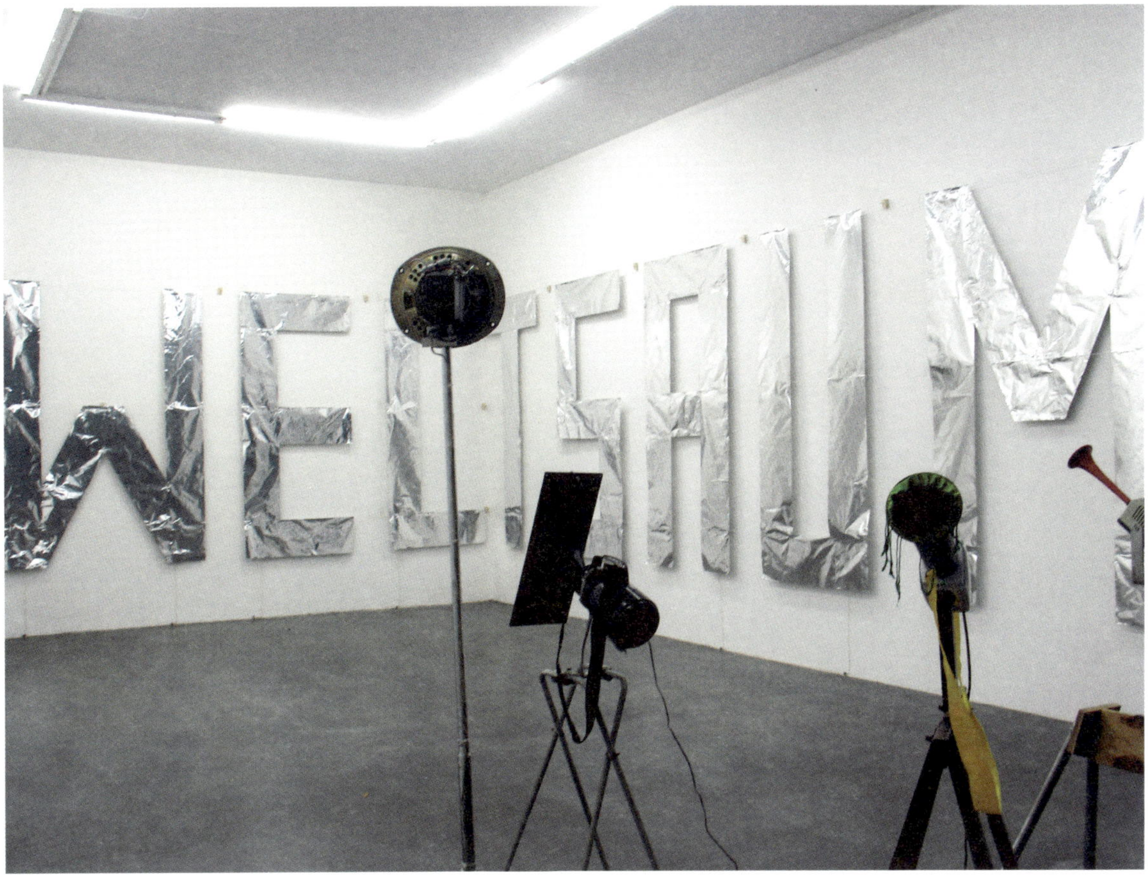

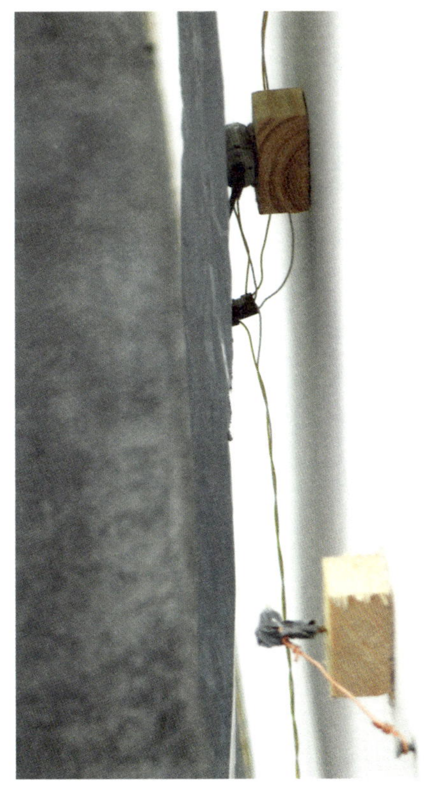

Umweltsau, 2005
700 x 20 x 300 cm
Galerie Reinhard Hauff, Stuttgart

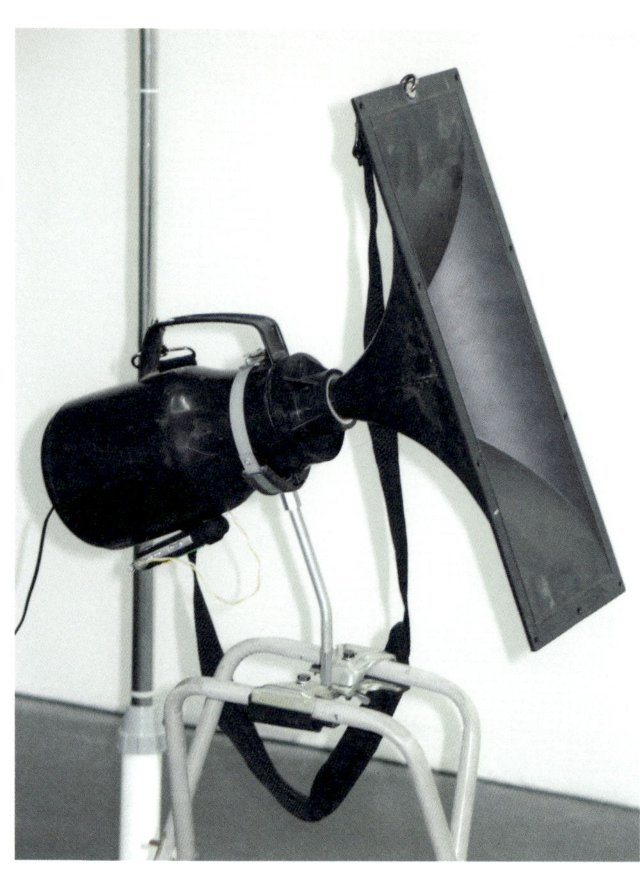

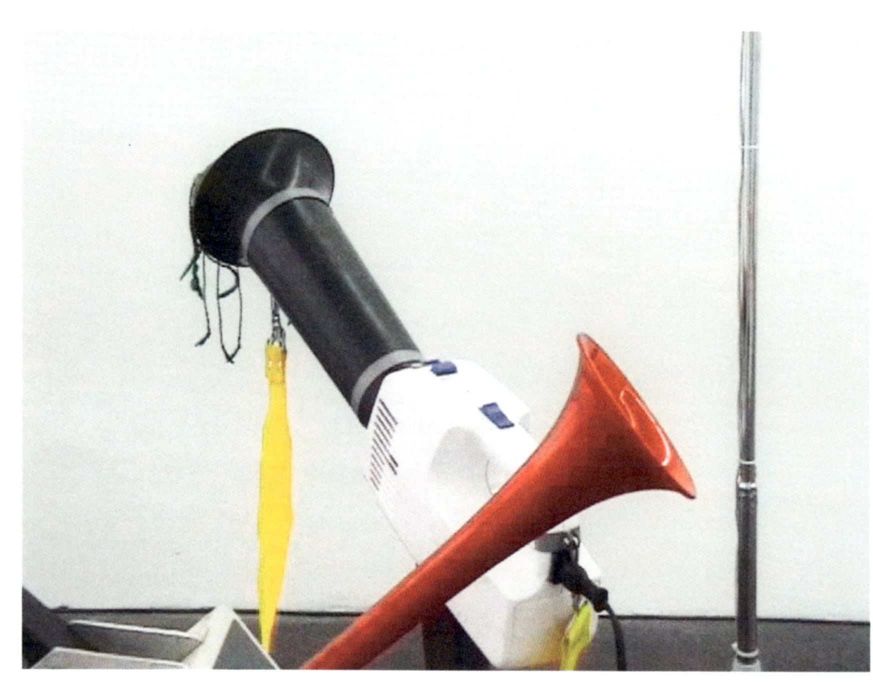

Blackbock, 2005
30 x 50 x 130 cm
Andreas Fischer / Courtesy
Galerie Vera Gliem, Köln

Montagsdemo, 2005
100 x 100 x 120 cm
Andreas Fischer / Courtesy
Galerie Vera Gliem, Köln

Turbine I, 2005
30 x 30 x 150 cm
Andreas Fischer / Courtesy
Galerie Vera Gliem, Köln

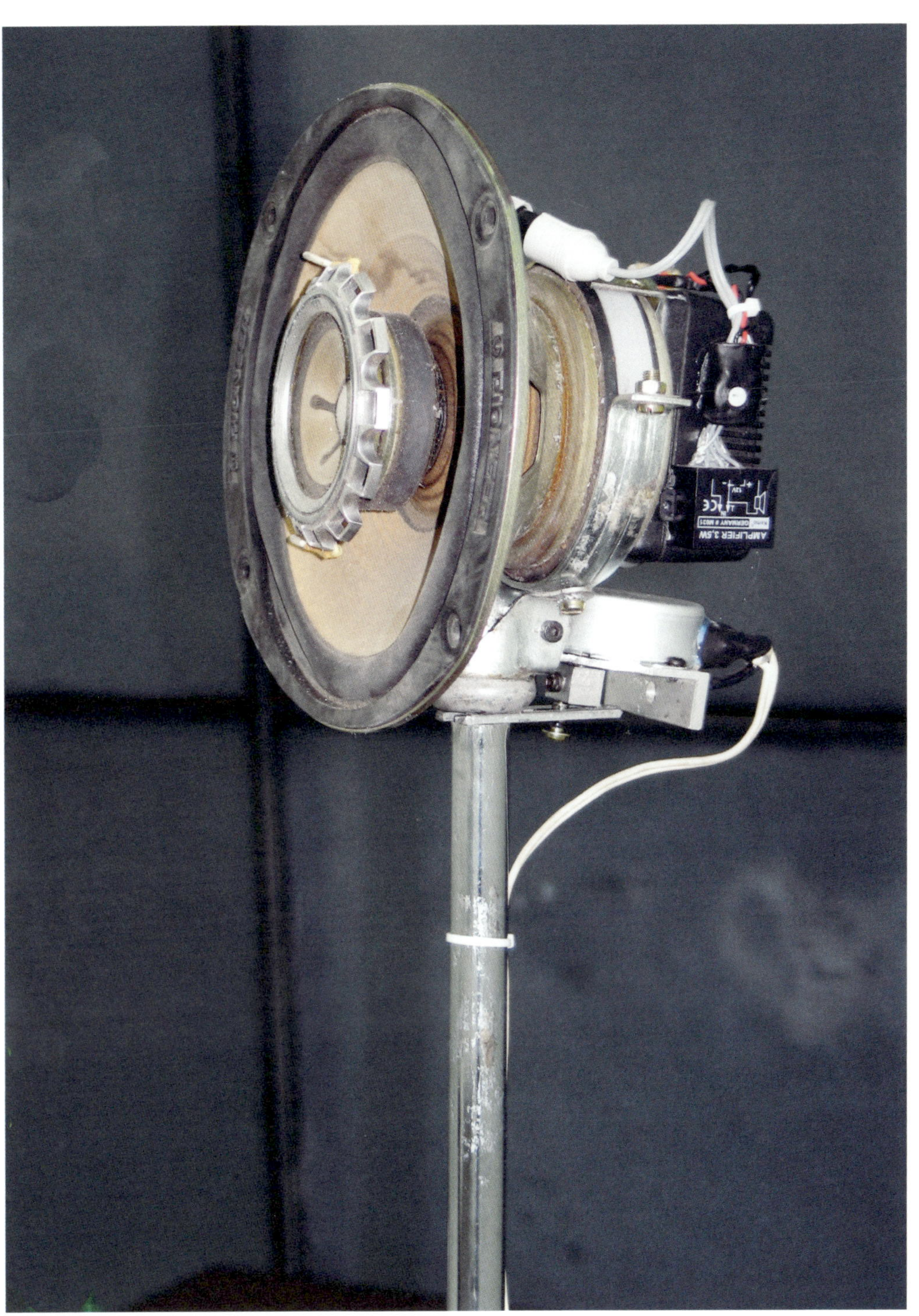

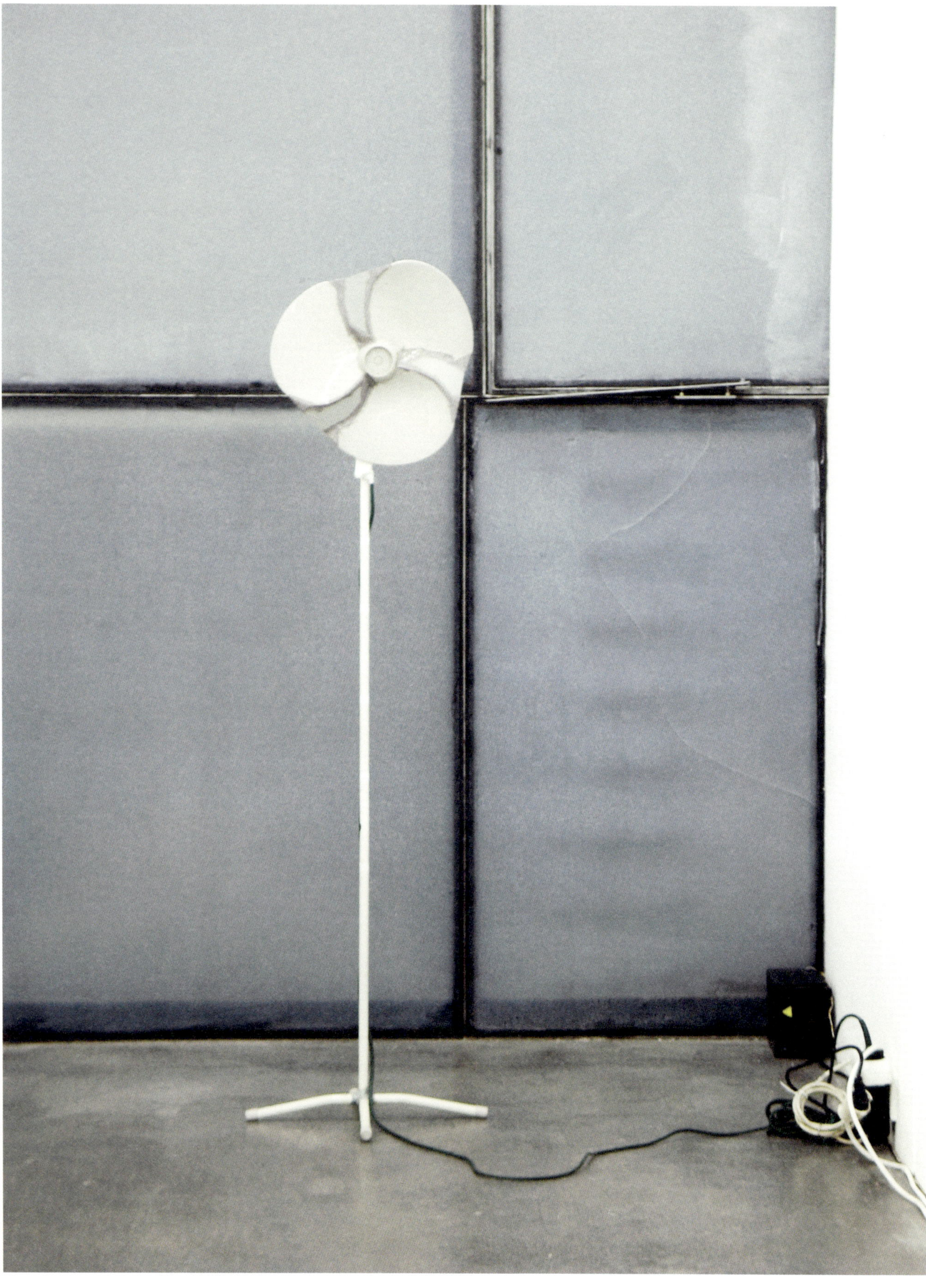

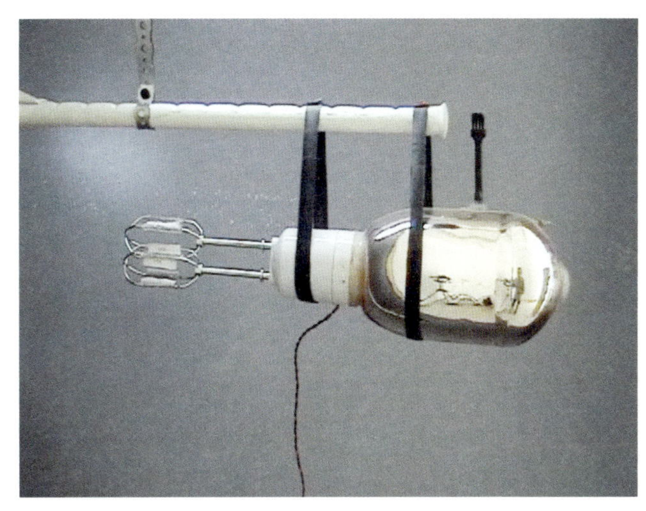

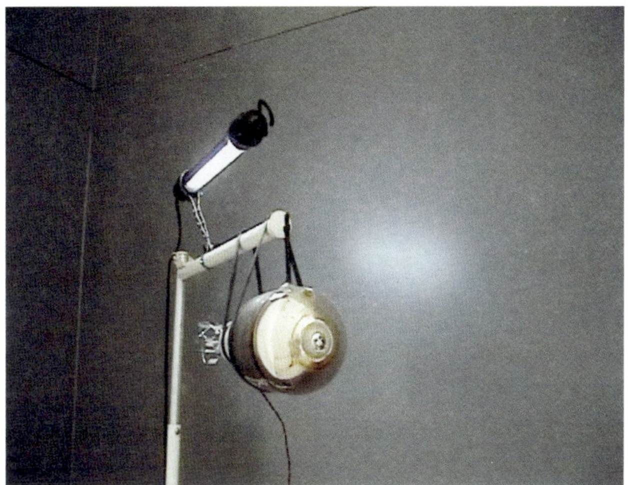

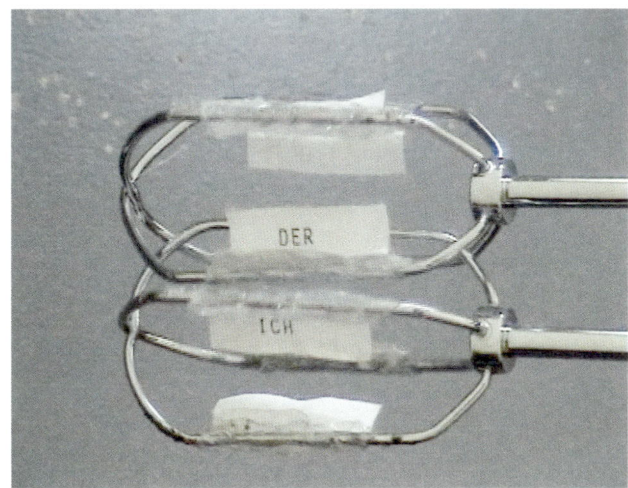

Turbine II, 2005
40 x 40 x 150 cm
Andreas Fischer / Courtesy
Galerie Vera Gliem, Köln

der Ich-Wicht wird
Wicht-Ich, 2007
40 x 100 x 200 cm
Andreas Fischer / Courtesy
Galerie Vera Gliem, Köln

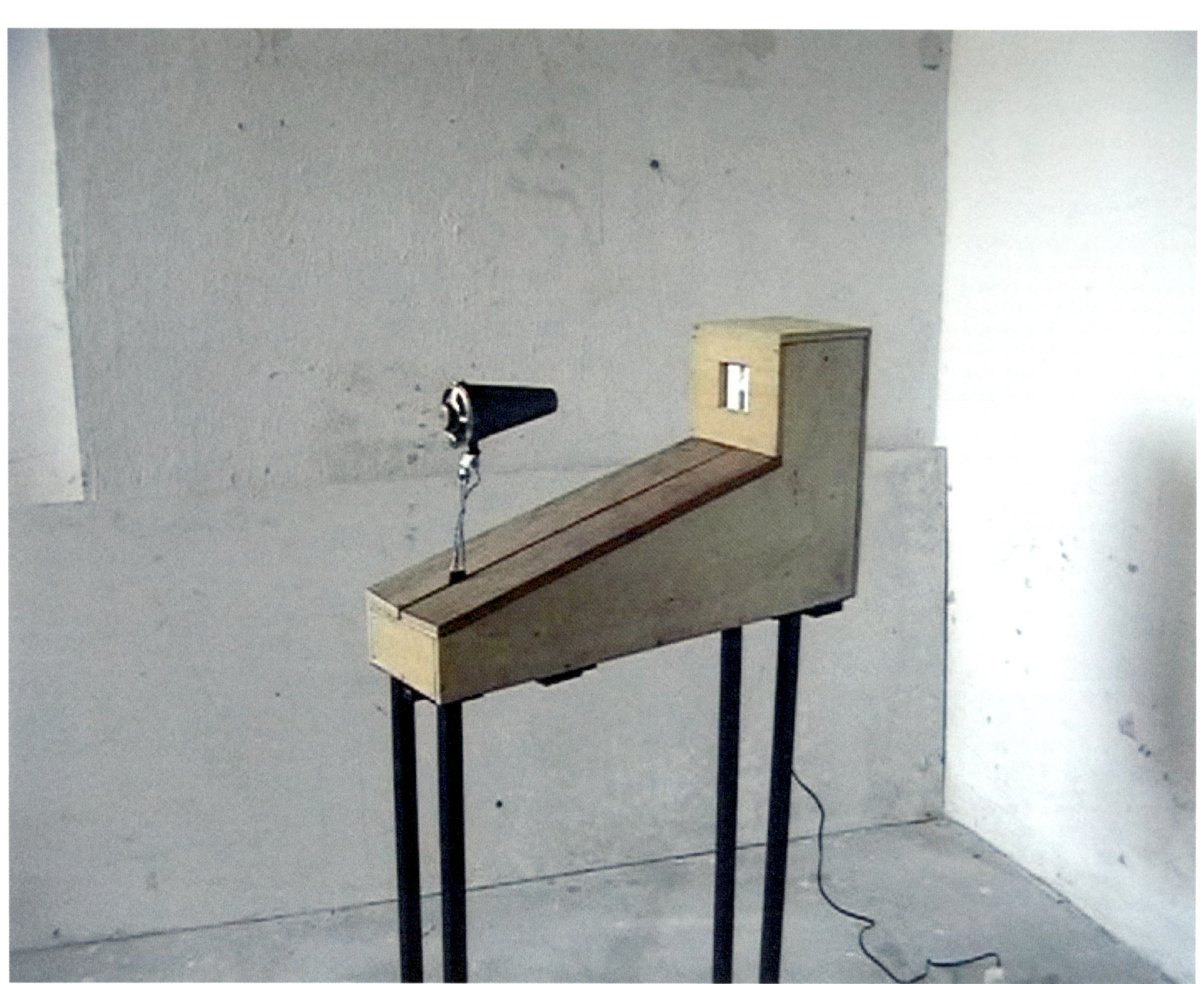

o. T. (scheiße), 2004
40 x 100 x 100 cm
Andreas Fischer / Courtesy
Galerie Vera Gliem, Köln

Null Operation, 2004
15 x 15 x 25 cm
Privatbesitz, Köln

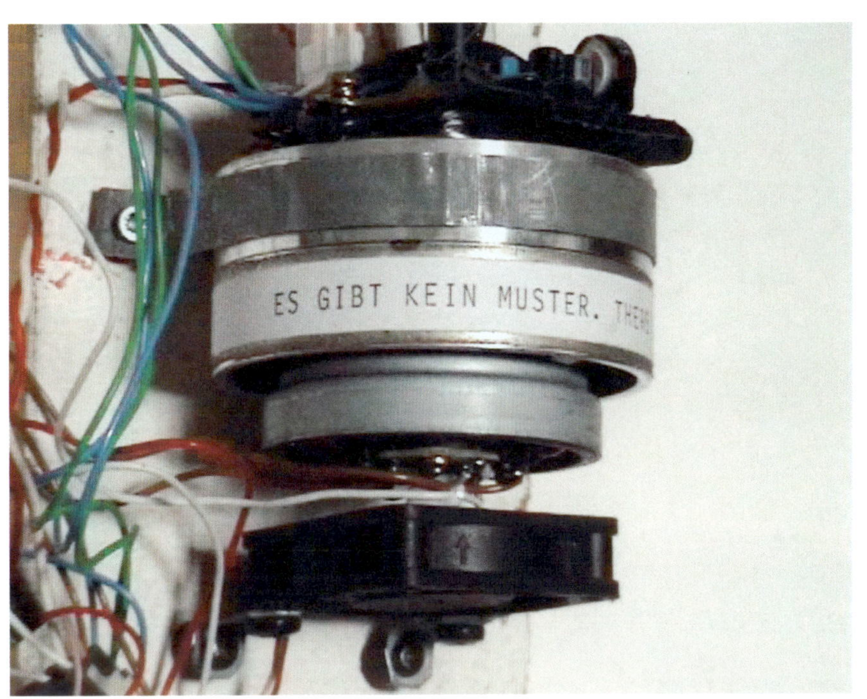

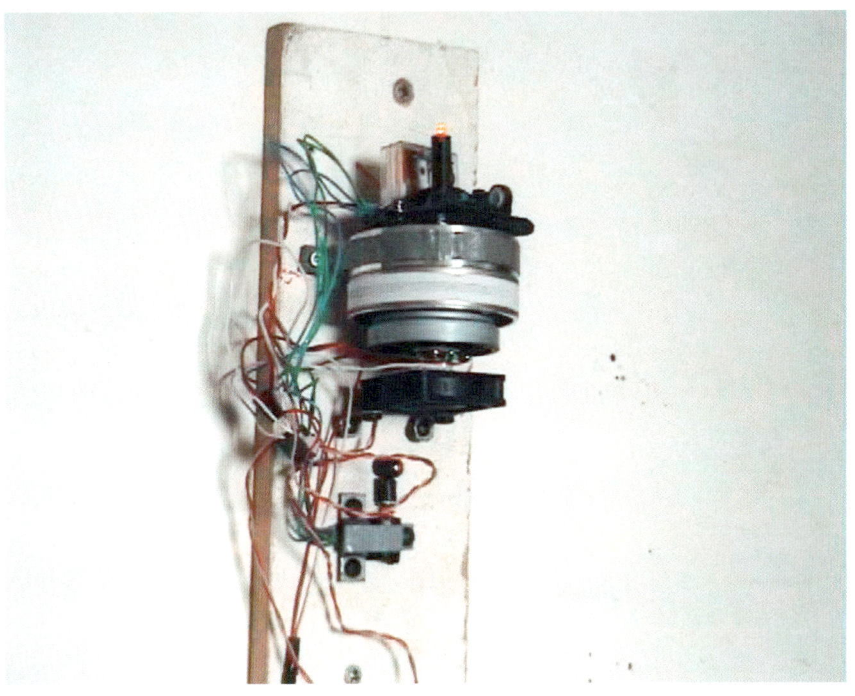

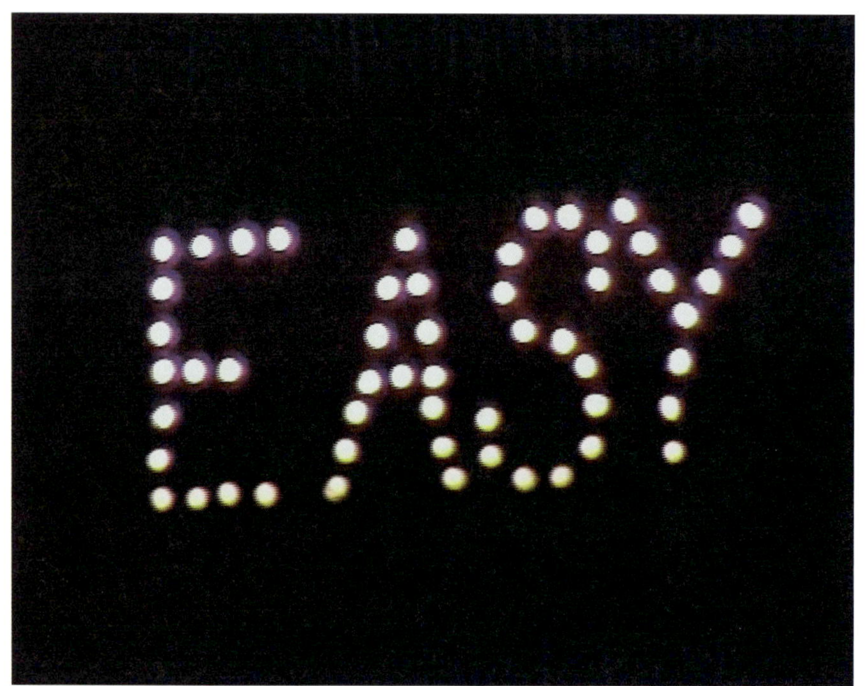

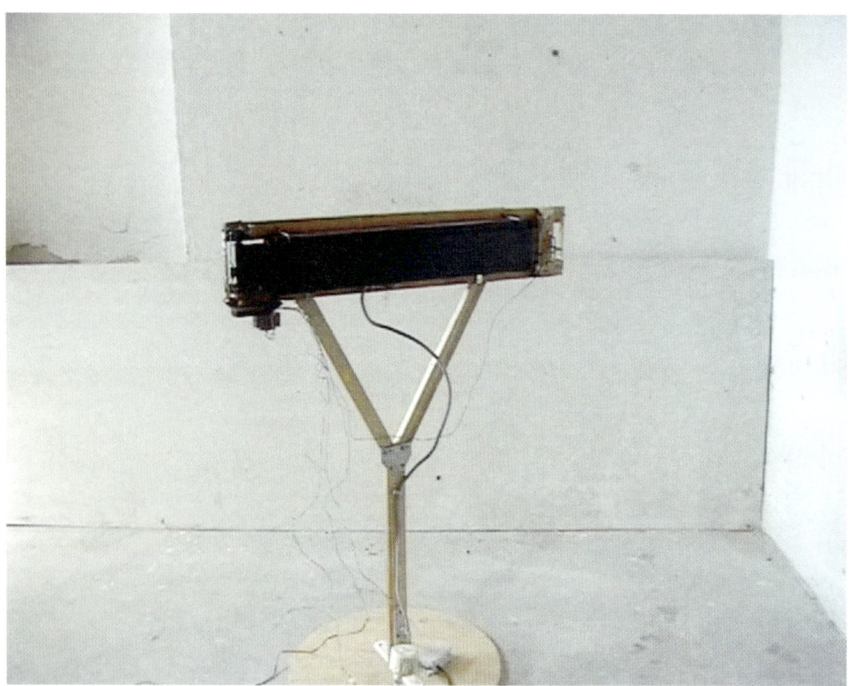

*Jesus, how can
shit be so easy*, 2004
20 x 80 x 100 cm
**Andreas Fischer / Courtesy
Galerie Vera Gliem, Köln**

Horno, 2004
50 x 50 x 200 cm
**Andreas Fischer / Courtesy
Galerie Vera Gliem, Köln**

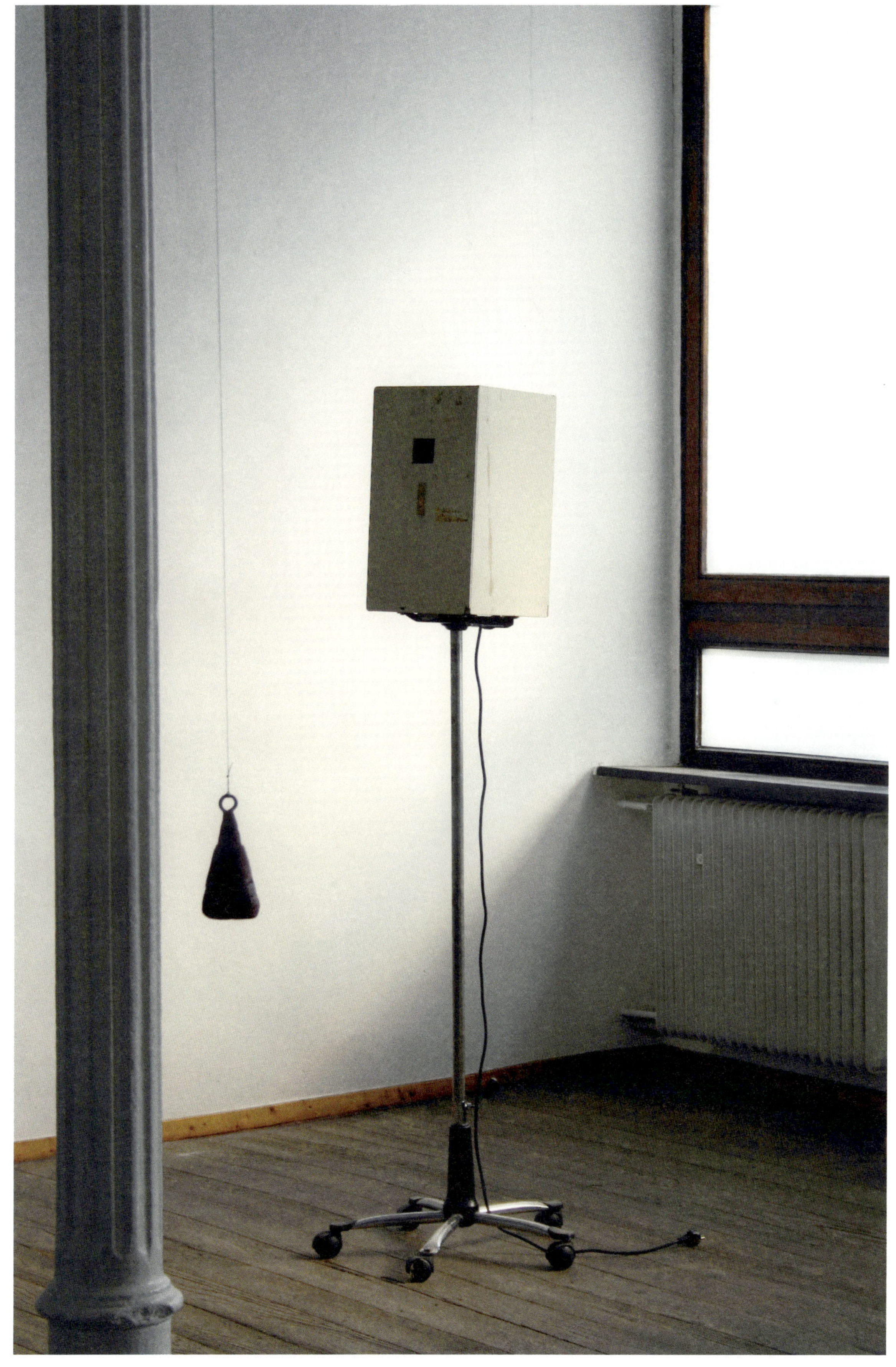

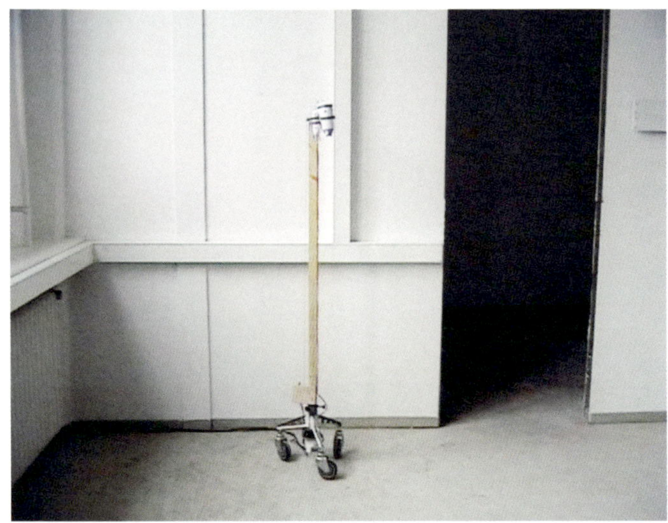

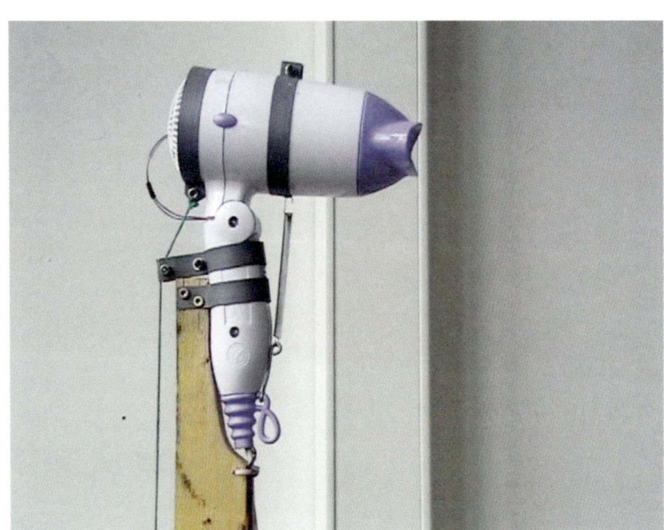

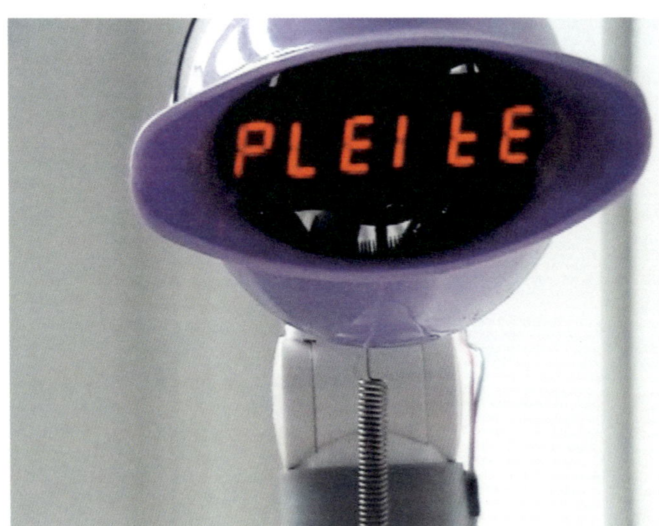

Föhn, 2004
40 x 40 x 150 cm
Andreas Fischer

Eierschaukel, 2004
17 x 10 x 25 cm
Andreas Fischer / Courtesy
Galerie Vera Gliem, Köln

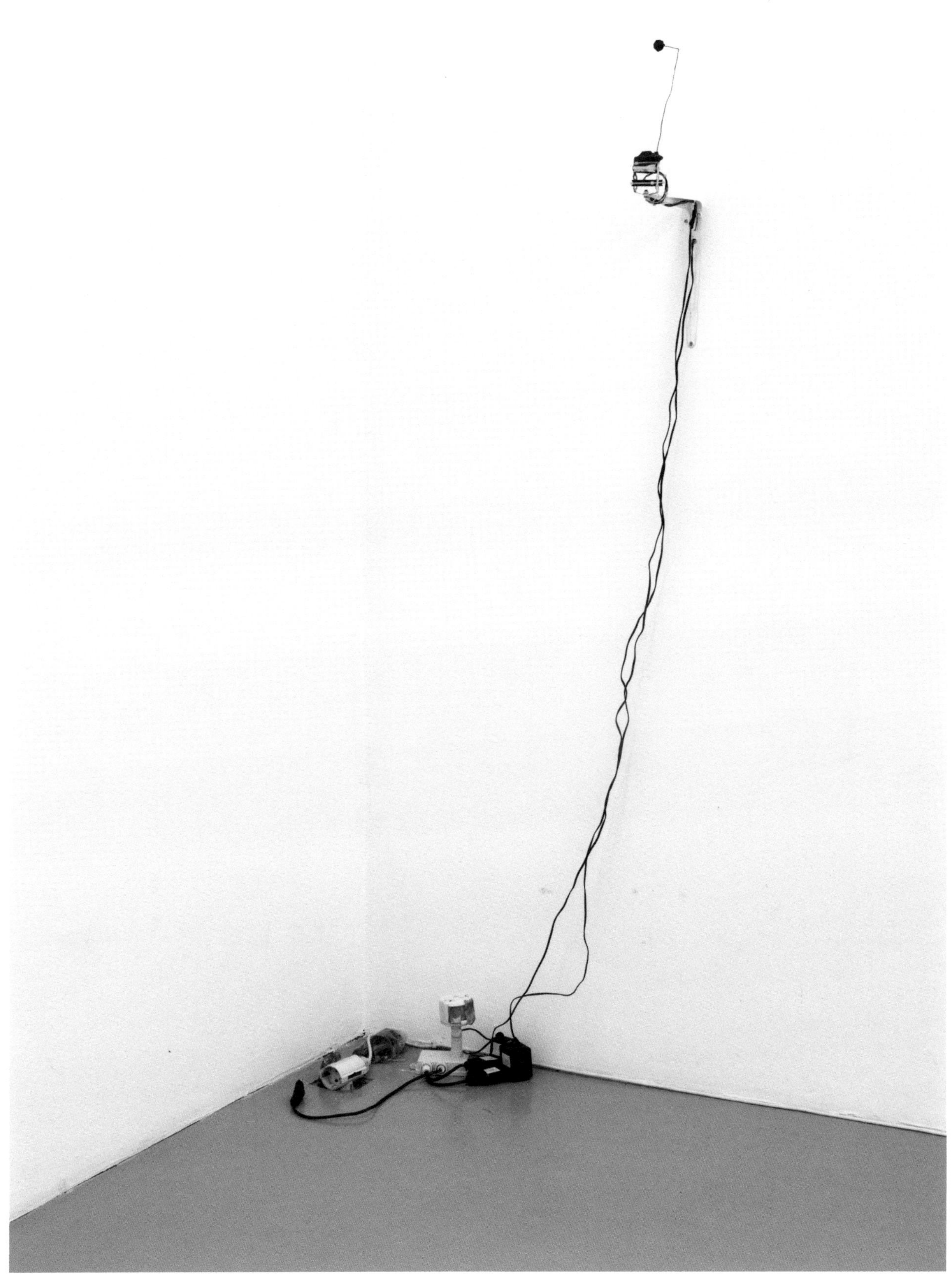

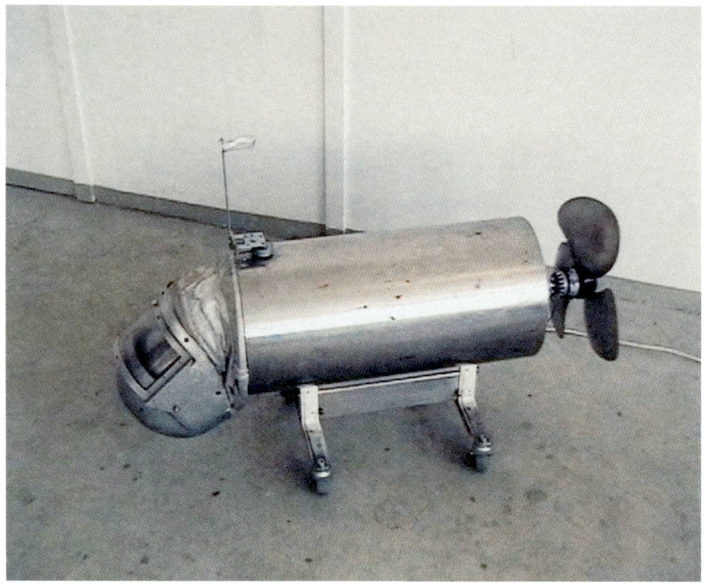

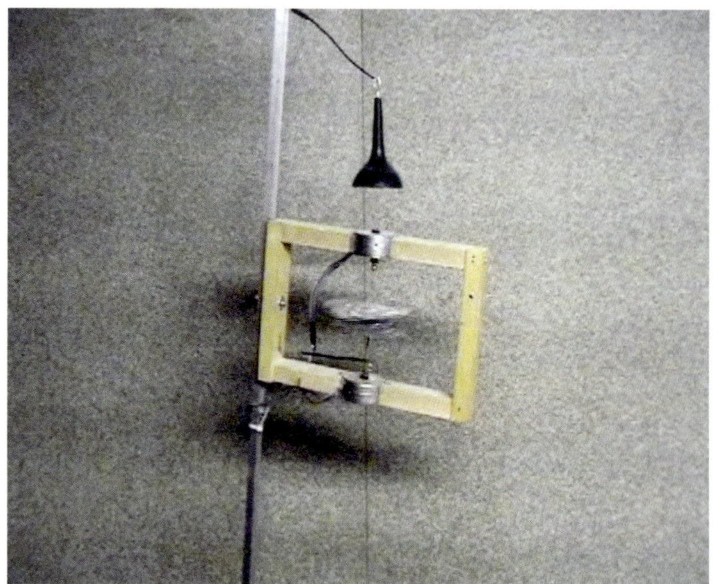

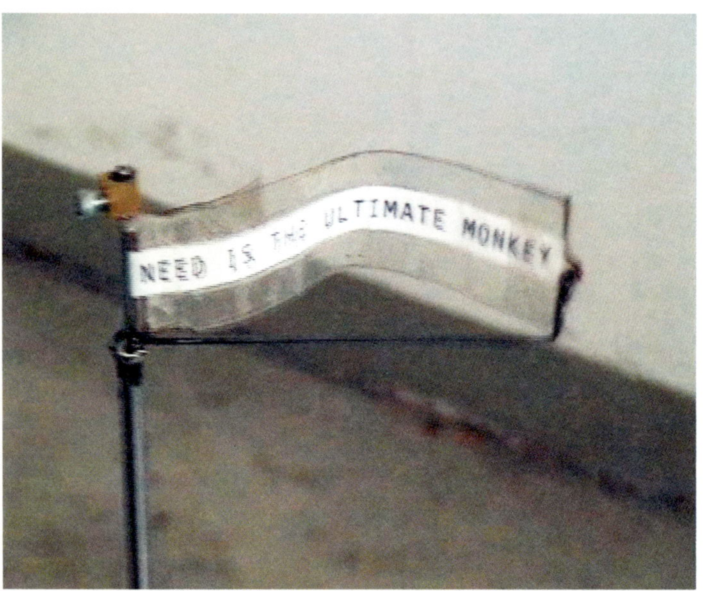

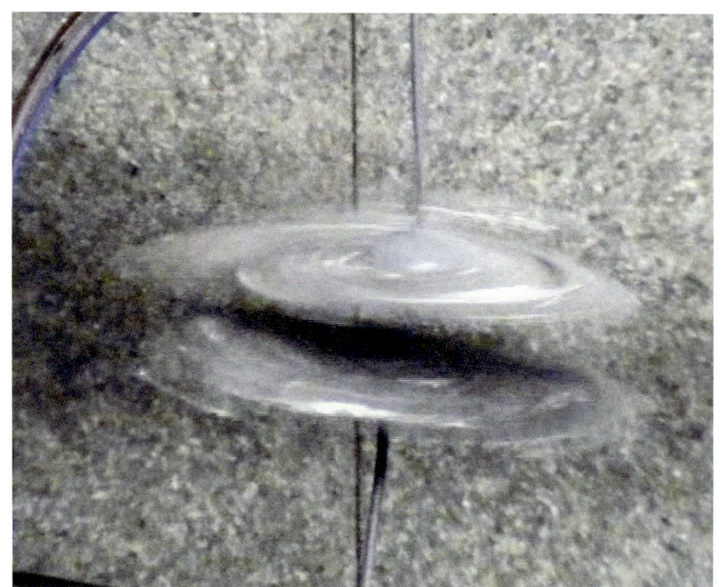

A.F.F., 2004
80 x 120 x 80 cm
Andreas Fischer / Courtesy
Galerie Vera Gliem, Köln

Affensonne, 2003–2011
38 x 5 x 215 cm
Andreas Fischer / Courtesy
Galerie Vera Gliem, Köln

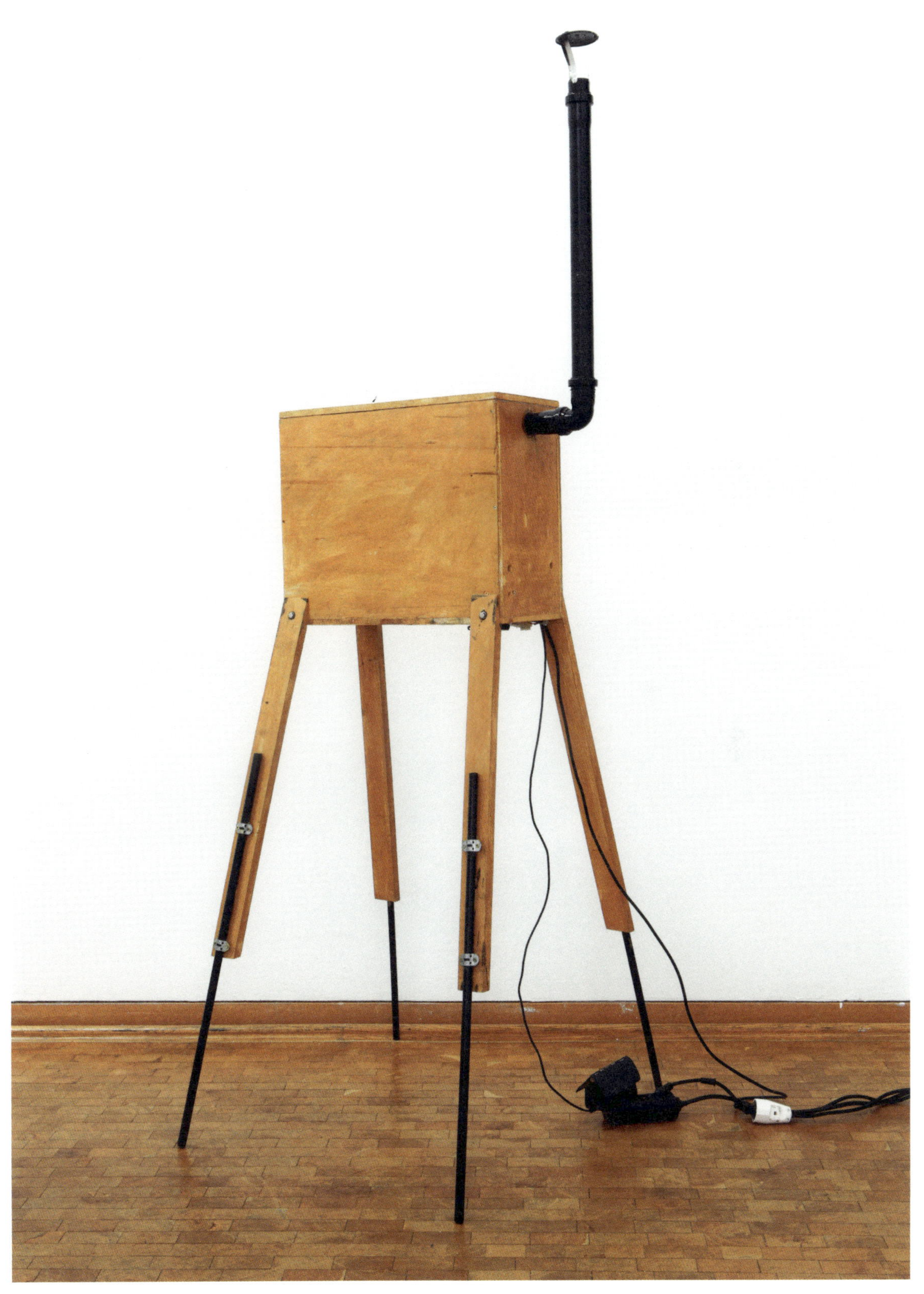

Zickenhuis, 2003
80 x 100 x 210 cm
Andreas Fischer / Courtesy
Galerie Vera Gliem, Köln

T-Cowboy, 2003
50 x 220 x 130 cm
Privatsammlung, Berlin

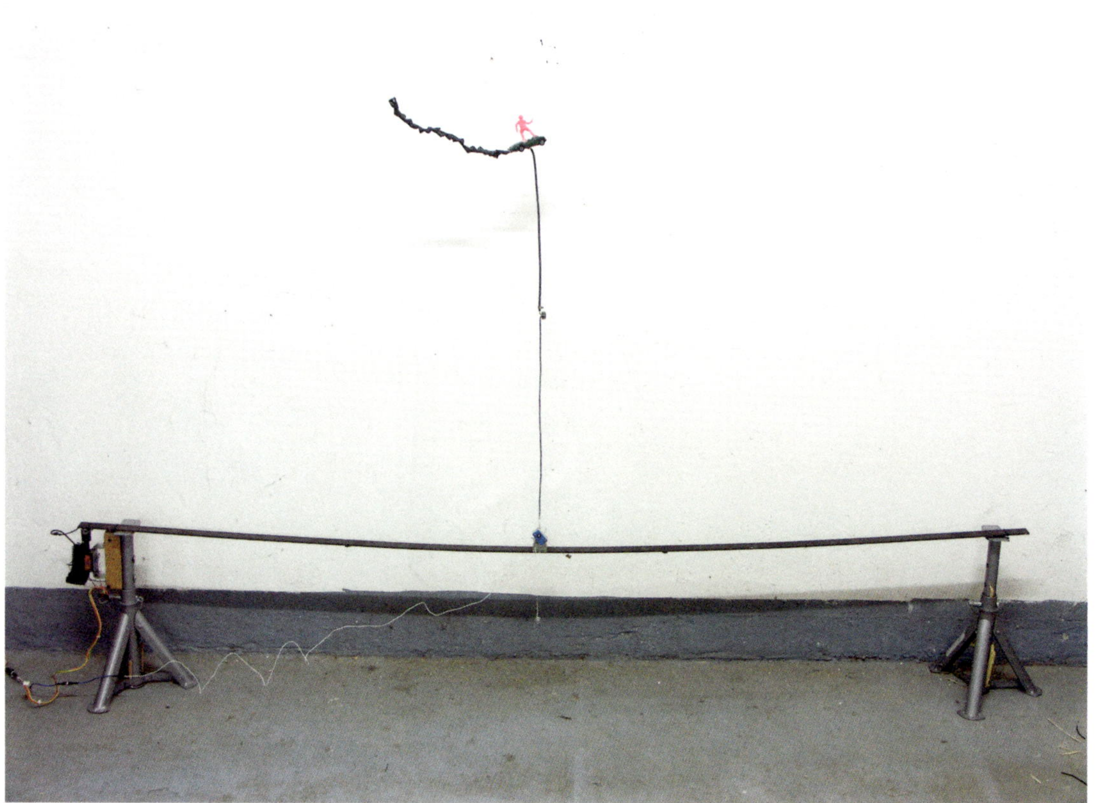

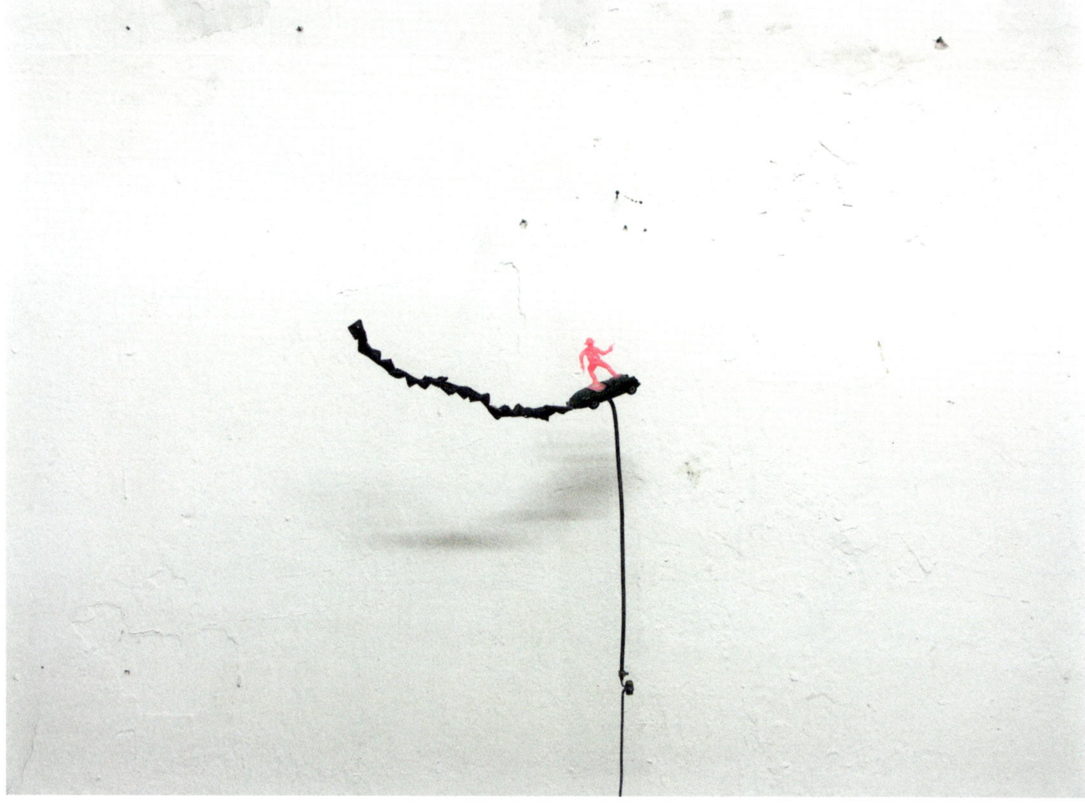

Il camping della Patria, 2003
100 x 40 x 290 cm
Andreas Fischer / Courtesy
Galerie Vera Gliem, Köln

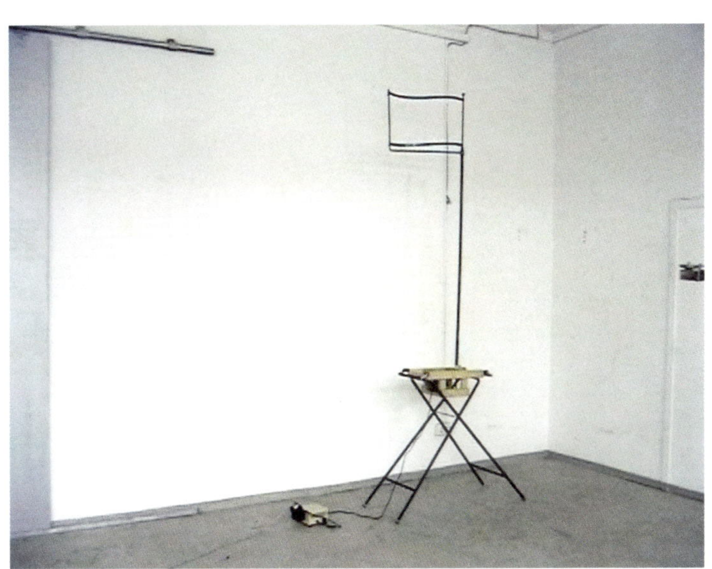

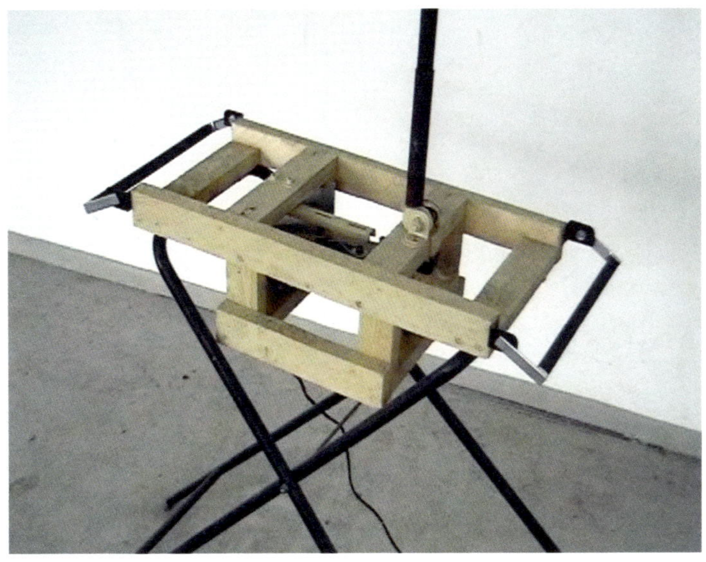

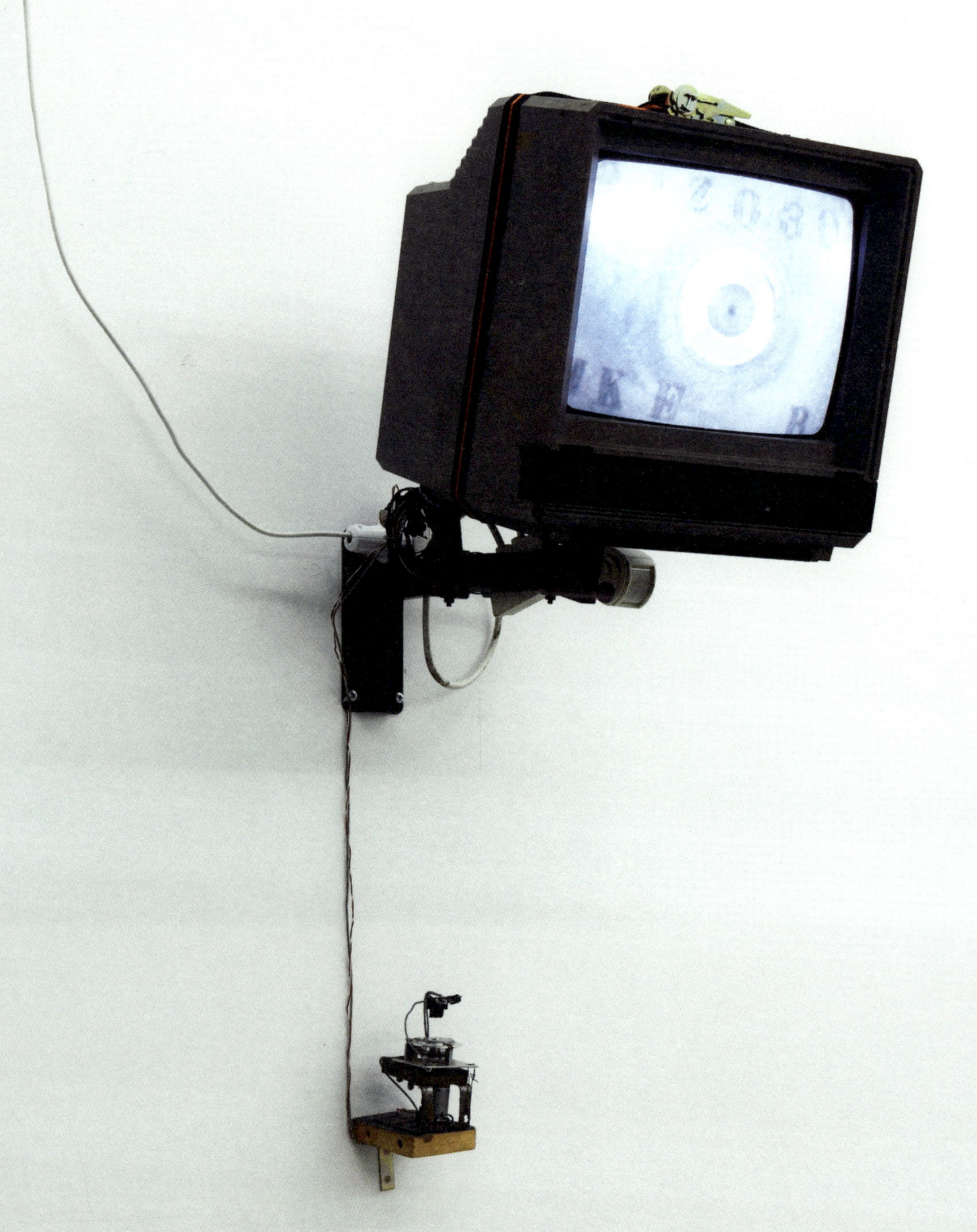

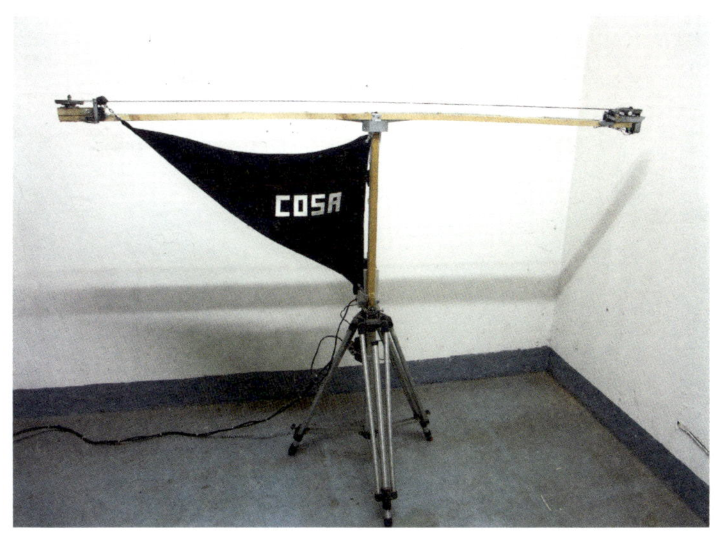

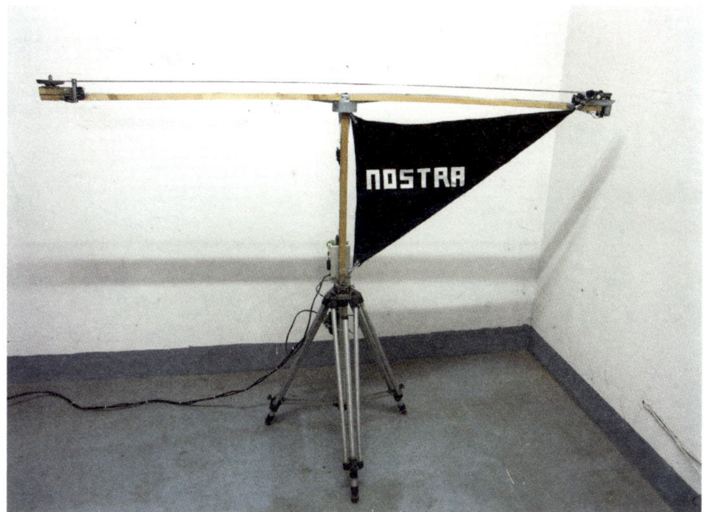

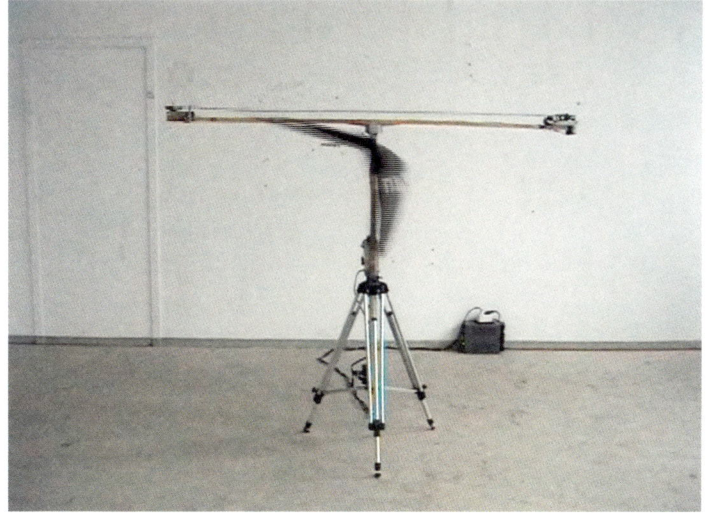

Mouli, 2003
50 x 50 x 100 cm
Andreas Fischer / Courtesy
Galerie Vera Gliem, Köln

Cosa Nostra, 2003
50 x 220 x 120 cm
Andreas Fischer / Courtesy
Galerie Vera Gliem, Köln

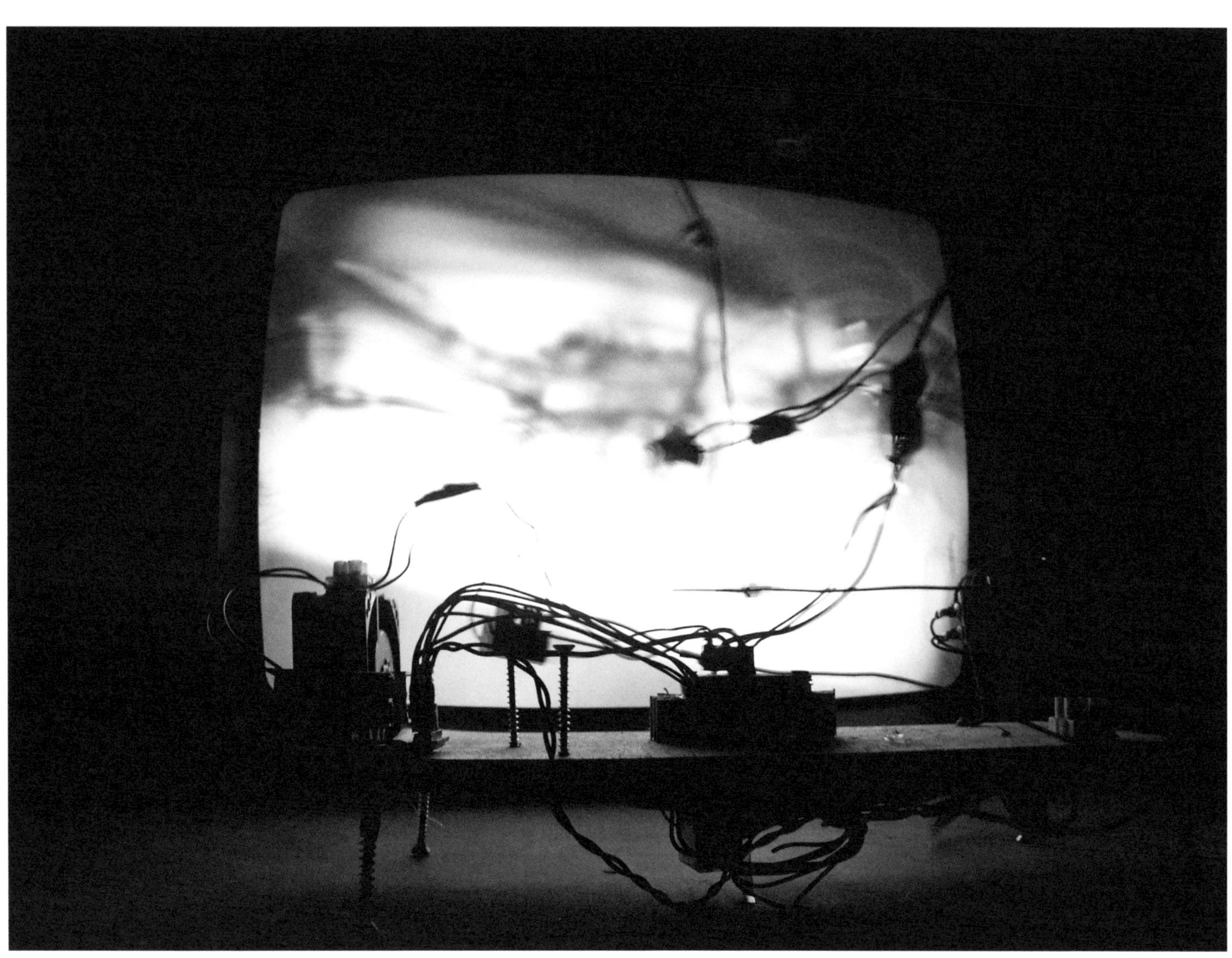

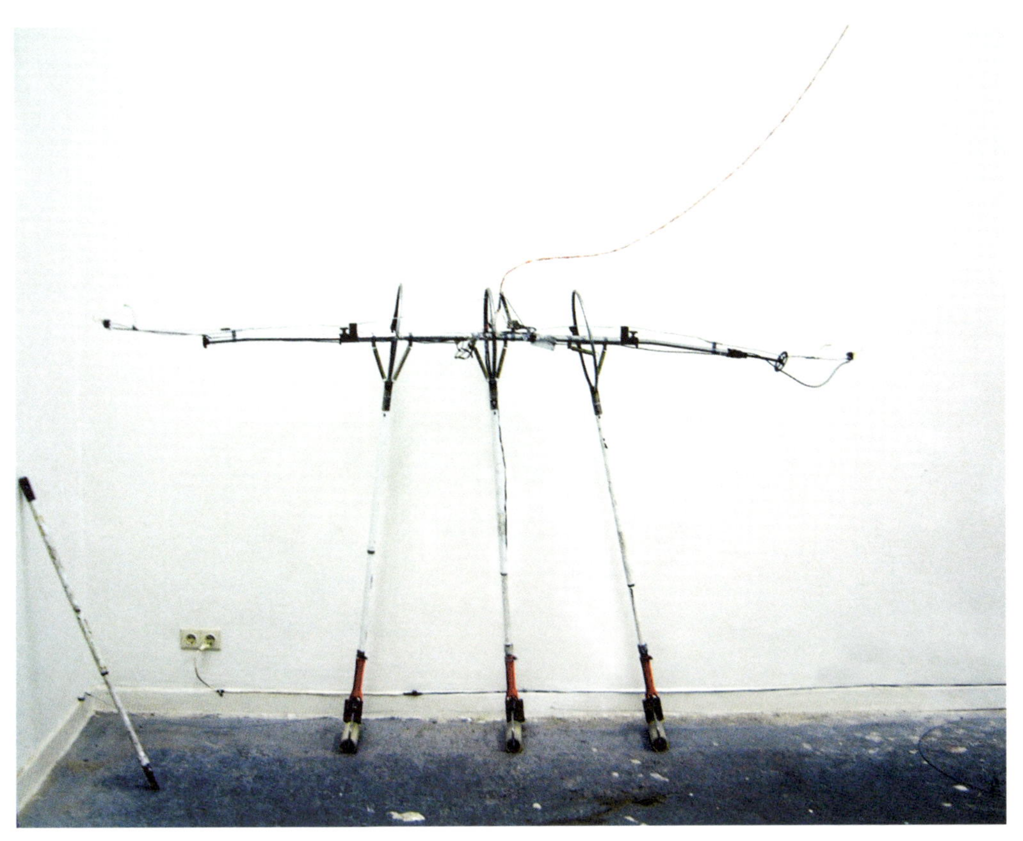

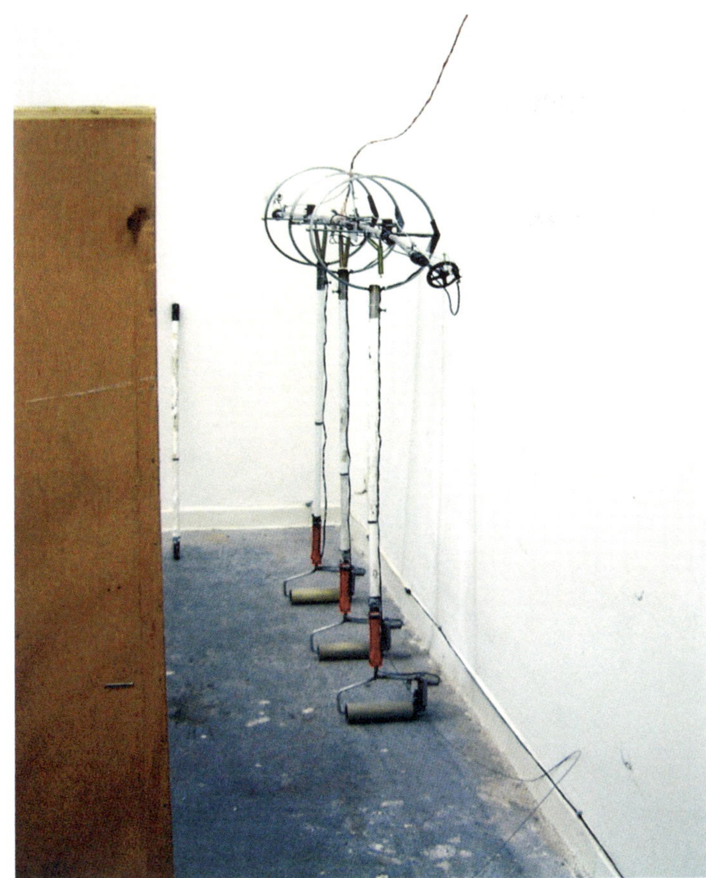

Easyboy, 2002
50 x 50 x 40 cm
Andreas Fischer / Courtesy
Galerie Vera Gliem, Köln

RPZ II, 2001
50 x 150 x 250 cm
Andreas Fischer / Courtesy
Galerie Vera Gliem, Köln

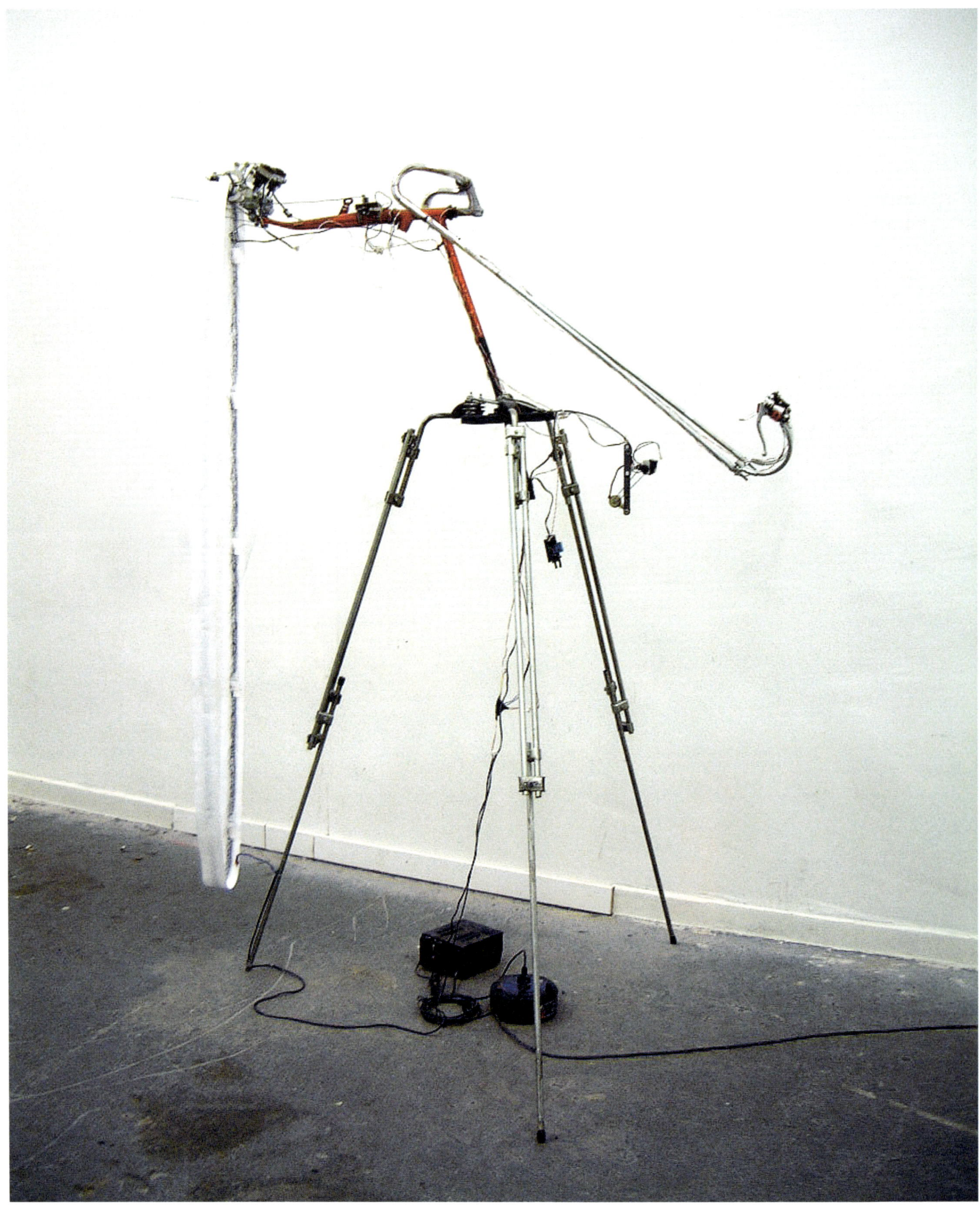

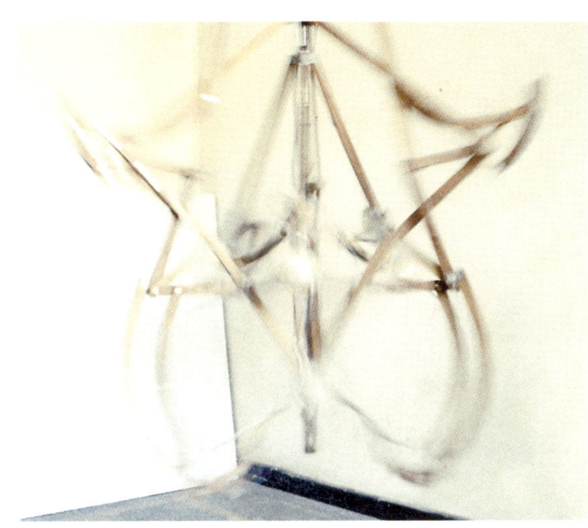

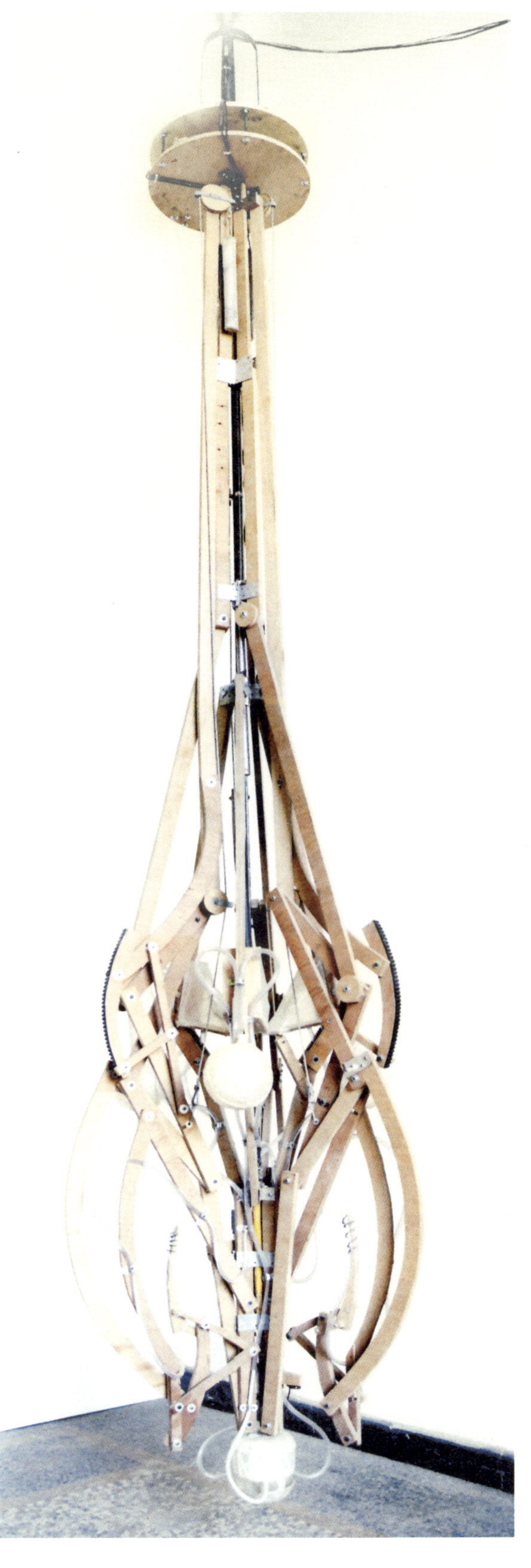

RPZ I, 2001
70 x 180 x 290 cm
Andreas Fischer / Courtesy
Galerie Vera Gliem, Köln

WRT III, 2000
150 x 150 x 480 cm
Andreas Fischer / Courtesy
Galerie Vera Gliem, Köln

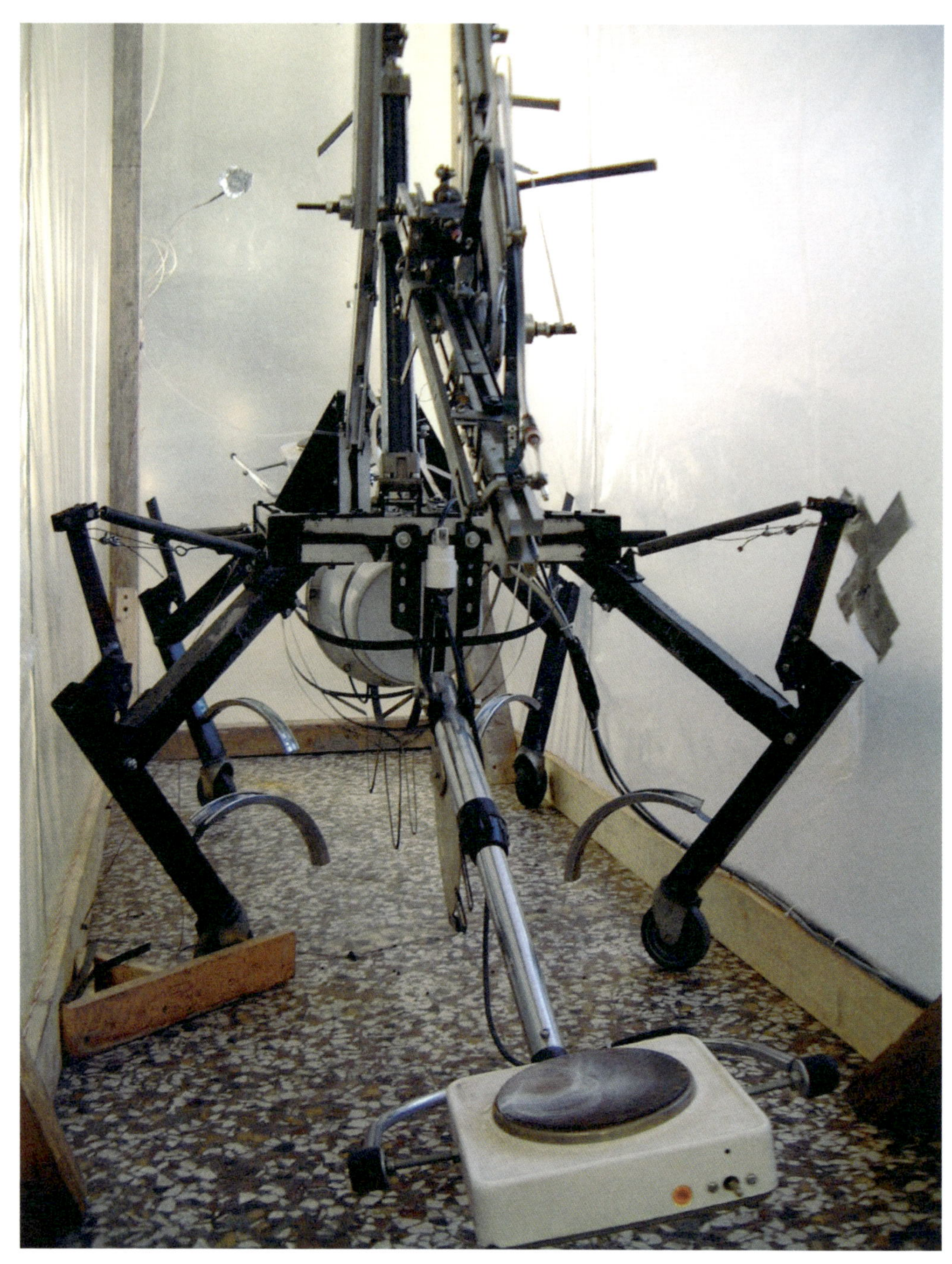

Bohrinsel Rosemarie, 2000
130 x 300 x 360 cm
Andreas Fischer / Courtesy
Galerie Vera Gliem, Köln

Russendisko, 2000
220 x 600 x 220 cm
Andreas Fischer / Courtesy
Galerie Vera Gliem, Köln

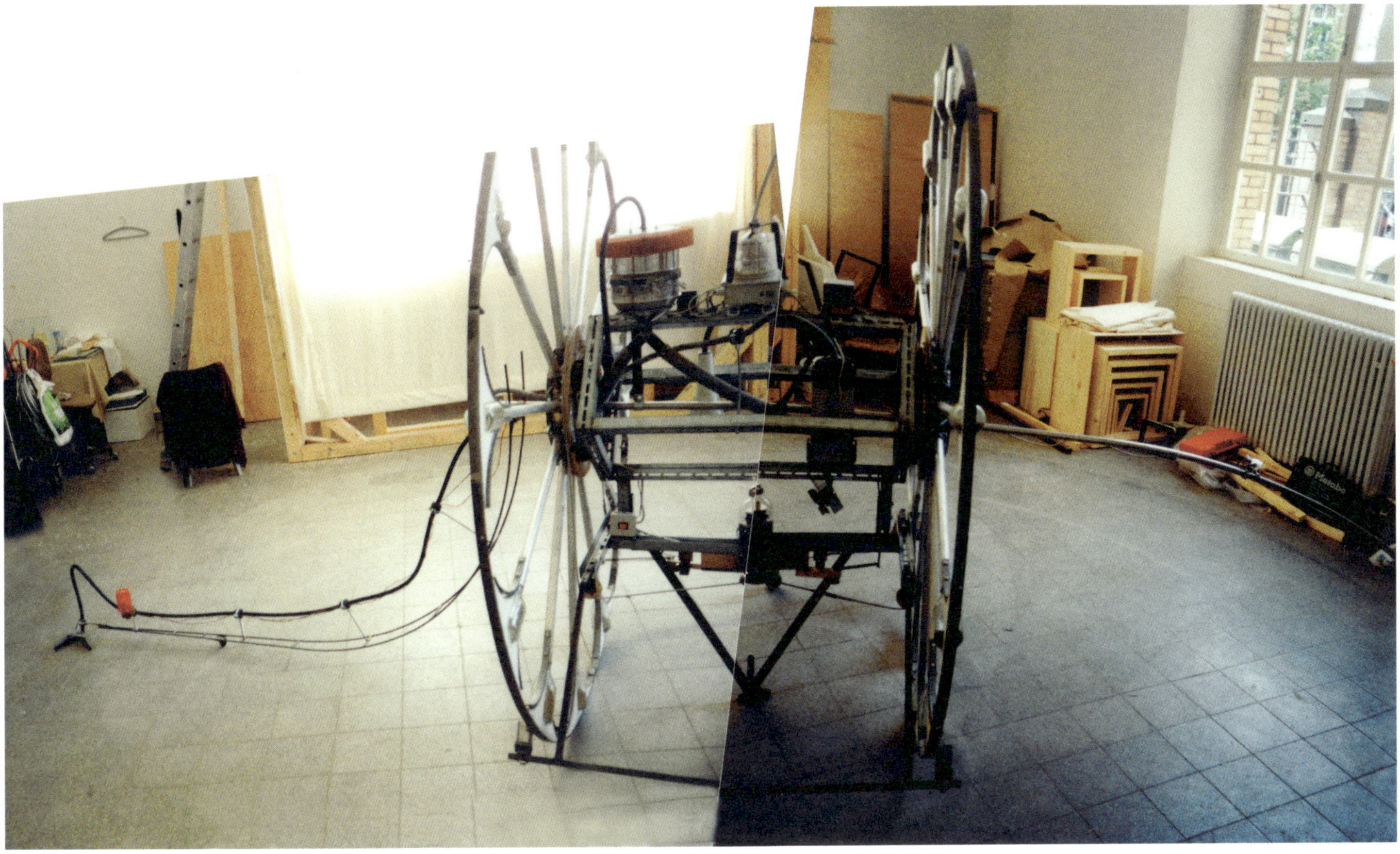

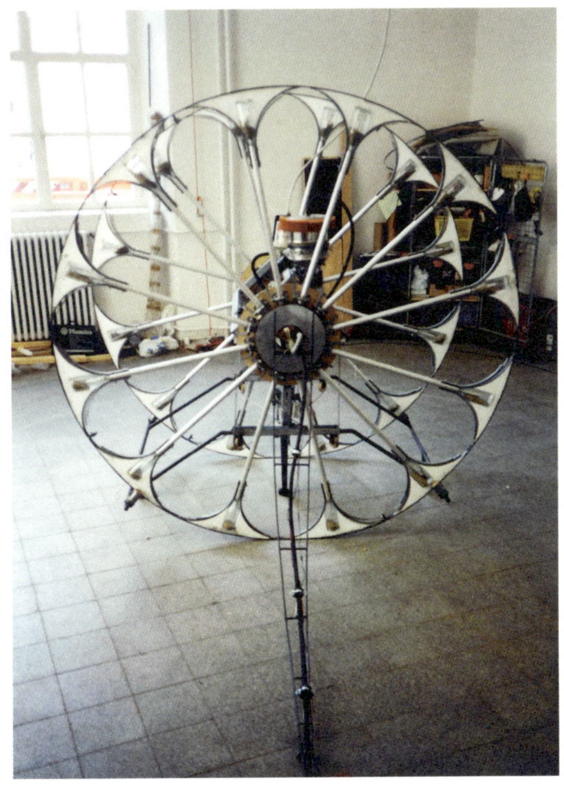

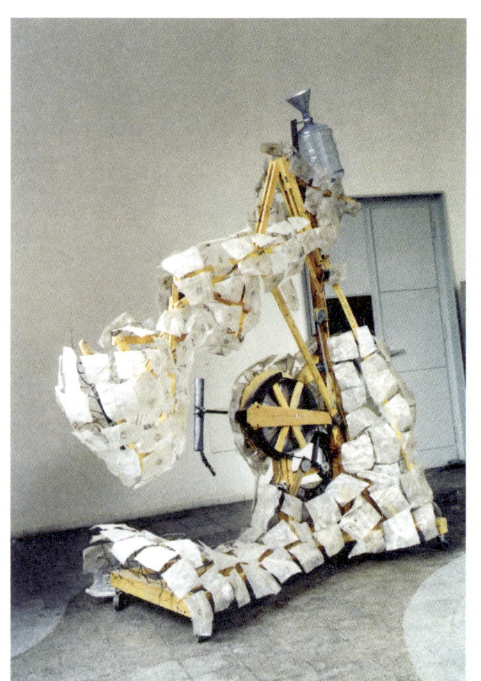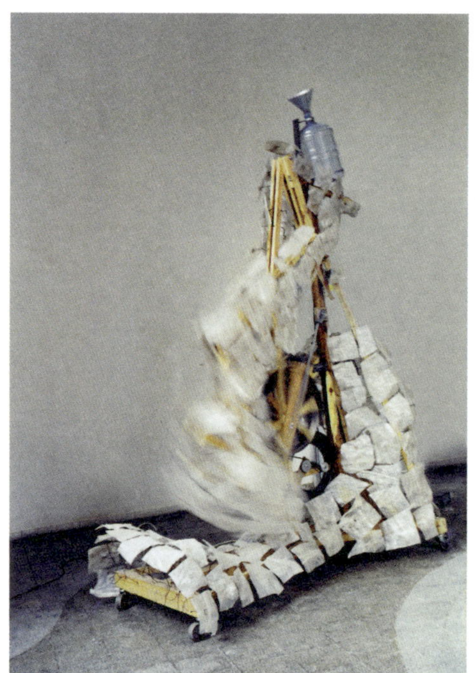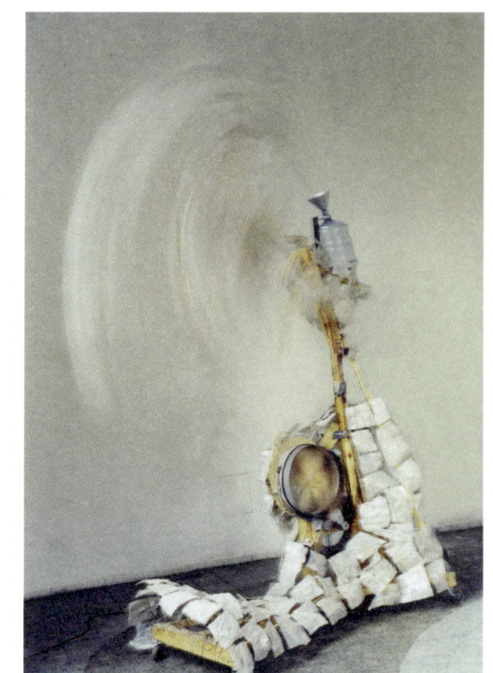

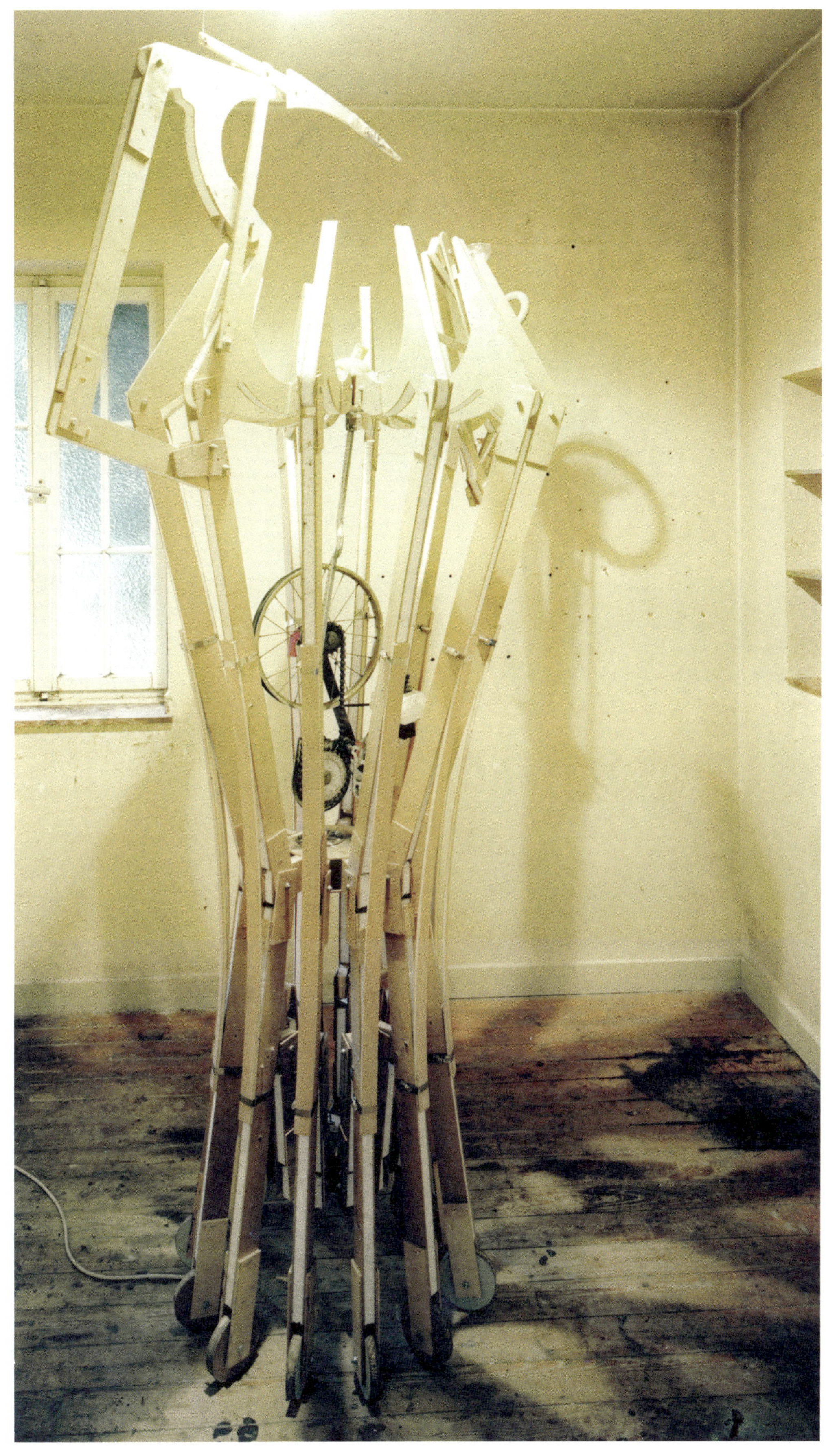

WRT II, 1999
150 x 330 x 420 cm
Andreas Fischer / Courtesy
Galerie Vera Gliem, Köln

WRT I, 1999
100 x 100 x 280 cm
Andreas Fischer / Courtesy
Galerie Vera Gliem, Köln

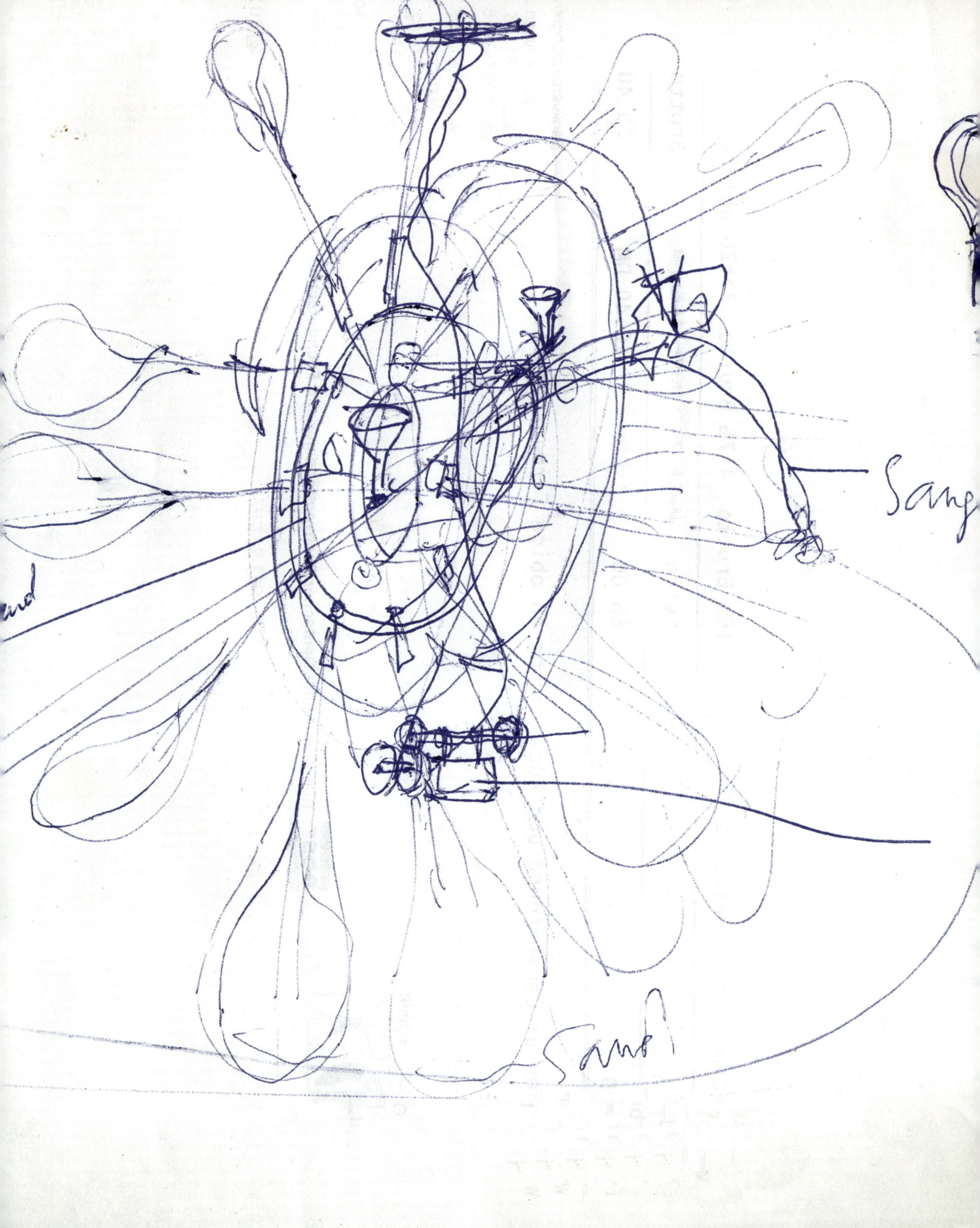
Sang
Sang

OFEN AUS?

Andreas Fischer im Gespräch mit Paola Malavassi
anlässlich der Ausstellung *OFEN AUS* im Bonner
Kunstverein, 2009

Paola Malavassi: Bei dreidimensionalen Kunstwerken
stellt sich sofort die Frage nach dem Material. Das deiner
Werke ist gebräuchlich und auch tatsächlich gebraucht.
Wie bist du zu dem Material gekommen? Was macht die
Pleite (S. 114) aus?

Andreas Fischer: Man ist ja erst mal pleite! Aber man
benutzt so einen Müll ja nicht unbedingt aus Geldsorgen,
sondern einfach, weil man seine Zeit mit Wichtigerem
verbringen will als mit Geldverdienen, und irgendwann
entwickelt man dann ein Faible für besonders hässliche
Sachen, weil sie sich als sperrig herausstellen, wie das
ekelhafte Teil da vorn, der Föhn, dieser Reiseföhn – allein
schon das Wort –, oder auch der Christbaumständer oder
das Holzstück. Das ist einfach das Material, das man da
liegen hat, das sich anbietet. Es ist einfach da. Es ist sehr
armseliges Material – wobei man den Schrott in Deutsch-
land nicht unterschätzen darf: Das ist meist „Hightech",
das weggeworfen wird, und das zu 80 Prozent noch läuft.
Die Dinge nimmt man halt und fängt damit an zu arbeiten.
Das ist natürlich ein ganz anderes Arbeiten, als wenn
man den Reiseföhn im Laden kauft, auch wenn der neu
nur 15 Euro kostet. Man gerät halt eher an Geräte.

Malavassi: Aber wie „gerät" man denn daran?

Fischer: Man läuft dem so über den Weg; man läuft ja so
einigem über den Weg in seinem Leben. Man muss nur
mal den Sperrmüll abschreiten oder auf den Schrottplatz
gehen oder sonst wohin – bei den Verwandten auf den
Speicher zum Beispiel. Da läuft einem so einiges über
den Weg. Nun gibt es da so Sachen, die springen einen
an, und mich springen offensichtlich immer die besonders abscheulichen Gegenstände an. Letztlich ist das
wie bei streunenden Hunden: Die rennen in der Gegend
herum, glotzen einen an und pissen in die Ecke. Aber
wenn sich erst einmal einer am Hosenbein festbeißt,
dann soll man sich den Hund merken und ihn mit nach
Hause nehmen und gut behandeln, und vielleicht freun-
det er sich mit den ganzen anderen Hunden an, die man
schon im Haus hat. So ist es am Ende nicht nur Material,
sondern immer auch eine Geschichte – eine Geschichte,
die mit etwas verwoben ist und die man, wenn man Glück
hat, mit anderen Dingen verweben kann.

Malavassi: Tatsächlich hat dein Atelier etwas von einem
Schrottplatz und zugleich von einem Versuchslabor, in

LIGHTS OUT?

Andreas Fischer in conversation with Paola Malavassi
On the occasion of the exhibition *OFEN AUS* at the
Bonner Kunstverein, 2009

Paola Malavassi: In the case of three-dimensional artworks one immediately asks what material they are made
from. You opt for a material customarily used, in fact one
that has already been used. How did you come to choose
it? What is the key to *Pleite* (Bust, p. 114)?

Andreas Fischer: Well first of all, you don't have any
money! But you don't necessarily use such rubbish necessarily out of pecuniary need, but simply because you
want to spend time doing things that are more important
than earning money and at some point you develop a feel
for especially ugly things, because they prove to be so
unwieldy, such as the ghastly bit over the, the hairdryer, a
travel hairdryer – the word itself is bad enough – or take
the Christmas-tree stand or the piece of wood. It's simply
the material that was lying around, which was available
for use. It was simply there. It is pretty miserable material – although you shouldn't underestimate the scrap in
Germany. Most of what gets thrown away is pretty "hightech," and about 80 per cent of it still works. Well, you
simply take the things and start working with them. That
is of course a completely different way of working than if
you buy the travel hairdryer in a shop, even if it only costs
15 euros new. You tend more to apply appliances.

Malavassi: So how do you go about "applying" them?

Fischer: You simply come across it, in fact you simply
come across quite a lot in life. All you need do is walk
past the bulky stuff people have put out on the sidewalk
for collection, or across a scrapyard, or wherever –
maybe your relatives' attic will fit the bill. And you come
across a real lot. Now there will things that really grab
you, and evidently I tend to get grabbed by especially
horrible things. At the end of the day it's a bit like stray
dogs: They run around the place, stare at you, and then lift
a leg at some corner or other. But if one of them gets its
teeth into your trouser leg, then you should take notice of
it, take the cur home with you and treat it well, and maybe
one day it will make friends with the completely different
set of dogs you already have back home. Meaning that
what you have is not just material, but also always a story
besides – a story that is linked to something else and one
that, if you're lucky, you can link to other things, too.

Malavassi: In fact your studio has something of a scrapyard about it and of an experimental lab where you try

dem ausprobiert wird, was mit und unter den angesammelten Gegenständen geschieht.

Fischer: Man braucht natürlich einen Fundus. Aber das Labor darf man sich nicht so vorstellen, dass dort eine Idee so lange durchgetestet wird, bis sie dann läuft, sondern ein Labor ist es nur insoweit, als man auf unvorhergesehene Sachen reagieren muss, die mit diesen missbrauchten Dingen auf einmal geschehen und bei denen man dann entscheiden muss, ob man sie zulässt oder nicht. Da hat man vielleicht eine Laborsituation. Einen Reinraum jedenfalls darf man sich bei mir nicht vorstellen. Eher schon ein einheitlich strukturiertes Sammelsurium an Gegenständen, an deren Geschichte man hängt, nicht weil sie vom Großvater sind, sondern weil sie einen gepackt haben. Alle Gegenstände, egal wie banal sie sind, erzählen eine zweite Geschichte: Man weiß noch nicht genau warum, aber man spürt den Unterschied zu dem Stuhl, auf dem man den ganzen Tag sitzt. Die Gegenstände laborieren mit einem.

Malavassi: Du siehst also in den Gegenständen immer auch das Potenzial für eine neue, weitere Geschichte, fern der Funktion, die die Dinge noch haben oder mal hatten?

Fischer: Dieses „Zweit-Potenzial" gibt es nicht nur im Material, sondern auch bei Arbeiten, bei denen man dann denkt: „Das Ding ist komplett verloren; steht jetzt schon seit drei Jahren halbfertig herum." Man ärgert sich, aber der Ärger führt dann auf einmal zu einer neuen Arbeit und noch einer. Das ist dann eine Mutter, die tausend Kinder abwirft, aber selbst nie fertig wird. Sie will nicht so einfach sterben.

Malavassi: Ist auch schon mal ein Gegenstand aus dem eigenen Haushalt geopfert worden für die Kunst?

Fischer: Ja klar.

Malavassi: Es handelt sich also nicht nur um Vorgefundenes aus dem Sperrmüll oder vom Schrottplatz, sondern in der Not geht man auch mal an die eigenen Sachen ran und opfert beispielsweise die Kaffeemaschine?

Fischer: Man opfert die Dinge ja nicht! Man freut sich, dass das genau das richtige Teil ist, das da in dem Moment passt. Das ist so, wie wenn man mit der Liebsten ausfahren wollte und sie die Nylonstrumpfhose hergeben muss für den Keilriemen. Manchmal sind dann zwei Sachen auch perfekt. – Wie finden zwei Menschen zueinander? Das ist ja viel komplexer!

Malavassi: Ebenso wichtig wie das Material ist die Sprache in deiner Kunst: Die Titel und Leuchtschriften ent-

out what happens with and among the items you have collected.

Fischer: Needless to say, you need a good stock of things. But you shouldn't think of the lab as being a place where an idea gets tested until such a time as it functions, as it's only a lab to the extent that you have to respond to unforeseen things that suddenly happen with these abused objects, and where you then have to decide whether you allow this or not. That could be a lab situation. Well, you certainly should not think of it as a clean room. It's more a uniformly structured hodgepodge of things whose history you like, not because they were owned by your granddad but because they have really grabbed you. All the objects, irrespective of how trivial they are, tell a second story: you don't know exactly why, but you immediately feel the difference to a chair on which you sit each day. The objects slave away with you.

Malavassi: So you always also discern the potential for a new, additional story in the objects, a far cry from the function they have or once had?

Fischer: That "secondary potential" not only exists in the material, but also in the works where you think: "That thing is completely lost, has been standing around semi-complete for three years now." You're annoyed, but the annoyance leads to another piece and then another. It's the mother who bears a thousand kids, but herself never reaches completion. She simply doesn't want to die that easily.

Malavassi: Have objects from your own home ever been sacrificed for art's sake?

Fischer: Of course.

Malavassi: Meaning it's not just objects found on the sidewalk or at the scrapyard, but if need be you sift through your own possessions and sacrifice the coffee machine, perhaps?

Fischer: You're not sacrificing anything! You're happy that it's exactly the right piece at that moment in time. It's like when you want to take your girl for a ride, and use her nylons as the fan belt. Sometimes two things are actually perfect. – How do two people meet and hook up? That's much more complex!

Malavassi: In your art, language is as important as the material: The title and Dayglo slogans contain puns; off-screen, sentences get spoken or sung, often repeated again and again. There's constantly something to read or hear. So what came first? The word or the machine?

halten Wortspiele; aus dem „Off" erklingen gesprochene oder auch gesungene Sätze, sich vielfach wiederholend. Immer wieder gibt es etwas zu lesen oder zu hören. Was aber war zuerst da? Das Wort oder die Maschine?

Fischer: Die Maschinen brüten die Wörter aus. Man geht sehr lange schwanger mit diesen Dingen, dann baut man sie und verbringt dabei sehr viel Zeit mit ihnen. Die Dinge stehen monatelang im Atelier und warten auf ihr Sätzchen. Jetzt kann man natürlich nicht alle Sätze der Welt auf einer Maschine ausprobieren, also setzt man sich einfach hin und gibt seinem Hasen zehn verschiedene Namen; neun sind scheiße, die will der Hase nicht. Dann gibt es so eigenartige Momente, in denen einem genau das richtige Wort, der richtige Satz oder auch die richtigen Sätze zu einer Begebenheit oder Situation einfallen. Dann fällt der Groschen; das passt dann komischerweise ziemlich gut. Es ist schon ein Geheimnis, wie das funktioniert. Wenn man es wüsste, könnte man bei sich selbst um die Ecke gucken.

Malavassi: Die Sätze stammen also von dir – und die Stimme?

Fischer: Eigentlich kann ich nicht singen. Man hat Angst davor, springt aber doch ins kalte Wasser und singt einfach. Es würde mich eine noch größere Überwindung kosten, einen Profisänger zu engagieren. Es kennt ja jeder irgendwen, der singen kann, den man in ein halbseidenes Studio führen und dem man so einen Quatsch vorlegen könnte. Doch ist mir da die Überwindung lieber, die es kostet, das selbst einzusprechen oder zu singen. Das ist direkter, und man hat sofort den Rhythmus der Arbeit.

Malavassi: Das Werk *Operation Notzucker* (S. 30f.) sticht aus dem Gesamtwerk heraus. Es ist eine ungewöhnlich erzählerische Arbeit, die eine Vielzahl von Details enthält.

Fischer: Das Schlauchboot könnte tatsächlich schwimmen, weil es aus Holz und Styropor ist. Das bot sich an, weil man ein richtiges Boot nicht bezahlen kann. Daneben gibt es diverse Rettungsgeräte: eine Angellampe, Kaffee, Zucker – das Werk heißt ja auch: *Operation Notzucker*, was bedeutet: Da will jemand etwas durchziehen. Das Steuer ist irgendwie „am Arsch"; statt einer Schiffsschraube haben wir hier einen Tauchsieder, und jedes Boot braucht natürlich eine Galionsfigur.

Malavassi: Eine Stimme singt immer wieder: „Das Meer ist eine feige Sau." Wer ist die feige Sau? Das Meer oder wir Menschen?

Fischer: Es ist schon eine ziemlich arme Sau, die mit diesem Bötchen loszieht. Ich würde es zwar ausprobie-

Fischer: The machines serve up the words. You walk around with them in your head for ages, then build them and spend a lot of time with them. Things stand around in the studio for months waiting for their words. Now you can't try out all the world's sentences on a machine, can you, so you simply sit down and give your bunny ten different names; nine are shit and the bunny rejects them. Then there're those unique moments when you think of exactly the right word or sentence or sentences for an occurrence of situation. Then it clicks, it fits surprisingly well. It's a mystery how that works. And if you only knew how it would be like being able to look round corners behind which you're standing.

Malavassi: So you dream up the sentences; and the voice?

Fischer: Actually I can't really sing. So you get frightened, take the plunge, and simply sing. Hiring a professional singer would have been an even greater effort. Everybody seems to know someone or other who can sing, who you can take to some dingy studio and whom you could then put such a load of nonsense in front of. For me, it was more important to make the effort required to read it out or sing it myself. That is more direct, and you immediately have the rhythm of the work.

Malavassi: Your piece *Operation Notzucker* (Operation emergency sugar, p. 30f.) stands out from your œuvre as a whole. It is an unusually narrative piece that contains a wealth of details.

Fischer: The rubber dinghy could in fact float since it is made of wood and polystyrene. Which seemed the right thing to do as a real boat was unaffordable. Moreover, there are also various rescue devices: a fishing lamp, coffee, sugar, and the piece is now called *Operation Notzucker*, which is to say: Someone wants to go for something. The helm is somehow "bust" and instead of a propeller there's an immersion heater, and every boat of course needs a figurehead.

Malavassi: A voice repeatedly sings: "The sea is chicken shit." So who's chicken shit. The sea or we humans?

Fischer: Well anyone setting out in this little boat is pretty much in the shit. I'd at most cross the Channel in it. At any rate, tough conditions they are. And now he's singing to overcome his own fear. Such strange situations really exist, where people sing to dispel their fear. Originally, the boat stood in a coop on beams under the ceiling and you had to climb up a ladder to get into it. Once you're there you start to confabulate. At some point you start to feel like the guy who wakes up one morning and finds

ren, aber nur für eine Ärmelkanalüberquerung. Es sind
auf jeden Fall schwierige Bedingungen. Jetzt singt er an
gegen seine eigene Angst. Solche komischen Situatio-
nen gibt es, in denen Menschen gegen Ängste ansingen.
Ursprünglich stand das Boot in einem Kabuff auf Balken
unter der Decke, und man kletterte durch eine Boden-
leiter hinein. Wenn Du da reingehst, fängst Du an, eine
Geschichte runterzuspinnen. Irgendwann kommst du dir
so vor wie dieser Typ, der eines Tages aufwacht und ent-
deckt, dass alles voller Wasser ist: „Scheiße, Strand ist
weg!", und der dann ein Boot baut. Er hat einen gewissen
Optimismus und muss sich wachhalten. Was er vorhat,
ist, das ganze Meer mit einem Heizelement aus einem
Wasserkocher wegzukochen:

Ein Haus am Meer, vom Mann bewohnt, das Wasser steigt,
und oben thront der Meereswicht,
und schäumt mit seinem Mixer auf die Gicht.
Der Mann, in arger Zigarettennot,
kehrt allen Zucker in sein Boot
und macht sich auf am nächsten Morgen;
zu Kaffee kocht er still den Ozean, der ihn besudeln will;
streicht er in Segel seine Sorgen.

Malavassi: Während es sich bei *Operation Notzucker* um
einen Gegenstand handelt, bei dem der Mensch aufgrund
der singenden Stimme hinzugedacht wird, begegnet
uns beim *Rabenrohr* (S. 36) und *Lobeslappen* (S. 91) die
Maschine als Lebewesen. Der *Rabe* bewegt sein *Rohr*
hin und her und klopft nervös auf den Boden, der *Lobeslappen* tänzelt umher, mit seinen feinen Gliedmaßen,
während er sich fortwährend selbst lobt. Es fällt nicht
schwer, in diesen Gegenständen Lebewesen zu sehen.

Fischer: Das machen Menschen eben; weil wir so darauf
gedrillt sind, weil wir so ein Jägerhirn eingebaut haben.
Wir brauchen nur irgendwas, das so ein bisschen am
Rand des Sehfeldes zuckt, und sofort sehen wir Tiere.
Das ist einfach normal, dass Menschen gleich Lebewe-
sen implizieren.

Malavassi: Aber eben das macht doch auch den Reiz der
Maschinen aus, dass sie ein Eigenleben haben. Bist du
schon einmal überrascht worden von einer Maschine?

Fischer: Technisch überrascht haben mich die Maschinen eigentlich nie. Das ist nur der Fall, wenn ein Unfall
passiert. Aber das ist nebensächlich. Überrascht haben
sie mich nur insoweit, als man sehr dicht dran ist, wenn
man solche Sachen über Monate betreibt. Jeder Mensch
kennt das. Wenn man sich zu intensiv mit etwas befasst
hat und dann ein klein wenig Abstand bekommt, dann
merkt man erst, was man da eigentlich verbrochen hat.

everything is full of water: "Shit, beach's gone!" and
starts building a boat. He has a certain optimism and has
to keep himself awake. What he intends is to boil off the
entire ocean using a heating coil from an electric kettle:

A house by the sea, inhabited by a man, the water rises,
And above it all thrones the sea gnome,
And with his mixer whips it all into foam.
The man, who's run out of smokes,
sweeps all the sugar into his boat
And heads off next morning;
He boils the threatening ocean up as coffee in a hurry;
Drowns by sailing all his worries.

Malavassi: While *Operation Notzucker* is an object where
we imagine the human present thanks to the singing
voice, in *Rabenrohr* (Raven's tube, p. 36) and *Lobeslappen* (Flaps of praise, p. 91) it's machines that are the ani-
mate creatures. The raven wags his pipe back and forth
and knocks it nervously on the ground; the flaps of praise
dances around, with its fine limbs, while at the same time
constantly praising itself. It's pretty easy to see these
objects as living creatures.

Fischer: That's what people do; because we're trained to,
because we have a hunter's mind. We simply need something that twitches on the edges of our vision and we
immediately think it's an animal. It's normal that people
immediately impute creatures.

Malavassi: But that's what makes machines so interesting, the life of their own that they have. Has a machine
ever taken you by surprise?

Fischer: Technically speaking, machines have never
surprised me. It's only the case if an accident occurs. But
that is besides the point. They've only ever surprised me
in that you get very involved if you work on these things
for months. We all know that feeling. If you've concerned
yourself too closely with something and then take a step
back and only then notice what awful things you've done.
It can then be that you laugh yourself silly or are frightened by your baby. It's really there. You try to tell some
inner story, to give it external form, which is actually
pretty nonsensical, only in order to be able to see it for
yourself at the end.

Malavassi: How important is it to retain control over the
machines?

Fischer: We only seem to have control over machines.
Of course we always attempt to stay on the safe side. Yet
nevertheless, accidents regularly happen. That is itself

Da kann es dann schon vorkommen, dass man sich kaputtlacht oder auch ängstigt vor diesem Ding. Es ist ja dann wirklich da. Man ist bemüht, eine innere Geschichte zu erzählen, sie nach außen zu bringen – eigentlich eine Schwachsinnsaufgabe –, nur um sie am Ende vor sich zu sehen.

Malavassi: Wie wichtig ist es, die Kontrolle über die Maschinen zu behalten?

Fischer: Die Kontrolle, die wir über Maschinen haben, besteht nur scheinbar. Wir versuchen natürlich immer, uns auf der sicheren Seite zu bewegen. Aber nichtsdestotrotz passieren regelmäßig Unfälle. Das wiederum ist eine interessante Sache, dass man Maschinen nicht so konstruiert, dass sie perfekt laufen und dass sie darüber hinaus völlig überdimensioniert sind. Machen muss das nur, wer Exportweltmeister werden will; als Künstler kann man es sich leisten, eine Sache so weit zu skelettieren, dass man auch mal in Gefahr gerät. Das ist teilweise Absicht, teilweise aber auch einfach Unvermögen.

Malavassi: Gehst du bei jeder Arbeit an die Grenzen?

Fischer: Man tastet sich da ran. Man geht ja nicht daher und hat eine Bombenidee und die drückt man einfach durch, sondern es ist eher ein Tasten, ein Vorwärtsgehen: Wohin wollen denn die Gegenstände? Die einzelnen Werke bestehen aus vielen Gegenständen. Bis die alle am richtigen Platz sind, vergeht viel Zeit. Aber dass Zeit vergeht, ist ja gar nicht schlimm. Man verbringt die Zeit mit den Dingen und denkt länger darüber nach: Was treibt man da überhaupt?

Malavassi: Wenn du eine Maschine baust, erlangt sie ein Eigenleben, das in der Bewegung zum Ausdruck kommt. Wenn nun aber der Besucher der Ausstellung dem Werk nicht nah genug kommt oder sich nicht in einem bestimmten Winkel zu dem Werk aufstellt, reagiert das Werk möglicherweise gar nicht, sondern bleibt stumm: eine „stille Plastik" im Raum. Spielst du mit Hilfe der Bewegungsmelder mit dem Betrachter?

Fischer: Das könnte man schon machen. Man könnte natürlich auch einen Betrachter direkt an einen Punkt zwingen, indem man einen Knopf auf den Boden setzt. Ansonsten aber kann man nicht hundertprozentig vorhersehen, wie sich Menschen und vor allem Gruppen bewegen. Wenn das Werk allein wäre, könnte es natürlich auch den ganzen Tag laufen. Durch die Schnittstelle, das heißt die Bewegungsmelder, versucht man einen Ablauf herzustellen, der mehr oder weniger gut funktioniert – weniger gut, weil man es eben nicht ganz vorhersehen

an interesting fact, that machines cannot be constructed to run perfectly, not to mention that they are completely over-dimensioned. Only someone wanting to become the world's leading exporter needs to do that; as an artist you can afford to pare things done to such an extent that you also run risks. In part that is the intention, in part it is simply a lack of knowledge.

Malavassi: Do you go to the limits in every piece?

Fischer: You slowly approach them. It's not like you start with an amazing idea and simply persist with it, it's more a slow approach, moving forward: Where do the objects want to head? The various pieces each consist of many objects. It takes time till all is in the right place. But the time involved is not a bad thing. You spent time with the objects and think longer about what you're actually doing?

Malavassi: If you build a machine it gets a life of its own as expressed in the motion. Now when the visitor to a show does not get close enough to the piece or approaches it from a specific angle, it will possibly not respond but remains silent: a "silent sculpture" in space. Do you use the motion sensors to toy with the viewers?

Fischer: Well you could do that I suppose. You could of course also force the viewer straight to the point by placing a switch on the floor. But other than that you can't know for sure how people and above all groups will move. If the work were on its own it could of course simply run all day. The interface, i.e., the motion sensor, enables you to create a sequence that functions more or less well – less well as you simply can't foresee everything. In Hollywood four or five hundred people would first be invited to test the film and then those bits would be cut out where they did not laugh; now we can't do that here.

Malavassi: And then there are pieces such as *Tente Jalouse* (p. 99) where the motion sensors trigger a movement but only one where a flap closes or something gets hidden. You try and put your finger in it and …

Fischer: … get punished.

Malavassi: A game played with the viewer's curiosity.

Fischer: Sometimes exaggerated curiosity simply gets you nowhere. People are very inquisitive. And thank God for that. And yet sometimes it would definitely better to leave things under wraps. If you drag love into the harsh light of day and bang a label on it, then it's often over with. Moreover, we don't always know everything, even if we live in a society that thinks it knows everything:

kann. In Hollywood würden erst einmal vierhundert, fünfhundert Leute eingeladen, um den Film zu testen und um dann die Stellen herauszuschneiden, an denen nicht gelacht wird; aber das können wir hier jetzt nicht machen.

Malavassi: Es gibt auch Werke, wie zum Beispiel *Tente Jalouse* (S. 99), bei denen die Bewegungsmelder eine Bewegung auslösen, aber eben so, dass eine Klappe zugeht oder etwas versteckt wird. Man steckt seine Nase hinein …

Fischer: … und wird bestraft.

Malavassi: Ein Spiel mit der Neugierde des Betrachters.

Fischer: Manchmal führt überzogene Neugierde eben zu nichts. Menschen sind sehr neugierig. Man kann sich dafür beim Herrgott bedanken. Und doch ist es manchmal einfach so, dass man die Sachen besser unter dem Tischtuch lassen sollte. Wenn man sie ans Licht zerrt und die Begriffe annagelt, ist es gelegentlich vorbei mit der Liebe. Außerdem weiß man auch nicht immer alles, auch wenn wir in einer Gesellschaft leben, die meint, alles zu wissen: „Wir stehen kurz vor der Weltformel. Wenn sie den Teilchenbeschleuniger anwerfen, dann haben sie ,rucki, zucki' die Supertheorie zusammengewürfelt, und dann wissen wir alles! Dann können wir das alles nachgoogeln." Aufgrund der Informationsfülle, die uns heutzutage zur Verfügung steht, leben wir aber teilweise in einer Form des Desinteresses.

Malavassi: Umso erstaunlicher, dass ein sich wiederholender Satz oder ein Hin- und Herschaukeln so sehr verunsichern und zum Nachdenken anregen kann; mit einer Technik und einem Klang wie aus einer vergangenen Zeit. Wie bist du zu den Maschinen gekommen?

Fischer: In dem Moment, in dem man merkt, dass das Andere nicht mehr ausreicht; in dem man merkt, dass man einfach ein bisschen mehr erzählen will. Vielleicht will man auch einfach mehrgleisig fahren, denn man merkt doch, dass ganz viele Stränge in einem angelegt sind – wie kleine Lokomotiven, die auf mehreren Gleisen nebeneinander und dabei auch noch verschieden schnell fahren. Mal überholt die eine die andere; mal verkoppeln sich die Züge. Da kommt dann plötzlich die Sprache mit rein oder so ein „Maschinen-Schnickschnack". Das ist schön, weil das Ende noch offen ist. Man hat also maximale Unsicherheit mit maximaler Freiheit. Bei Maschinen ist das besonders ergiebig: Man kann eine Geschichte erzählen; es gibt die Zeitschiene – und dabei ist es nicht ganz so mühselig wie das Filmemachen. Es ist schon mühselig genug, aber einen längeren Film zu drehen, das ist schon sehr viel Arbeit.

"We are about to decipher the world. When they turn on the particle accelerator then they'll immediately have banged together the super theory and we'll know everything! Then we'll just need to Google it." Given the wealth of information we now have we partly live in a state that is somehow one of disinterest.

Malavassi: All the more surprising that a sentence constantly repeated or oscillation between two poles so unsettles people and prompts contemplation; with a technique and sound as if from a bygone era. How did you end up at machines?

Fischer: The moment you notice that the other doesn't suffice; by noticing that you want to narrate that little bit more. Perhaps you simply want to try out various things, and then notice that the one direction entails countless directions – like small locomotives on several tracks running alongside one another, but at different speeds. The one overtakes the other, or the two get hooked up. And then suddenly language gets introduced or some "machine stuff." Which is great as it's still open-ended. So you get maximum uncertainty and maxium freedom. This is especially fruitful in the case of machines: you can tell a story; there are different time levels, and it is not quite as difficult as making movies. It is tough enough, but shooting a longer film is a whole lot of work.

Malavassi: The machines were there at an early date, were always really key?

Fischer: I had the idea pretty early on at the academy. It was one of those moments when you rediscover something you did as a child. Of course I didn't make such great art as a kid. But that's precisely the advantage of having always done something but not having had to tout it as art. No aunty can then tell you what to do: "It's got to look this way, the horse you're drawing, I'm telling you." Even the kindergarten lady tells you what to do and messes up the drawing. You need to have a lot of luck to hit that later point when you can draw really well again … With the machines it was all so simple: something suddenly came back to me that was very untarnished and fresh. As if the years in-between had not existed. – Incidentally, for me the machines are like energy generators: they give me the power necessary to continue with all this stuff, a "perpetuum mobile" or whatever you call it. Input a little energy (and sometimes a whole lot) and a little more comes out, if you're lucky. And if you were good, you end up on "Olympus," or do not, and somewhere in-between you …

Malavassi: … can "bust".

Malavassi: Die Maschinen waren also schon früh da, hatten immer schon große Bedeutung?

Fischer: Ich bin in der Akademie ziemlich früh darauf gestoßen. Es war so ein Moment, in dem man auf einmal etwas wiederentdeckt, das man als Kind schon betrieben hat. Ich habe natürlich nicht als Kind schon große Kunst gemacht. Aber genau da liegt der Vorteil, dass man das schon immer getrieben hat, aber es nicht unter dem Deckmantel der Kunst hat laufen lassen. Da kann einem keine Tante reinreden: „Das muss so und so aussehen, das Pferd, das du da gerade zeichnest." Schon die Kindergärtnerin doktert an einem herum und versaut einem das Zeichnen. Bis man dann später wieder richtig gut zeichnen kann, muss man echt Glück haben … Bei den Maschinen war es jedenfalls ganz einfach: Auf einmal ist etwas wiedergekommen, das noch sehr unverbraucht und auch sehr frisch war. So als hätte es die Jahre dazwischen gar nicht gegeben. – Im Übrigen sind die Maschinen für mich wie Energiemaschinen: Sie geben mir die nötige Kraft, mit dem Quatsch weiterzumachen. Ein „Perpetuum mobile" – oder wie man das auch immer nennen mag. Man schmeißt ein wenig Energie rein (manchmal auch sehr viel) und kriegt ein wenig mehr heraus – wenn man Glück hat. Und wenn man brav war, landet man im „Olymp" – oder auch nicht. Und zwischendrin kann man sich …

Malavassi: … in die „Pleite" begeben.

Fischer: Nein, nein, so wörtlich kann man die Begriffe dann doch nicht nehmen. Auch so einen Begriff wie „Olymp" darf man nicht einfach nehmen und annageln. Wenn man drei Begriffe nehmen würde wie „Olymp", „Demut" und „Pleite", dann wird es natürlich schon wieder interessant.

Malavassi: Erst im „Olymp", dann „pleite" und plötzlich alle „demütig"?

Fischer: Die kann man staffeln, wie man will. Mit der Wirtschaftskrise hat das nichts zu tun.

Malavassi: Wenn eine Maschine etwas singt oder sagt und sich zudem bewegt oder leuchtet, dann kann man sich ihr nur schwer entziehen. Anders als bei einem „stillen" Gemälde, an dem ich vorbeigehen kann, ohne es zu beachten. Die Maschinen hingegen schreien nach Aufmerksamkeit – sie sind eitel.

Fischer: Natürlich kann man sagen, dass die Werke für blöde kinetische Kunst stehen, die „Las Vegas"-mäßig auf sich aufmerksam machen. Man kann die Maschinen aber schon ignorieren. Ansonsten könnten wir nachts

Fischer: No, no, the terms can't really be taken so literally. And a term such as "Olympus" shouldn't simply be taken and nailed to something. Now if you were to take three terms such as "Olympus", "humility" and "bust", then things get interesting again, of course.

Malavassi: Firstly on "Olympus", then "bust" and suddenly all "humble"?

Fischer: The sequence is irrelevant. That has nothing to do with the economic crisis.

Malavassi: If a machine sings or says something and also moves or lights up, then it is hard to escape its magnetism. Unlike with a "silent" painting you can walk past without heeding it. Machines, by contrast, scream for attention, they're vain.

Fischer: Of course one could say that the works stand for stupid kinetic art that wishes to grab attention a la "Las Vegas". But you can also ignore the machines. Otherwise how could you drive at night, if you were busy absorbing all the neon ads and the traffic chaos around us. People can filter things, indeed they can do a very good job of filtering things.

Malavassi: So the focus is also on subverting the usual expectations, not least of kinetic art?

Fischer: Most things that we recognize immediately or think we recognize immediately are often trivial and to this extent devalued or derided. Maybe people are sometimes simply too impatient and too stupid to really tackle things or absorb them. That can without doubt happen. And you can play around with that. In doing so, you may exclude the one or other person, but that hardly matters.

Malavassi: Your machines remain bulky …

Fischer: Yes, but that is the case with all things that you can't tackle directly. Even if the shortest connection between two points is a straight line, you sometimes have to take a detour. That may be the longer and slightly more arduous path, but in the final instance may be the nicer. It's also a necessity: There are some things you simply can't explain in two sentences, but you need some stupid set of tools and crutches to get to them.

Malavassi: This complex set of tools then suffices to make us focus on our own existence, the body and its finitude.

Fischer: And that's when it gets exciting, when something unsettles you, when something starts to really squeeze

ja auch nicht mehr Auto fahren, wenn wir die ganzen Leuchtreklamen und überhaupt das ganze Verkehrschaos um uns herum wahrnehmen würden. Menschen können filtern; sie können sogar sehr gut filtern.

Malavassi: Geht es also auch darum, die übliche Erwartungshaltung zu unterlaufen, nicht zuletzt die gegenüber kinetischer Kunst?

Fischer: Die meisten Sachen, die wir sofort erkennen oder die wir meinen, sofort zu erkennen, wirken oft banal und insoweit auch entwertet, abgestempelt. Vielleicht sind Menschen auch manchmal einfach zu ungeduldig und zu blöde, auf Sachen einzugehen oder sich auf irgendetwas einzulassen. Das kann durchaus vorkommen. Damit spielt man auch. Dadurch schließt man zwar manchmal den einen oder anderen aus, aber das ist dann auch „wurscht".

Malavassi: Deine Maschinen bleiben sperrig …

Fischer: Ja, aber das ist mit allen Sachen so, die man nicht auf direktem Wege abschreiten kann. Auch wenn die kürzeste Verbindung zwischen zwei Punkten die gerade Linie ist, muss man manchmal einen Umweg beschreiten. Das ist dann der längere und ein bisschen mühsamere Weg, aber im Ergebnis vielleicht der schönere. Es ist auch eine Notwendigkeit: Man kann gewisse Sachen nicht einfach mit zwei Sätzen erklären, sondern braucht so ein blödes Instrumentarium und solche Krücken, um da ranzukommen.

Malavassi: Dieses komplexe Instrumentarium reicht dann auch aus, um uns auf die eigene Existenz, den Körper und dessen Endlichkeit zurückzuwerfen.

Fischer: Da wird es dann sehr spannend, wenn's irgendwo hakt, wenn's irgendwann anfängt, weh zu tun. Da entsteht dann eine Bedrohung, wenn man plötzlich auf sich zurückgeworfen wird und sehr viel Zeit hat.

Malavassi: Tatsächlich kommen die Maschinen fröhlich daher; lassen einen über die Technik staunen oder über die Worte schmunzeln. Auf den zweiten Blick aber tritt ein tiefer Ernst hervor, bei dem einem das Lachen im Hals stecken bleibt.

Fischer: … dann und wann, ja. Das ist immer eine Frage der Perspektive. Für den einen kann etwas zum Totlachen sein, während der Nächste anfängt zu heulen, wenn er gewisse Sachen sieht. Dinge sind manchmal ein bisschen vielschichtiger. Selbst hinter einem brachialen Humor kann ja eine tieftraurige Angelegenheit stecken.

you. It's a kind of threat that arises when you find yourself having to focus only on yourself and you are left a lot of time to do so.

Malavassi: Yet the machines seem pretty happy-go-lucky; leave you astonished by the technology and smiling about this word or that. On closer inspection you notice the deeper, serious vein where you stop laughing and start feeling aghast.

Fischer: … now and then, yes. It's always a matter of perspective. One person may find something dead funny, while another may start crying one seeing certain things. Sometimes, there are more levels to some things. Very sad circumstances may lurk behind boisterous humor. Perhaps laughter is sometimes simply protection and laughing yourself to death a matter of suicide. I don't know but sometimes it's a way people protect themselves. And it helps, after all.

Malavassi: But there's something compulsive or obsessive to the word repetitions and movements, isn't there?

Fischer: Anyone can try this out for themselves. All they need do is walking around in a circle at home for two hours until they're so concentrated that they're probably ready to perform great deeds. We don't understand the thunderbolt, but the echo, the thunder and the feedback loop to us, that we tend to grasp. It's an ancient mystery, that by means of rhythmic chanting you can enter a specific state that can unleash the one or other thing within you or intensify it. Like the drumming on the galleys: no rhythm no forward movement. Certain things require a certain rhythm. The obsession is then the fact that we want to know.

Malavassi: You installed the exhibition yourself. Yet the individual pieces remain decidedly hermetic.

Fischer: There are things that are so sensitive that you have to contemplate them on your own. If we all simply strut about here, then it won't work. Some things are simply intended to be viewed on your own. Which is mean, and you can't only hide them away for yourself in the back of beyond.

Malavassi: Like the small, easy-to-miss chamber entitled *Good night and good luck* (p. 86). If you step into it, you're all alone in the dark.

Fischer: The chamber is dark simply because I work a lot at night and the things are made in semi-darkness. Just as with many old paintings you can discern that they were painted by candlelight.

Vielleicht ist das Lachen manchmal auch schlicht ein Schutz und das Totlachen in dem Fall dann der Selbstmord. Ich weiß es nicht, aber manchmal ist es schon eine Schutzfunktion von Menschen. Es hilft ja auch.

Malavassi: Aber die Wiederholungen der Wörter und der Bewegungen haben schon etwas Zwanghaftes, etwas Obsessives, oder nicht?

Fischer: Das kann jeder Mensch für sich ausprobieren. Er muss ja nur mal zu Hause zwei Stunden im Kreis laufen und ist dann in einer solchen Hochkonzentration, dass er wahrscheinlich Großtaten vollbringen kann. Den Blitz verstehen wir nicht, aber das Echo, also den Donner und dessen Rückkopplung, schon eher. Das ist ein uraltes Geheimnis, dass man sich durch rhythmisches Vorsagen in gewisse Zustände begeben kann, die dann das eine oder andere freisetzen oder verstärken. Wie der Trommler auf der Galeere: Ohne Rhythmus ginge da gar nichts. Gewisse Sachen brauchen einen gewissen Rhythmus. Das Wissen-Wollen ist dann die Obsession.

Malavassi: Die Ausstellung hast du selbst installiert. Dabei bleiben die einzelnen Werke recht hermetisch.

Fischer: Es gibt Sachen, die sind so sensibel, die muss man sich allein anschauen. Wenn wir jetzt alle hier in den Raum reinstolzieren, dann funktioniert es nicht. Manche Sachen sind halt leider Gottes dafür da, dass man sie allein anschaut. Ist natürlich gemein; man kann natürlich solche Werke nicht nur für sich eingraben in der Sackeifel.

Malavassi: Wie die kleine, leicht zu übersehende Kammer mit dem Titel *Good night and good luck* (S. 86). Betritt man sie, steht man allein in der Dunkelheit.

Fischer: Dass es dunkel ist in der Kammer, beruht darauf, dass ich sehr viel nachts arbeite und dass die Dinge im Halbdunkel entstehen. So wie man bei einer Menge alter Gemälde erkennen kann, dass sie bei Kerzenlicht gemalt worden sind.

Malavassi: Das Zusammenbringen der Werke ist auch deshalb schwierig, weil sie sich klanglich oft in die Quere kommen.

Fischer: Manchmal gibt es eine so hohe Verkehrsdichte, dass man als Fußgänger gar nicht mehr über die Straße kommt. Aber wenn man die Sachen dann zu sehr voneinander separiert, dann wird die Straße zu breit und die Sachen haben nichts mehr miteinander zu tun, und dann lohnt sich eine Straßenüberquerung für den Betrachter

Malavassi: Bringing together works is also difficult because sound-wise they are sometimes at loggerheads.

Fischer: Sometimes traffic is so dense that as a pedestrian you can't even cross the street. But if you separate things too much, then the street gets too wide and things no longer relate to one another, meaning it's no longer worth the viewer's while crossing the street. But of course if you have as many people here as you do for a preview or guided tour, then it's real chaos. Which all gets untangled once people get fed up because they don't understand anything, head off again, drink a beer, and then come back later. By which time the throngs are gone …

Malavassi: Each machine has a kind of service life and then ceases to function. If an appliance gets bust in everyday use, it tends to get binned; rarely will it be repaired, as usually the repair is more expensive than the new model.

Fischer: It is indeed very interesting that we are surrounded by machines that are never bust because if the moment get bust, they get binned. Many things are designed to only last until the installments have been paid. Only the really expensive machines, cars for example, get repaired. Otherwise there aren't really any machines that get bust and then repaired. But that's an option you need to have: if you like something, then it needs to be built such that it lasts a while and that you can at least understand how it's built. There's a broad debate on this, namely about preserving information in a way that systems can be rebuilt or reconstructed. But opinions differ to what extent information can be preserved in the long term. Perhaps best through a feedback loop.

Malavassi: How do you tackle the issue of your machines aging?

Fischer: At the end all you have are black holes that suck in all the information. But what happens to the information then? What happens to this or that thing? Are they lost forever? But if the physics isn't too complex, as with these things, then you can work it out. It would be interesting if one of these things were to last one hundred years, for example, somewhere or other, and then an apprentice would be asked to look at it: "What on earth was the guy up to?" Now that's of course interesting. But if you think like that, you soon get pigeonholed: "The man wants to make things for eternity!", which is nonsense of course. I really like the idea of not working for posterity at all. It's much more exciting to work for the dead, meaning not for those who are not yet born or are still alive, but mainly for the dead. Because maybe you've got a lot more to say to them. People who are not

auch nicht mehr. Aber klar: Wenn man so viele Leute hier hat wie bei der Eröffnung der Ausstellung oder einer Führung, dann ist es natürlich ein riesiges Durcheinander. Aber das klärt sich auf, wenn die Leute die Schnauze voll haben, weil sie nichts verstehen, und dann abhauen, sich ein Bierchen „zischen" und später wiederkommen. Und dann ist es natürlich wieder sehr viel lichter …

Malavassi: Jede Maschine hat eine Art Laufleistung und irgendwann funktioniert sie nicht mehr. Wenn ein Gerät im Alltag kaputtgeht, wird es meist weggeworfen; selten nur wird es repariert, denn meist ist die Reparatur teurer als das neue Modell.

Fischer: Das ist tatsächlich sehr interessant, dass wir umgeben sind von Maschinen, die nie kaputt sind, weil sie, sobald sie kaputtgehen, weg sind, im Müll. Vieles ist so konstruiert, dass es nur so lange hält, bis es abbezahlt ist. Nur die ganz teuren Maschinen, Autos zum Beispiel, werden repariert. Ansonsten gibt es eigentlich keine Maschinen, die kaputtgehen und dann repariert werden. Aber gerade die Option muss man sich doch offenhalten: Wenn man an einem Ding hängt, dann muss man es so konstruieren, dass es einigermaßen hält und dass es vor allem nachvollziehbar ist, wie es konstruiert ist. Darüber gibt es ja auch eine sehr große Diskussion, dass man Information so aufbewahrt, dass Systeme rekonstruierbar bleiben. Es gibt aber Meinungsverschiedenheiten, inwieweit man Information überhaupt auf Dauer konservieren kann. Vielleicht auch am besten in einer Rückkopplung.

Malavassi: Wie gehst du mit dem Altern deiner Maschinen um?

Fischer: Am Ende gibt's die schwarzen Löcher, die alle Information aufsaugen. Aber: Was ist denn dann mit der Information? Was ist denn dann überhaupt mit dieser Sache? Ist sie dann verloren? Aber bei nicht ganz so hoher Physik – wie diesen Dingen – kann man schon „dahintersteigen". Es wäre mal interessant, wenn jetzt – sagen wir mal – so ein Ding hundert Jahre durchhalten würde, irgendwo, und dann würde sich ein Lehrling damit befassen müssen: „Was hat der denn da verbrochen?" Das ist schon wieder interessant. Aber wenn man so einen Gedanken hat, dann wird man gleich wieder in die Ecke gestellt: „Der Mann arbeitet für die Ewigkeit!", und das ist ja Blödsinn. Ich finde den Gedanken ganz schön, dass man gar nicht für die Zukunft arbeitet. Viel spannender wäre der Gedanke, dass man eigentlich für die Toten arbeitet, also gar nicht für die noch nicht Geborenen oder die noch Lebenden, sondern in erster Linie für die Toten. Denn vielleicht hat man denen doch viel mehr zu sagen. Menschen, die noch nicht geboren sind – wie

yet born, how on earth am I supposed to communicate with them? I know far less about them than about the dead!

Malavassi: How important is it to preserve the parts originally used when making repairs? Can the originals be replaced by others, e.g., if an electric motor or a recording device stops working? Often when they are first built into machines they're already on the way out.

Fischer: In the case of *Lobeslappen* for example, I couldn't care less what's behind it. All I care is whether it would make the same movement. Whether the triton looks exactly the same is not an issue. It is more a problem of weight whether you can get the whole thing in balance again. If necessary you would need to insert something else to ensure it can still dance around just as lightly and is as slender. The choreography must be upheld, that's what's most important here. An mp3 file can be transformed into an mp5 format or whatever is the next highest one. My God, if you're completely paranoid then have it made as a golden LP. That'll endure. And an electric engine can be reconstructed by counting the coils and then you'll know how fast it turns at 50 Herz A.C. Electricity will exist for quite some time yet. But be wary of combustion engines!

Malavassi: Do you occasionally yourself make changes to the pieces?

Fischer: Now and then. Very rarely. Normally I first expand the new pieces. If the idea is still fertile then you have continuations of the story, as it were; not because you want to bleed it dry, but because you're still attracted to it. Sometimes your dad has simply not yet finished the story when your walk comes to end and next time round has to pick up the thread where he left off. He thinks for five minutes and then starts at exactly the right place again, and continues the story. Which can last for four years. If your dad is a good storyteller, he can forever keep the thread going. Now and then it may not flow. And you have to think of something new. As you can't simply stop.

Malavassi: Lights out?

Fischer: Lights out!

soll ich denn jemals mit denen kommunizieren? Da weiß
ich ja viel weniger als über die Toten!

Malavassi: Aber wie wichtig ist bei einer Reparatur der
Erhalt der ursprünglich verwendeten Teile, der Origi-
nalteile? Dürfen sie durch andere ersetzt werden, wenn
etwa ein Elektromotor seinen Geist aufgibt oder eines
der Abspielgeräte? Die gehören doch nicht selten schon
während des Einbaus zu den Auslaufmodellen.

Fischer: Beim *Lobeslappen* zum Beispiel wäre es mir
„wurscht", was dahinter ist. Hauptsache, der würde
dieselbe Bewegung machen. Ob dann dieser Dreizack
hundertprozentig genauso aussieht, das ist nicht die
Frage. Es ist eher ein Gewichtsproblem, ob man das
Ganze wieder austarieren kann. Notfalls müsste man halt
irgendetwas anderes einbauen, damit er noch genauso
leicht, genauso schlank umhertänzelt. Die Choreografie
muss erhalten bleiben. Das ist hier das Wichtigste. Eine
mp3-Datei lässt sich in mp5 oder das nächsthöhere
Format umwandeln. Mein Gott, wenn einer ganz paranoid
ist, dann lässt er sich eine goldene Schallplatte machen.
Die hält ja. Und ein Elektromotor lässt sich rekonstru-
ieren, indem man die Wicklungen durchzählt, und dann
weiß man schon, wie schnell sich das Ding bei 50 Herz
Wechselstrom dreht. Elektrizität wird es noch ziemlich
lange geben. Verbrennungsmotoren: Finger von lassen!

Malavassi: Nimmst du gelegentlich auch selbst noch
Änderungen an den Werken vor?

Fischer: Ab und zu. Ganz selten. Normalerweise wird erst
bei neuen Sachen erweitert. Wenn das Thema noch etwas
hergibt, schafft man so eine Art Fortsetzungsroman; nicht
etwa, weil man es aussaugen will, sondern weil man
noch in der Sache verhaftet ist. – Manchmal hat der Vater
am Ende eines Spaziergangs die Geschichte einfach noch
nicht fertig erzählt, und dann muss er sich beim nächsten
Spaziergang daran erinnern, wo er aufgehört hat. Er über-
legt fünf Minuten und setzt dann genau da wieder an –
und erzählt weiter. Die Geschichte kann vier Jahre lang
gehen. Wenn der Vater gut im Erzählen ist, kann er sie
immer wieder weiter erzählen. Ab und zu stockt es halt.
Dann muss man sich etwas Neues überlegen. Man kann
ja nicht einfach aufhören.

Malavassi: Ofen aus?

Fischer: Ende Ofen!

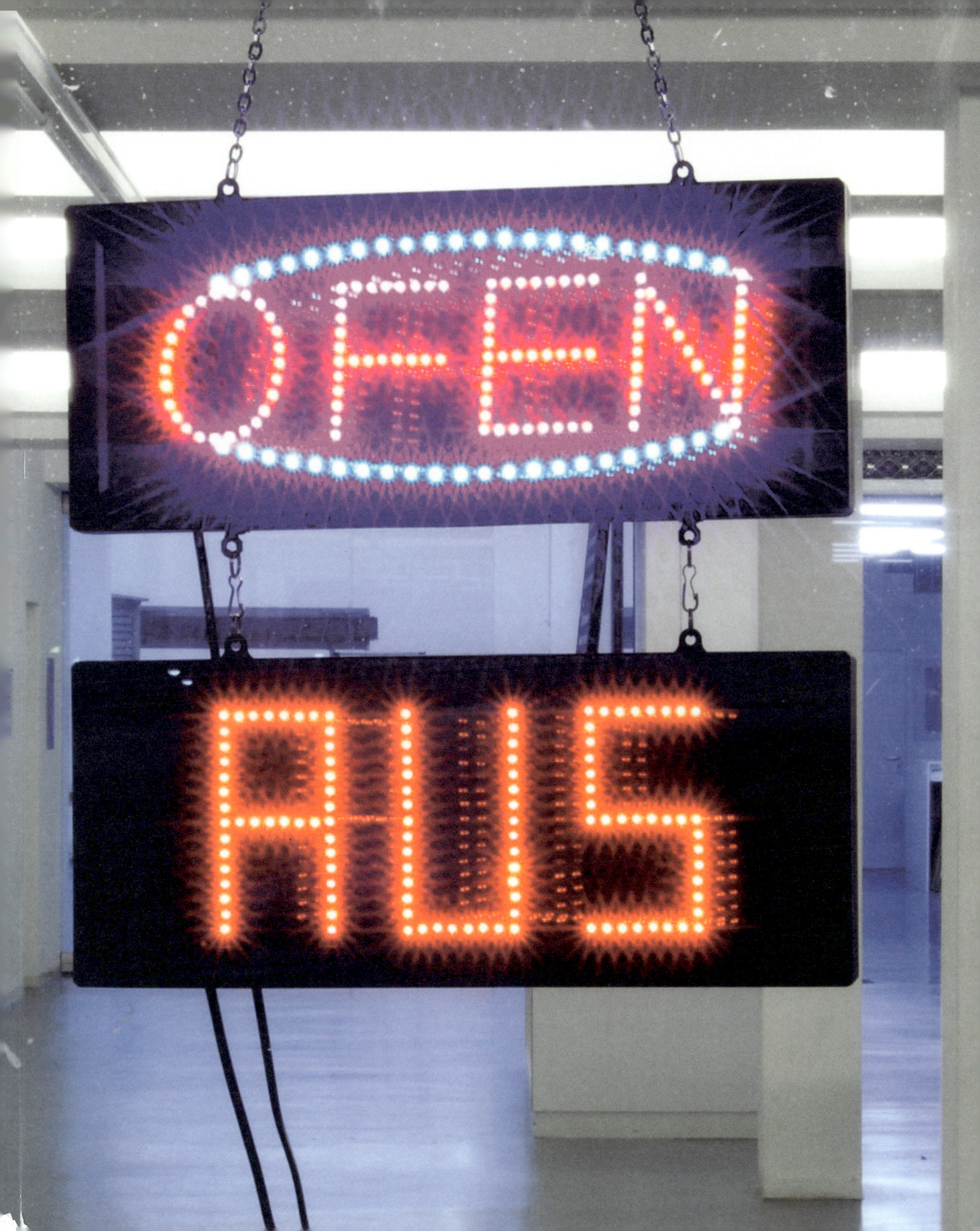
OPEN
AUS

IMPRESSUM / IMPRINT

Diese Publikation erscheint anlässlich der Ausstellung /
This catalogue is published in conjunction with the exhibition

ANDREAS FISCHER. YOUR TIME IS MY ROLEX.
30. November 2012 – 31. März / March 2013

MUSEUM LUDWIG

Museum Ludwig
Heinrich-Böll-Platz, 50667 Köln
Tel +49 221 / 221 26165,
Fax +49 221 / 221 24114
www.museum-ludwig.de

*Direktor bis Ende November 2012 /
Director until end of November 2012*
Kasper König

Direktor / Director
Philipp Kaiser

AUSSTELLUNG

Kuratiert von / Curated by
Jasmina Merz

Kuratorische Assistenz / Curatorial Assistance
Julia Küchle

Registrar
Caren Jones

Ausstellungsaufbau / Exhibition Set Up
Andreas Fischer, Lorenzo Pompa

Haustechnik / House Technics
Kurt Rossetton, Guido Fassbender, Thomas Loerzer, Thomas Sydlik,
Ingo Weber, Andreas Wischum, Helmut Wodarz, Michael Zorn

Schreinerei / Carpentry
Armin Lüttgen, Michael Bangert, Leif Lenzer,
Sebastian Kahnt, Enver Concer, Dominik Pape

Hausinspektion / House Inspection
Ralf Feckler

Restaurierung / Conservation
Kathrin Keßler, Sophie Elze, Yvonne Garborini, Petra Mandt,
Astrid Schubert, Melina Meier, Nadine Theile

Verwaltung / Administration
Susanne Brentano, Angela Coenen, Stephanie Lenhart,
Ursula Meyer-Krömer, Elke Reiff, Karsten Zinner

Presse- und Öffentlichkeitsarbeit / Press and Public Relations
Judith Schlereth, Leonie Pfennig, Anne Niermann

Ausstellungsfotograf / Exhibition Photographer
Michael van den Bogaard

Wissenschaftliche Dokumentation / Academic Documentation
Beate Bischoff, Ulrich Tillmann

Museumsdienst / Education
Angelika von Tomaszewski

Dank an / Thanks to
Andreas Fischer

Leihgeber / Lenders
Galerie / Gallery Vera Gliem, Köln
Privatsammlung / Private collection, Köln
Privatsammlung / Private collection, Courtesy
Galerie / Gallery Reinhard Hauff, Stuttgart
Sammlung / Collection Rheingold, Düsseldorf
Privatsammlung / Private collection, Berlin
Andreas Fischer, Düsseldorf

KATALOG / CATALOGUE

Herausgeberin / Editor
Jasmina Merz

Redaktion / Editing
Jasmina Merz, Julia Küchle

Katalogmanagement
Astrid Bardenheuer

Lektorat / Copy Editing
Thomas Donga-Durach, Jeremy Gaines

Übersetzung / Translation
Jeremy Gaines, Jim Gussen, Petra Lange-Berndt

Gestaltung / Design
Selitsch Weig, Düsseldorf

Herstellung / Production
Druckhaus Dresden GmbH

Fotonachweis / Photo Credits
Michael van den Bogaard (S./p. 18–56),
Helmut Claus (S./p. 90, 115, 120),
Alfred Jansen (S./p. 2, 78, 79, 80, 81, 82, 85),
Alistair Overbruck (S./p. 88, 89),
Dejan Saric (S./p. 112), Martina Sauter (S./p. 99)

Bildrechte / Credits
Sofern nicht anders angegeben, liegt das Copyright
beim Künstler. / Unless otherwise indicated, the
copyright is by the artist.

Gefördert von / Funded by
Stiftung Storch

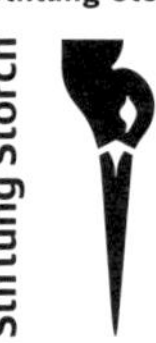

Katalog unterstützt von / Catalogue supported by
Stiftung Kunstfonds

STIFTUNGKUNSTFONDS

Erschienen im / Published by
Verlag für moderne Kunst
Königstr. 73, 90402 Nürnberg
Tel +49 911 / 2373 100 0
Fax +49 911 / 2373 100 99
verlag@moderne-kunst.org

ISBN 978-3-86984-394-0

Printed in Germany

Auflage / Edition November 2012
© 2012 Museum Ludwig Köln, Andreas Fischer,
die Autoren / the authors, die Fotografen / the photographers
und / and Verlag für moderne Kunst Nürnberg.
Alle Rechte vorbehalten / All rights reserved.